高等教育公共基础课系列教材

大学生生命与心理健康教育

主　编　王文科
副主编　叶　姬
参　编　焦颖莹　丁奇芳
　　　　王明月　魏冰思

北京理工大学出版社
BEIJING INSTITUTE OF TECHNOLOGY PRESS

内容简介

本书是高校生命与心理健康教育教师在多年教学实践与科研的基础上，针对大学阶段学生心理发展存在的主要问题，结合大学生生命与心理健康教育的最新研究成果撰写而成。全书分为人文维度篇、人格维度篇、人性维度篇、人生维度篇、人道维度篇，共十章，主要内容包括生存环境的适应与发展、生命质量的道德与境界、健全人格的认知与完善、人际社会的交往与关系、两性之爱的心理与行为、拥抱生命的情感与幸福、生命风险的预防与救护、应对生存的压力与挫折、生命成长的危机与干预和生命价值的追求与创造。

本书内容丰富，贴近学生实际，时代感强，可作为高等学校人文通识课、生命教育与心理健康教育的教材使用。

版权专有　侵权必究

图书在版编目（CIP）数据

大学生生命与心理健康教育／王文科主编. —北京：北京理工大学出版社，2020.5（2021.7重印）

ISBN 978-7-5682-8433-2

Ⅰ. ①大… Ⅱ. ①王… Ⅲ. ①生命哲学-高等学校-教材 ②大学生-心理健康-健康教育-高等学校-教材 Ⅳ. ①B083 ②G444

中国版本图书馆 CIP 数据核字（2020）第 077052 号

出版发行 /	北京理工大学出版社有限责任公司
社　　址 /	北京市海淀区中关村南大街 5 号
邮　　编 /	100081
电　　话 /	（010）68914775（总编室）
	（010）82562903（教材售后服务热线）
	（010）68948351（其他图书服务热线）
网　　址 /	http://www.bitpress.com.cn
经　　销 /	全国各地新华书店
印　　刷 /	三河市天利华印刷装订有限公司
开　　本 /	787 毫米×1092 毫米　1/16
印　　张 /	15.25
字　　数 /	358 千字
版　　次 /	2020 年 5 月第 1 版　2021 年 7 月第 2 次印刷
定　　价 /	46.00 元

责任编辑 /	王晓莉
文案编辑 /	王晓莉
责任校对 /	周瑞红
责任印制 /	李志强

图书出现印装质量问题，请拨打售后服务热线，本社负责调换

前　言

处在社会竞争日趋激烈、生活节奏日益加快的大环境背景下，在校大学生面临着诸多挑战，如贫困与就业的压力、学习与交往的困顿、前途与情感的迷茫、现实与责任的矛盾等，如果大学生没有做好思想准备，没有积极乐观的适应心态和善于学习与合作的精神，就会引发各种心理问题、身体疾病和行为异常，甚至阻碍大学生的生命之船顺利远航。从这个意义上说，在高校开展生命与心理健康教育，不仅是每个大学生自身发展的需要，也是社会发展对大学生教育提出的必然要求。

人的生命是身心的统一体，生命的完整性特征决定了人的生命存在与活动必须全身心地参与其中，决定了人对生命健康的追求必然包括生理健康、心理健康和良好的社会适应能力。而面向大学生开展生命意识与心理健康教育的目的，正是帮助大学生正确认识生命，学会尊重生命，更好地理解生命的意义，使大学生积极地生存、健康地生活、独立地发展和拥有一个美好的人生，并通过对生命的呵护、记录、感恩和分享，获得身心健康与幸福。开展生命教育是一项塑造生命自觉的系统工程，要取得满意的效果，必须让心理健康教育与之合力，这又决定了人的生命意识教育与心理健康教育结合而成的"大学生生命与心理健康教育"这门课程创新的必然性。

本书是在浙江越秀外国语学院大学生生命与心理健康教育研究中心全体教师的共同努力下完成的。教材从五个维度突出生命与心理健康教育的主题：第一，通过人文维度说明人的生命与心理健康的价值，以揭示生存的内涵和意义，从而扩张生命的宽度；第二，通过人格维度分析人的个性心理体征，从而在人的精神方面提升生命的高度；第三，通过人性维度阐释生命的本真与性情生命，从而彰显人的生命的亮度；第四，通过人生维度探讨人生历程中风险与危机的干预策略，以求在人生历程中把握生命的长度；第五，通过人道维度凸显人生的美好，从而赋予生命的厚度。以上内容都是大学生自身成长必须面对和解决的课题，也是大学生在现代社会中适应和发展必备的素质。

学习是大学生的主要任务，对于生命与心理健康教育这门课程的学习也不例外，只是与其他学习课程相比，需要掌握这门课程的特点与正确的学习方法。

第一，重视对生命与心理健康知识与理论学习。平时大学生学习生命与心理健康知识有许多途径，如书刊、影视与各种人文通识的教育活动等，但是这种学习零散、不系统，因而不能替代课程的系统学习。本课程对人的生命价值与意义以及人的生存智慧与心理健康有着理性的思考，对建构大学生丰富的精神世界、实现心理健康和树立正确生命价值观起着重要作用。

第二，参与生命与心理健康教育的拓展体验活动。大学生生命与心理健康教育重视实践教育。可积极参与大学生生命与心理健康教育拓展活动，这些活动既包括课程、讲座，也包括属于课程建设内容的影视欣赏、互动体验、心理训练等。如在生命叙事教学活动中，大学生可以讲述亲身经历的记忆最深刻的成就事件和挫折事件，并发表自己的感悟，可以讲述身边令人感动的事，系统地认识自己的优势和局限，并在未来发展中扬长避短，还可以从其他同学所经历的事件中借鉴学习和体验生命。这些活动有助于大学生加深对生命的感悟和心理的认知，也有助于大学生掌握生命自救和安全防护、拯救他人生命的知识以及维护心理健康的方法。

第三，深入生命与心理健康教育的社会实践。社会实践可以让大学生了解社会，服务社会，巩固课堂所学知识，还可以增长自我才干、发展自己。如参与学校社团组织的到养老院、福利院等社会救助机构，以及贫困地区或灾区等开展的志愿者活动，为他人提供服务，向社会奉献爱心。这样不仅能够用所学的知识服务社会和回馈社会，更重要的是可以从中发现自身的价值，从而体验自尊感、成就感和生命的价值感，激发起对生活的积极情感、对生命的热爱和尊重、对社会的崇高责任意识，形成积极、自信、乐观、进取的人生态度。

编　者

2020 年 3 月

目 录

人文维度篇

第一章　生存环境的适应与发展 (3)
　　第一节　人的生命与环境 (4)
　　第二节　适应生存环境 (10)
　　第三节　大学生的环境适应与自我发展 (16)

第二章　生命质量的道德与境界 (23)
　　第一节　生命质量与健康标准 (24)
　　第二节　维护生命健康的道德需求 (30)
　　第三节　追逐人的生命境界 (36)

人格维度篇

第三章　健全人格的认知与完善 (45)
　　第一节　人格生命与健全人格 (45)
　　第二节　自我意识是人格的核心 (54)
　　第三节　大学生健全人格的塑造 (59)

第四章　人际社会的交往与关系 (68)
　　第一节　生命在人际关系中成长 (69)
　　第二节　人际交往的心理障碍与调适 (75)
　　第三节　大学生人际交往能力的提升 (81)

人性维度篇

第五章　两性之爱的心理与行为 (95)
　　第一节　性爱是人的本能 (96)
　　第二节　性爱的体验与风险 (99)

第三节　性爱健康与安全 …………………………………………… (101)

第六章　拥抱生命的情感与幸福 ……………………………………………… (115)
　　第一节　生命需求中的情感因素 …………………………………… (116)
　　第二节　理解两性爱恋的情感 ……………………………………… (121)
　　第三节　生命的幸福感与追求 ……………………………………… (128)

人生维度篇

第七章　生命风险的预防与救护 ……………………………………………… (141)
　　第一节　生命历程中的健康与伤害 ………………………………… (142)
　　第二节　远离毒品与预防艾滋病 …………………………………… (151)
　　第三节　敬畏生命与反对暴力 ……………………………………… (156)

第八章　应对生存的压力与挫折 ……………………………………………… (163)
　　第一节　直面压力与挫折 …………………………………………… (164)
　　第二节　挫折调适与压力应对 ……………………………………… (170)
　　第三节　情绪的控制与管理 ………………………………………… (175)

人道维度篇

第九章　生命成长的危机与干预 ……………………………………………… (189)
　　第一节　生命成长的危机 …………………………………………… (190)
　　第二节　生命成长的危机因素 ……………………………………… (196)
　　第三节　自杀危机的识别与干预 …………………………………… (201)

第十章　生命价值的追求与创造 ……………………………………………… (210)
　　第一节　生命历程及其内容 ………………………………………… (210)
　　第二节　生命价值与超越生命 ……………………………………… (214)
　　第三节　死亡文化与临终关怀 ……………………………………… (220)

主要参考文献 …………………………………………………………………… (233)

后　记 …………………………………………………………………………… (236)

人文维度篇

拓展人文：扩张生命的宽度

人作为一种自然生命，必然依赖自然环境满足生存的需要，同时又受制于自然规律。然而，人作为有思想的文化生命，又无时不在体悟自己的生命，努力通过"人"化和"文"化的方式冲破自然生命的长度将自己"人文化"，尽其所能地赋予有限的生命以更多的意义，活出生命的精、气、神来。

作为自然生命的人终将成为文化生命的"人"，这一维度所彰显出的人的生命特征即是人的生命的宽度。

人的生命是有宽度的。生命的宽度就是生命个体对有限生命的积极拓展和努力超越，是作为生命个体的人通过提升有限生命的质量来增加生命存在的内涵和意义。

生命的宽度可以表现在一个人获得的知识和所涉猎的生活范围上，还可以表现在个体在这个世界上所走过的地方，在这个世界的山谷岛屿和江河湖海所留下的身影，所带去的思想和文化。例如游遍神州的徐霞客、七次下西洋的郑和、发现美洲大陆的哥伦布、环球航行的麦哲伦。所以，古人说要"读万卷书，行万里路"。

人活着的意义绝不单单是寻求吃饱肚子和延续生命的长度。在纷繁复杂的尘世间，生活赋予人的生命以很多的责任与义务，为自己、为他人和为社会。在有限的生命长度中，我们应该力求留下自己生命美好的瞬间，留下人生奋斗的足迹，留下为他人、为社会做出的贡献，从而使自己的生命质量不断提升，使生活更加充盈美好。

第一章

生存环境的适应与发展

内容提要

■ 人是自然界的产物，自然是人赖以生存的基础。我们的血肉和头脑都属于自然界，都存在于自然界。

■ 使人从生物学意义上的生命成为具有精神思想的人的力量来自社会，人依赖于社会环境而成就自己，决定了人不能脱离社会或者所处的时代而生活。人是社会服务者和建设者。

■ 生物进化的自然法则是"适者生存"，人适应社会的发展，成全自己的生命，成就自己的人生。

■ 人出生后与社会环境接触，并在与环境的互动中发展自己，而发展自己正是人对环境积极适应的表现。

案 例

一日，孔子带学生到吕梁山游览，那里的一个瀑布有几十丈[①]高，下面水流湍急，一个男人在急流中游动。孔子以为他想投水而死，便让学生沿着水流去救他。他却在游了几百步之后爬上岸，披散着头发，一边唱着歌，一边漫步。

孔子赶上去问他："刚才我看到你能在非常危险的深水里游泳，请问你有什么特别的方法吗？"他说："我没有方法。我起步于本质，成长于习性，成功于命运。水回旋，我跟着回旋进入水中；水涌出，我跟着涌出水面。顺从水的活动，不自作主张。这就是我能游水的缘故。"孔子又问这句话的意思，他回答说："我出生于陆地，安于陆地，这便是本质；从小到大与水为伴，便安于水，这就是习性；不知道为什么却自然能够这样，这便是命运。"

适者生存，那位游泳的男人让自己适应水流，而不是让水流适应他，这就是一种适应环境的生存智慧。

---

① 1丈≈3.33米。

第一节 人的生命与环境

环境是指围绕着人的全部空间以及一切可以影响人的生活的各种要素的总和。人的生存过程是一定自然环境下的生命活动过程，自然环境作用于人类，人类的活动也在不断地改变着自然环境。人与赖以生存的自然环境之间的关系体现为一种主体与客体之间的关系。人的生命存在与发展的过程又是在一定的社会环境下进行的，人也不能脱离社会环境而独立存在。自然环境与社会环境的相互作用，构成了人类生存的整体环境。

一、人类生存与自然环境

自然环境是人类生活和生产所必需的自然条件和自然资源的总称，包括有机物的各组成因素和无机物的各组成因素，如人们居住地的地理、气候条件，大自然所提供的大气、水、动植物、土壤、岩石矿物、太阳辐射、微生物以及地壳的稳定性等自然因素。

（一）自然环境满足了人的基本生存条件

人作为生物学意义上的生命存在物，需要在一定的物理环境下生存。物理环境除自然环境诸因素外，还包括人为的物理环境因素，如建筑物等。其中满足基本需要的必要条件是温度、氧气、液体水、食物、重力作用和化学元素。

（1）适宜的温度。人的正常体温在 36.3℃~37.2℃。地球上的自然最低温度是-88.3℃，最高温度为 71℃，这都是极值，人类是难以在这种极端的条件下生存的。人体感觉最舒适的温度是 22℃左右。

（2）一定量的空气提供气压、氧气。人类生存的气压是一个标准大气压。气压低，人就会有反应。如登山有高山反应，就是气压太低的缘故。空气中的氧气也是不可或缺的。氧气可以供人呼吸、保障人体各种生理反应正常进行。没有氧气，人是不能生存的，即使缺氧几分钟，人的生命也会受到伤害甚至死亡。

（3）水分。人体 70%左右是水，人的各种生理活动都离不开水，并且水能在一定程度上调节体温，水还是人体润滑剂，它是生命之源。

（4）食物。人体活动需要能量，消耗掉的能量需要通过各种各样的营养物质来补充，而食物既能提供能量，也能提供必需的营养物质。

（5）重力作用。人不能飘浮在空中生活，由于受到地球重力作用，人类才能生存在广阔的大地上。

（6）化学元素。自然界中存在的一切都是由化学元素构成的。人类是地球环境演化到一定阶段的产物，人体也是由各种化学元素构成的。经测定，构成人体的化学元素有几十种，其中主要的有碳、氢、氧、氮 4 种元素，占人体组成总量的 99.4%，硫、磷、钠、钾、镁、钙、氯 7 种元素，占人体组成总量的 0.5%，上述 11 种生命元素占人体组成总量的 99.9%。人体组成与环境化学成分之间的这种奇妙的相关性，恰好说明人类是地球环境进化的产物，同时也反映了人类对环境的依赖关系。

地球相对稳定的环境正好满足了生命产生和存在所必需的条件。著名的德国唯物主义哲学家费尔巴哈在人对自然条件依赖关系上提出自己的观点："人是自然界的产物,是自然界的部分,自然是人赖以生存的基础。"①

(二) 自然地理环境影响人的生活方式

就人的生命存在与成长的条件而言,人类能否在某一地域出现,在不同地域出现得迟或早,都是由自然资源的供给条件和自然地理环境特性决定的。

自然环境的构成因素众多,包括光照、空气、水、土壤等。即使人能在某些地域生存,生命存活率也取决于自然环境条件的优劣。例如,处在温热气候中,人体新陈代谢快、发育快、早熟、男女育龄期长、妇女生殖率高,人口增殖就既快又多。地球温带平原地区有肥沃的土地、温暖的气候、丰富的水利资源,便于农作物的生长,丰富的食物来源易于保证生命质量。相反,那些逐水草或鱼汛而生的民族则更多地受自然条件变化的影响,经济不稳定,食物来源有限,人口增长速度就会慢一些。

1976年,李炳文、胡波在上海人民出版社出版的《人类的继往开来》一书中,叙述和说明了自然地理环境会直接影响人的生理状态。"影响人体高度的因素有种族、遗传、地理气候条件(山区、平原、丘陵、沙漠等)……"甚至"遗传在很大程度上要受地理环境的影响",例如,一般说来,我国南方儿童的身高比北方地区的稍低,至青春期更明显;平原地区的原居民一般体格魁伟高大,如齐鲁平原人曾被人称"山东大汉",而山地居民则形体较小,较灵活。该书详细地讲解了纬度高低不同地区的人因受太阳紫外线照射程度不同,所以皮肤有白有黑。因气温不同,为了保温或散热,所以头发有的呈螺旋形,有的为波浪形,有的为直形;嘴唇有厚有薄;为了预热空气,鼻孔有大有小,鼻子有长有短;人的身高,也是地球引力与人类骨骼达成某种化学和力学平衡后的结果。

(资料来源:李炳文,胡波. 人类的继往开来 [M]. 上海:上海人民出版社,1976.)

(三) 生态平衡环境的破坏与危害

整个地球的生态系统是一个互相依存和交融的系统。自然界中,无论是海洋、陆地和空中的动植物,还是各种无机物,均为地球这一"整体生命"不可分割的部分。地球的生态系统具有稳定性、整合性和平衡性。

生态系统平衡是指一定时间内生态系统中的生物与环境、生物与生物通过相互作用达到协调稳定状态,包括生态系统结构上的稳定、功能上的稳定和能量输入输出上的稳定。生态系统所处的环境突变越少,其稳定性越高。功能上的复杂性也决定了系统的稳定性。当生态系统达到动态平衡的最稳定状态时,能够自我调节和维持正常功能,并在很大程度上克服和消除外来干扰。

然而,自然界是不断变化的。自然环境因素包括阳光、空气、水等,这些资源的存在为人的生命繁衍提供了条件,同样也为生物多样性的存在提供了可能。自然界中存在着致病性的微生物以及恶劣气候、有害的水和气体、噪声和污染物等,它们的存在又构成随时威胁和

---

① 复旦大学哲学系外国哲学史教研组. 欧洲哲学史讲话 [M]. 上海:上海人民出版社,1978.

伤害人体健康的因素。面对这些伤害，人体也在不断调节，以保持平衡。但是，人体的适应能力是有限的，如果环境改变超过人体正常的生理调节范围，就会引起某些功能、结构异常，出现病理性改变，导致生病，甚至死亡。如果是自然生态系统发生剧烈变化，生态系统的这种自我调节功能本身就会受到损害，从而引起生态失调，甚至导致生态危机。

当今地球上的生态系统正在受到破坏，主要表现在以下方面。

（1）大气污染。大气污染是指大气中污染物的浓度达到有害程度，破坏了生态系统和人类生存发展的条件。比如，大气圈中的臭氧层能吸收太阳辐射中大部分短波紫外线而使人体免受损害，是生命的保护伞，如果人们过度使用冰箱和空调的制冷剂、用于制作塑料的发泡剂，就会造成臭氧层的减少和耗损，到达地面的紫外线就会增加，从而导致人体免疫功能降低，癌症发病率增高。再如，空气中的氮氧化物、臭氧等可增加过敏疾患及呼吸系统疾病，二氧化碳和甲烷更是空气中存在的最具"温室效应"的气体，由于生产发展和生活需要，汽车尾气、工厂里排放出来的二氧化碳及甲烷大量进入大气，按目前的排放速度计算，到21世纪中叶，气温上升、气候变暖，极地冰层和高山冰川融化，会致使海平面上升造成海岸侵蚀，沿海城市可能被淹没。

（2）水污染。水污染是指因某种物质介入，导致水体的化学、物理、生物或放射性物质发生特征与功能改变，造成水质恶化，从而影响水的有效利用，危害人体健康或破坏生态环境。例如，大量含磷酸盐洗涤剂的污水排入湖泊，为藻类生产提供了必需的营养素，致使水质变坏，形成俗称"富营养化"的水质。

（3）食物污染。食物污染包括两方面。一是食物中被病原微生物污染。如日本最大的乳品公司，曾因牛乳的容器被金黄色葡萄球菌污染而引起万余人中毒；20世纪80年代初，上海市民因食用被甲型肝炎病毒污染的毛蚶而引起甲肝流行。二是食物被化学物质污染。如不法商贩制造的"毒米""毒瓜子"，利用工业矿物油上光，使用激素促进农产品早熟，致使食用者的健康受损；对农作物过量使用化肥或用工业废水浇灌，人食用后有害物质在体内积蓄，影响人体免疫功能，甚至致癌。

（4）土地资源衰退。土地资源指可供农、林、牧业等利用的土地，是人类生存的基本资料和劳动对象。土地受自然力或人类不合理开发利用，会出现土地质量下降、生产能力衰退的情况，例如，干旱、洪水、大风、海潮等可导致土地沙化、流失、盐碱化等。有资料统计，我国2014年耕地面积18.26亿亩[①]，其中1.5亿亩受到了有机物和重金属污染，影响农产品质量。

（5）矿产与生物资源枯竭。地球上的资源是有限的，许多自然资源（如原油、煤炭、金属矿产等）是不可再生资源。由于科技进步和生产力水平提高，20世纪既是人类物质文明最发达的时代，也是生态环境和自然资源遭到破坏最为严重的时期。有限资源的不合理利用，工业化社会高投入、高消耗、高污染的粗放型社会生产方式，对资源和能源的攫取远远超过环境对经济的承载能力，从而导致矿产资源枯竭的危机。由于世界庞大的人口基数和较高的人口增长率，人类对资源的需求量越来越大，而片面追求经济效益和过度消费主义倾向，使大量的森林、草原、河流消失，取而代之的是房屋、广场、公路、农田、

[①] 1亩≈666.67平方米。

水库等，还有大量的沙漠、黄土，这致使生物的自然栖息地支离破碎。

（四）人类应当尊重自然生态的平衡与稳定

人要生存和发展，就会消耗资源，也必然受自然资源的制约。奥地利精神病学家阿尔弗雷德·阿德勒说："我们都生活在地球这个小行星上，而非其他地方……为了能在地球上延续自己的生命、确保人类的繁衍，我们必须发展自己的肉体和心灵，这是一个无法逃避的问题，它向每个人都提出挑战。无论我们做什么，我们的行为就是我们对人类生命状况的回答：它们揭示了什么东西是我们所认为是必要、合适、可能和可取的……我们受限在地球上，这会给我们带来各种有利与不利，这是所有答案都须考虑在内的事实。"①

盖娅（Gaia）是古希腊神话中大地女神的名字。20世纪60年代，英国大气物理学家拉夫洛克（James E. lovelock）根据地球表面远离平衡态的大气结构及其超强的稳定性，提出了一个假说，认为地球本身是一个活的生物体，并把它命名为盖娅。美国生物学家马古利斯（Lynn Margulis）也认同这一观点，他认为：生物并不是自我封闭的、独立存在的个体，生物必须不断地与其他生物交换物质、能量和信息，是一种相互合作的团体。我们的每一次呼吸都将我们与生物圈中的其他成员紧密相连，而那些成员其实也在"呼吸"，只不过是以一种比较缓慢的节奏在呼吸而已。

（资料来源：[美]马古利斯，萨根. 我是谁——闻所未闻的生命故事[M]. 周涵嫣，译. 南昌：江西教育出版社，2001：22.）

人类的活动能与自然生态相适应使之实现生态平衡，当遇到满足自己需要与维护生态平衡的矛盾时，也可能会破坏自然界的生态平衡。那么，人类该如何解决这一矛盾，实现生态平衡呢？

历史的发展证明，人类从树栖到穴居，从穴居到屋居，从采集自然食物到发展农耕、畜牧等过程，都是适应环境的过程。从古人类的被动适应，到现代人有意识地改造环境，无不体现出人与环境的统一关系。人类应该从自然中学习到生活的智慧，从自然生态的角度出发，协调人类生存利益与生态利益的关系，过有利于环境保护、生态平衡稳定的生活。当人类利益与生态利益发生冲突时，人类应当选择对自然生态的伤害最低的做法来保护生态利益。如果人类在谋求基本需要和发展经济的活动中，不可避免地给自然与野生动植物造成伤害和破坏，那么就应当对所造成的破坏进行补偿性修复。例如，人们为发展经济曾经破坏大片森林，基于保护和维持自然生态平衡的目的，必须大力植树造林。人类生产和经济活动使自然界动植物生存环境改变和物种趋于减少，必须尽力对濒危物种加以保护，并给它们创造适宜生存和繁衍的有利环境。

二、人的生活质量与社会环境

同是地球上的生命，动物靠本能求生存，人通过学习来生活，因为人的本质是具有思想意识的社会生命存在。每个人都生活在特定的社会中，人的成长除了受遗传和自然环境影响，社会环境同样起着至关重要作用。

---

① [奥]阿尔弗雷德·阿德勒. 生命对你意味着什么[M]. 周朗，译. 北京：国际文化出版公司，2007.

（一）社会环境及其构成要素

1. 社会环境的概念

社会环境是人类在自然环境的基础上，为不断提高物质和精神生活水平，通过长期有计划、有目的的发展，逐步创造和建立起来的社会物质、精神条件的总和。社会环境一方面是人类精神文明和物质文明发展的标志，另一方面又随着人类文明的演进而不断丰富和发展，并随着经济发展和科学技术的进步而不断变化。

2. 构成社会环境的要素

构成社会环境的要素更复杂，主要包括政治、经济、文化、教育、就业等。安定的社会、良好的教育、发达的科学技术、和谐的人际关系、美好的家庭、融洽的工作和学习氛围等，无疑会对人的健康起到良好的促进作用。反之，则会影响人的健康。

就对人的生命影响来说，三个社会环境因素最为重要：政治因素、经济因素、文化因素。

（1）政治因素包括政治制度及政治状况，如政局稳定情况、公民参政状况、法治建设情况、政府决策透明度、公众言论自由度等。

（2）经济因素主要指经济制度和经济状况，如实行市场经济的程度、媒介产业化进程、经济发展速度、物质丰富程度、人民生活状况等。

（3）文化因素主要指教育、科技、文艺、道德、宗教、价值观念、风俗习惯等。

（二）社会环境对人的重要影响

1. 社会环境决定人的生命本质

人的本质是社会性生命存在，或者说，人的本质是社会关系的总和。这是因为人的生存与发展离不开特定的社会环境，社会环境既是人们通过交往构建起来的社会存在，又是制约和决定人的生命存在的前提。正是在这种生成关系中，人与社会环境之间形成了互动关系。

一个人在特定社会关系中能否成为正常的人，从印度狼孩的例子中可以得到一定证明。

1920年，一位印度传教士辛格（Singh）在加尔各答的丛林中发现两个由狼哺育的女孩。大的约8岁，小的1岁半左右。辛格给她们起了名字，大的叫卡玛拉（Kamala），小的叫阿玛拉（Amala）。当她们被领进孤儿院时，不会用双脚站立，只能用四肢走路。她们害怕日光，在太阳下，眼睛只开一条窄缝，而且，不断地眨眼。她们习惯在黑夜里看东西。她们经常白天睡觉，一到晚上则活泼起来。每夜10点、1点和3点循例发出非人非兽的尖锐怪声。她们完全不懂语言，两人经常动物似的蜷缩在一起，不愿与他人接近。不会用手拿东西，吃起东西狼吞虎咽，如果有人或有动物走近，便呜呜作声去吓唬人。在太阳下晒得热时，会张着嘴，伸出舌头来，和狗一样地喘气。她们不肯洗澡，也不肯穿衣服，并随地便溺。

她们被领进孤儿院后，辛格夫妇异常爱护她们，耐心抚养和教育她们。遗憾的是，阿玛拉进院不到一年便死了。卡玛拉用了25个月才说出第一个词"ma"，4年后一共只学会了6个字，7年后增加到45个字，并说出用3个字组成的句子。一直到17岁死去时还没真正学会说话，智力只相当于三四岁的孩子。

（资料来源：［印］辛格. 狼孩［M］. 陈甦新，李青，编译. 长春：吉林人民出版社，1982.）

印度狼孩的事例说明，刚出生的婴儿一旦脱离社会，即使在生物学意义上被哺育长大，也难以通过社会化过程而融入社会，成为真正的人。

人是生活在社会这个大环境里的，社会为个人提供了存在与活动的舞台，同时也向个人提出了要求。首先，个人是社会的一分子，个人不能脱离社会而存在。其次，个体人格的形成受社会影响。社会在很大程度上决定着个人的性格、兴趣、发展方向、抱负……个人身上反映出来的个性都与社会现实有关。人是服从于社会的，是社会的作品；人通过学习社会文化，扮演着社会规定的角色，从而完成自己成为一个社会成员的使命；人无时无刻不受社会的制约和决定。社会环境为成长中的生命个体提供进入社会角色的人生坐标。

人和动物同属生命存在物，但人作为社会性生命存在，与只是依生物遗传本能活着的动物不同，人既有因自然生命存在而产生的自然属性，也有在社会实践活动基础上产生的社会属性，自然属性与社会属性共同统一于人的生命之中。就其本质而言，自然属性是人的社会属性赖以存在的基础，没有人的自然属性就没有人的社会属性。然而人的自然属性并不是人的本质属性，人作为自然界的产物，是自然界的一部分，人的躯体生命自然要服从于生物发展规律，这是人和动物的联系和共同性，但不能说明人与动物的根本区别，无法反映人之所以为人的特质。

2. 社会环境对人的生命质量有重要影响

社会环境可分为大的社会环境和小的社会环境。大的社会环境即社会大环境，是指国家与地区的政治状况、经济发展水平、婚姻制度、文化意识形态、公共卫生服务与科技医疗水平等，其中至关重要的是经济环境、政治环境、文化环境。社会大环境对人的影响表现在思想意识上，因其自身的矛盾运动和人类对其所进行的加工改造过程不断发生变化，人的思想观念不断地创新发展，进而改变人的生活方式和价值观。

社会大环境的内容具有多样性的特点，环境内容不同，给人们的社会实践活动提供的条件不同。比如，属于社会大环境范畴的文化环境是人生存的重要外部条件。文化环境以文化积淀为背景，以物质设施为载体，以人际交往和人际关系为核心，表现为人在自然环境基础上，通过一系列社会活动形成的人的生活模式、价值观念与待人处事的态度等。它由社会化了的人口、民族、宗教、风俗等人文要素组成，反映了一个地区的历史文化传统和该地区居民的精神面貌、道德水准、文明程度、法制观念等综合素质，是一个地区物质文明和精神文明状况的综合体现。文化环境应该包括"硬环境（物质环境）"和"软环境（精神环境）"两部分，"硬环境"主要是指为民众服务的文化与设施；"软环境"则包括当地的风俗习惯、生活方式，以及当地居民的归属感、认同感、人文情感等方面内容。

社会环境中对人的生存和生命质量影响较小的，是那些个人生活触手可及、感受直接的家庭、学校、单位、居住区等区域社会环境。当然，所谓的影响较小，只是相对更大范围的社会环境而言，对个人来说，其实并不小。如家庭是人生的第一所学校，是个体接受启蒙教育的场所，它的教育具有启蒙性、时间具有开放性，能满足孩子学习的随机性要求；家庭人际关系的血缘性使家庭教育中父母与子女可以进行情感交流。当然，家庭中的许多元素也会影响家庭教育的效果，如父母的学历和职业、对子女教育的重视程度与教育方法、家庭的气氛及物质条件等，都影响着子女的身心发展。

每个人对于他人而言，也是能够影响他人的微环境。比如，一个学生如果经常和一些积极上进的孩子交往，久而久之，就会变得积极上进；反之，经常与一些惰性很强的孩子交往，也会深受影响，成为不思进取的人。

人作为生命个体必须生活在社会中，阿尔弗雷德·阿德勒说："一个人对于自己和全人类利益的最大贡献，就在于与他人相联系。因此，对于生活中种种问题的回答，都必须考虑到这个约束。我们的生活是与人相联系的，一旦孤独而居，我们就会灭亡。这是所有回答都必须考虑的事实。假若我们要生存下去，甚至我们的情感都必须与这个最大的问题、计划和目标相协调，那就是，在这个与其他人一起居住的星球上，延续我们自己的生命以及全人类的生命。"[①]

第二节 适应生存环境

人类在漫长的进化过程中，通过生命的新陈代谢，与周围环境进行物质和能量交换，形成某种动态平衡关系。人类想要维持人体组成与其生存环境之间的联系，防止由于人类不合理和破坏性的活动造成环境突变而伤害自身，就必须协调人与环境的关系。

一、应对环境变化的生理适应

（一）生物学意义上的适应

适应是生物学概念，表示能增加有机体生存机会的生理上和行为上的改变。著名生物学家达尔文在《物种起源》中引用英国社会学家赫伯特·斯宾塞提出的"最适者生存"观点："我把这种有利的个体差异和变异的保存，以及那些有害变异的毁灭叫作'自然选择'或'最适者生存'。"[②] 换言之，同一种群中，个体之间存在各种变异，具有适应环境的有利变异的个体存活下来并繁殖后代；那些不具有有利变异的个体适应不了环境，就被淘汰。同时，达尔文认为，生物都有繁殖过剩的倾向，而生物生存的空间及资源有限，决定了生物个体为了生存，必然会展开斗争。所以自然界中的多数适应过程都是由"趋利避害"的自然选择所导致的。他指出，只有生物不断进化，适应自己的生存环境，才不至于被淘汰。

人的适应分为遗传适应和非遗传适应。遗传适应是先代把自己适应环境的能力遗传给

---

① [奥] 阿尔弗雷德·阿德勒. 生命对你意味着什么 [M]. 周朗, 译. 北京：国际文化出版公司, 2007.
② [英] 达尔文. 物种起源 [M]. 周建人, 叶笃庄, 方宗熙, 译. 北京：商务印书馆, 1995.

下一代的现象,这种适应通常需要多代才能完成。而那些面对改变环境需要改变自己行为,但不需要将这种改变行为传递给后代的适应是非遗传适应。

19世纪,生态学家伯格曼(Bergmann)注意到人类的体型与环境气温的相关性,由此认为人的体型随着环境气温而改变。两个体型相似的个体,体型较大者单位体积的表面积较小,较易保存热量,因而较容易适应寒冷气候;体型较小者单位体积的表面积较大,较易使热量散发,因而较容易适应酷热的环境。因此,生活在酷热气候中的人体型较小,而生活在寒冷气候中的人体型较大。人类体型方面的这种差异就是一种遗传适应,是自然选择的结果。

(资料来源:梁宏军. 越冷的地方为什么个头越大[N]. 现代快报,2011-10-24.)

决定人体是否能适应环境变化的主要因素是人的生理体质水平。体质是人的精神状态、身体发育、健康水平和身体素质的综合,是人适应各种复杂自然环境表现出来的活动和劳动能力。人所赖以生存的自然界是不断变化的,人体必须适应外界环境的各种变化才能生存,比如人体对温度的适应,当外界气温升高时,身体通过皮肤毛细血管扩张向外散热;当外界温度降低时,身体通过肌肉皮肤血管收缩,减少向外散热,以保持体温平衡。健康的人天热不易中暑、天冷不易感冒,就是这个道理。人体对传染病的抵抗力也一样,身体健康的人血液中的抗体多,身处同样的环境,也不容易感染传染病。

人的生理体质的适应能力表现在三个方面,即人体对环境条件的适应能力、应急能力和对疾病的抵抗能力。人的体质在人的一生中,水平具有明显的阶段性特征,如一个处在青年时期、体质最佳的大学生,应当表现为朝气蓬勃、精力充沛、体魄健全、筋骨强壮、对疾病和各种自然环境有较强的抵抗力和适应力,并能在学习、生活与活动过程中保持高效率。

人的生理体质与后天因素也有直接关系。后天因素就是人通过科学、持续性地从事体育运动和锻炼来增强机体免疫力和对环境的适应能力。

动物学家发现,大象在野外生活可活到200岁,一旦被俘获,关进动物园,即便生活条件比野外好得多,也活不到80岁;野兔平均可活15年,而自幼养在笼内过着"优越"生活的家兔,平均寿命才4~5年;野猪的寿命也比家猪长一倍。那么,为什么野生动物比家养动物寿命长呢?重要的一条是野生动物为了寻食、自卫、避敌、摆脱恶劣气候的侵害,经常要东奔西跑,身体得到了很好的锻炼。这样一代一代传下去,体质变得越来越好,寿命自然比家养动物更长。同样,人也是如此,经常参加体育运动锻炼的人,寿命就长。这说明一个道理:运动是健康长寿之本。

(根据百度文库《运动养生促进长寿的秘诀》一文整理)

运动锻炼可以增强人体对环境的生理性适应能力和病理性适应能力。运动的生理性适应即指人体在参与活动或运动条件下,由于重复肌肉活动,在形态结构、生理功能心理功能诸方面产生良好反应,如体质增强、健康水平提高。运动的病理性适应是指患有一般慢性病者或患病者在康复期内,通过科学合理的身体活动或运动,使身体得到康复的过程。

人要经常活动或运动,运动可以增强人对环境的适应能力。

（1）促进头脑清醒、思维敏捷。体育活动能促使中枢神经系统及其主导部分大脑皮层的兴奋性增强，从而促进神经活动过程的均衡性和灵活性，提高大脑的分析综合能力。

（2）促进血液循环，提高心脏功能。体育活动加速血液循环，以适应肌肉活动的需要，能从结构上和功能上改善心血管系统。经常从事运动，还能使心脏心肌增厚、收缩有力、血容量增大，从而大大减轻心脏负担，表现出心脏工作的"节省化"现象。

（3）改善呼吸系统功能。呼吸是重要的生命现象，而肺是呼吸系统的重要器官，具有气体交换的功能。经常运动能使呼吸肌发达，呼吸慢而深，每次吸进氧气较多，每分钟只要呼吸较少次数，就能满足机体需要。运动还可使人体更多肺泡参与工作，使肺泡富有弹性，增加肺活量。

（4）促进骨骼、肌肉的生长发育。适当体育活动能为骨骼和肌肉提供足够的营养物质，促进肌纤维变粗，肌肉组织有力，骨密质增加，提高骨骼抗弯、抗压、抗折能力。

（5）调节心理，使人充满活力。从事体育活动，特别是从事那些自己感兴趣的运动项目，能使人产生一种非常美妙的情感体验，使人心情舒畅、精神愉快。运动还可以增强人的自尊心、自信心和自豪感，增添生活情趣；还能调整某些不健康心理，调节不良情绪，如消除沮丧和消沉的情绪。

（6）增强机体免疫能力。经常运动可使人体中的白血球数量增加、活性增强，提高人体对疾病的抵抗力；可使中老年人保持充沛的精力和旺盛的生命力，延缓老化过程，健康长寿。

（二）人对环境的适应

人的生理体质水平，会受到先天因素的影响和制约，也与人处在不同的生命年龄段有关，它们都会影响人的适应与调节能力。

人对环境的适应是通过持续、即时调节自身行为和生活方式来慢慢实现的，调节即适应，是一种具有非遗传形式的短暂适应。

研究证明：裸体的人通过人体自身的热量调节系统，能在气温27℃~37℃的环境中维持正常的体温37℃左右，若超过或低于这一个范围，就需要通过调节手段来适应人对环境的需要，如人在炎热的白天就得减少体力活动，降低身体热量，减少出汗，免除脱水的危险；或者穿上宽松的衣服，主动放松身体，以有利于身体汗液的蒸发；或者选择待在阴凉的室内来躲避太阳辐射产生的热量，使之不能直接到达皮肤。

（资料来源：吴正芝. 人体能耐几多寒 [J]. 科学之友，2013（7）.）

根据行为主义心理学的观点，人对环境的适应是通过不断调节自己的反应方式，直到满足自己需要来进行的。

行为主义心理学的代表人物桑代克曾经做过一个经典的迷宫试验：首先用铁丝或木板条制作一个迷箱，箱外放有某种食物，然后将一只活泼好动而又饥饿的猫关进迷箱里。箱门上装有门闩，猫必须通过操作与门闩相连的绳子或把手等装置打开箱门。实验开始时，猫受饥饿驱力的刺激，先是用爪抓取箱外的食物，取不到，便在箱子里表现出极度不安的状态，乱抓、乱跳，用鼻子或爪子乱撞箱门，或时坐、时咬箱壁。在这一系列的反应活动中，猫偶然碰到门闩装置，于是门被打开了，猫吃到了食物，然后平静下来。这个实验形象地告诉我们，对于不能满足需要的环境进行适应，是动物生存的本领。

（资料来源：[美]桑代克.教育心理学概论[M].陆志韦，译.北京：商务印书馆，1926.）

人的适应、发展过程与动物有相似之处。当人产生某种需要，个体原有的问题解决模式若不能满足自己的需要，就产生"阻碍"。这种"阻碍"可能来自客观环境、个人能力的欠缺或个体需要的内在矛盾，面对这种新环境，当事人会在一定程度上产生紧张或者焦虑的感觉。为了解决这种紧张和焦虑，需要寻求解决问题的办法。在一次次的尝试中，一旦找到合适的解决办法，就会缓解心理的紧张程度，满足个体成就需要。正是在一次次的"试错"中，人们培养了自己的适应能力，使自身得到发展。

二、应对环境变化的心理适应

（一）心理学意义上的适应

在心理学领域，适应被定义为"用来表示对环境变化做出的反应"。人的心理适应是指当环境发生变化时，通过自我调节系统做出的能动的反应，是使自己的心理活动和行为方式适合环境变化和自身发展的要求，使自我与环境达到新的平衡的过程。

这一定义从三个方面说明了心理适应的性质与特点。

（1）心理适应是人作为主体对环境变化所做出的一种反应。没有环境的变化就无所谓适应或不适应。适应是人为满足个人心理环境与实际环境相一致的生存和发展需要而产生的活动。

（2）心理适应是个体与环境之间互动变化的过程。从个体发展全程来看，平衡是暂时的、相对的；不平衡是经常的、绝对的。个体在某种情境下，必须改变自身的行为以适应环境的需要，有时也可以通过改变环境以满足个体的需求。

（3）心理适应的内部机制是"同化"与"顺应"的平衡。同化是指人将外部世界纳入自己主观世界已有认知结构或行为模式的过程。顺应则是指调整自己原有认知结构或行为模式以适应环境变化的过程。个体通过这两种方式保持与环境的互动关系。

人类自诞生以来，为了自身的生存，就如何适应环境一直在进行探索，并且积累了丰富的经验和科学文化知识。其中最重要的是正确的世界观和方法论。对自然界和人类社会的变化、发展规律要有正确的认识，并使自身的活动与之相适应。如人们通过养生等手段积极主动地适应自然环境；加强人性修养，建立理想人格，与社会环境相统一。人类就是在不断适应变化着的客观环境的同时，实现了自身的不断进化。

（二）心理适应能力的培养

心理适应能力是人们自觉主动地应用心理学原理，通过疏导、支持、解释、启发、教育等手段，解决学习、工作、生活中的心理问题或心理障碍，减轻或消除焦虑、抑郁、强迫、恐怖等情绪，改善认知水平，消除不良行为。心理适应是矫正心理偏差、恢复心理健康的过程。心理适应能力好的人，能够自觉、能动、有选择地利用和改造环境，即使遇到不快也能很快摆脱。

心理适应能力的增强是一个渐进的统一过程，其表现有以下几方面。

1. 自我认知与自我调控的统一

自我认知是接受和评估信息的认识过程，是产生应对和处理方法的过程，也是预测和估计结果的过程。通俗地讲，就是认识问题、分析问题、解决问题、预测问题结果的过程。一般说来，人的行为和情绪的产生有赖于对情境的评价，这些评价又受个体道德、信念、假设、人格特征、思维方式和生活经验等因素的影响。当一个人真正了解自己时，也就认识了自己的需要、价值观、态度、动机和情感，认识到自我内心存在的冲突与矛盾，并根据真实自我自觉调控行为，同周围环境达成一致。

2. 角色定位与环境需求的统一

人们在工作和生活中往往以不同的角色存在，比如工作中是领导，在家里是妻子和母亲。多重角色本身并不一定构成矛盾，只有在进行角色转换时不能和环境保持一致，才会产生矛盾。如将家庭矛盾带到工作岗位，或将工作的烦心事带回家里，都会不同程度地造成人际关系紧张、家庭矛盾激化。正确的做法应当是：不能马上解决的问题可以放一放，也许换个看问题的角度就能解决。人始终离不开生存环境的制约，任何角色定位都取决于当事人所处的社会组织体系的结构与环境状态。对当事人来说，不论面对怎样的环境需求，都要正确地认识自我，调整心态，不过高期望，也不过低评估。

3. 自我疏导与心理健康教育的统一

自我疏导就是自我学习、自我教育，心理健康教育则是向他人学习。"它山之石，可以攻玉。"若能将两者有机结合，便能开阔自己的视野，树立对生活的信心和勇气。

三、应对环境变化的社会适应

（一）社会适应的含义

社会适应是指人对社会环境的适应，包括为了生存而使自己的行为符合社会要求，以及改变环境使之适合自己的需要和获得更好的发展。

社会适应系统由三个基本要素构成。

（1）个体：这是指社会适应过程中的主体。

（2）情境：情境与生命个体相互作用，不仅对个体提出了自然的和社会的要求，也是个体实现自己需要的来源。人际关系是个体社会适应过程中情境要素的重要组成部分。

（3）改变：这是社会适应的中心环节，是由个体和环境达到和谐所必需的个体自身改变和环境改变双方组成的。

社会适应过程是个体以自身的各种心理资源组成的自我系统与各种刺激因素组成的社会情境系统交互作用的过程。社会环境对人的形成和发展进步起着重要作用，同时人类活动给予社会环境以深刻的影响，而人类本身在适应和改造社会环境的过程中也在不断变化。成功的社会适应使个体在维持家庭和社会人际关系中不断发挥作用并感到舒适和满足。但是，某些对新情境的适应过程也可能伴有压力以及生理、心理上的功能障碍，如轻微的内疚感、身心障碍和神经症、器质性或功能性精神病等。

（二）个体应对环境变化的适应态度与方式

人的行为心理与社会环境之间存在相互影响与相互制约的关系。人在社会中生长，也在社会中死亡。社会关系不是存在于具体的人之外的某种东西，而是每个人必须生活在其中的客观存在。社会环境包括社会规范（政治的、法律的、道德的），对人的心理与行为产生影响。人在社会环境中生活，社会环境制约着人的行为，人的某些行为存在又会导致环境一定程度的改变。

就个体与环境的互动关系来看，人作为个体在适应过程中存在着积极与消极、适应与对抗等不同态度，而不同态度会影响现实中个体对适应环境的行为选择方式，同时也决定了环境对个体的影响效果。

1. 改变环境，使环境适合自身的需要

托尔斯泰说"世界上有两种人：一种是观望者，一种是行动者。大多数人想改变这个世界，但没有想改变自己。"改变环境也可以有多种方式，比如个体在改变环境的选择中，忽略那些会使个体陷入毫无必要的情绪体验的行为和让自己后悔的行为，由此摆脱对不相干环境的依赖。

2. 改造自身，去适应社会环境的要求

改造自身包括个体改变自己的态度、价值观，接受和遵从新情境的社会规范和准则，主动做出与社会相符的行为。作为生命个体，很多时候改变不了周围的环境，可行的是通过改变自己来适应社会。

3. 采用心理防御机制掩盖由环境变化对自己提出的新要求

如果一个人的心理活动和行为表现不适应一定社会公认的道德规范和行为准则，不为常人所理解和接受，其本人的身心健康和社会生活可能会出现问题，这个人的心理和行为就可能会被认为是异常的、不健康的。如果个体采取不正确的应对环境的心理防御方式，就会出现社会适应不良的心理和行为，可能会对自身造成更大的伤害。

（三）增强对社会环境的适应能力

1. 主动投入社会实践、积极适应社会环境

首先要主动投入社会实践，不管现实社会环境多么令人不愉快，只有投入社会实践和接触社会环境，才能认识和适应社会环境。最好的办法是随着年龄的增长，有目的地进行一些有益的社会实践活动，有意识地锻炼自己，这样可以进一步认识自己，认清自己在社会环境中所处的位置。

适应社会环境有主动适应和被动适应两种心态。被动适应表现出对社会环境的无可奈何，产生消极、忧郁、焦虑，甚至逃避的负面情绪。主动适应则能发挥个体的主观能动性和创造力，努力克服各种困难，从而产生积极向上、愉快、满意、充实的正面情绪，这不仅能够使自己很好地适应社会环境，也有利于身心健康。

2. 积极调整自我，提高应对的技能

个体在接触社会环境的过程中，肯定会遇到社会环境和自身之间的矛盾和冲突。如果能审时度势，选择有利的社会环境条件，抓住机遇，同时积极调整自我心态，学习和提高应对的技巧，就能较快、较好地适应社会环境，并且取得成功。

3. 利用社会支持系统，积极寻求帮助

人们在积极地接触社会的过程中，会遇到各种问题，出现各种心理上的苦恼与困扰。为了更好地适应社会，除了及时调整自我之外，有效地利用社会支持系统，寻求他人的帮助也很重要。俗话说"一个好汉，三个帮"，有社会系统的支持，有亲朋好友的帮助，就没有克服不了的困难。因此，要学会利用社会支持系统，帮助自己适应社会。

第三节　大学生的环境适应与自我发展

一、人的发展是对环境的积极适应

人的发展来源于人对环境的积极适应。人对环境的适应经验告诉我们，面对环境，从态度上可分为积极的适应和消极的适应。两种适应对人的心理与行为产生极大的影响。

消极的适应是人与环境的消极互动过程。在这一过程中，个体认同、顺应了环境中的消极因素，压抑了自身的积极因素及潜能，不利于人的心理发展，常常出现的情形是环境改造了人，而人未发挥自己对于环境的能动作用。例如，有的同学因为几次考试成绩不理想，就悲观失望，觉得前途渺茫，以致不思进取，这种以压抑自己的潜能、牺牲个人心理机能和品质为代价的对环境的适应就是消极的适应，不是好的发展。

积极的适应是个体在客观现实环境中积极主动地调整自己的不适应行为，增强在环境中的主动性、积极性，使自身得到发展。

任何环境中都存在着有利于个人成长的积极因素和不利于自己成长的消极因素，积极的适应是要正确地分析自身及环境的特点，从对两者的分析中找到自己的生长点，在此基础上形成新的态度和行为，实现自己的人格发展。心理学家马斯洛在谈到成长与环境的关系时说："环境的作用最终只是允许他（个体）和帮助他，使他自己的潜能现实化，而不是实现环境的潜能。环境并不赋予人潜能，是人自身以萌芽或胚胎的形态具有这些潜能，正如他的胚胎形成的胳膊和腿一样。创造性、自发性、个性、真诚、关心别人、爱的能力、向往真理全都是胚胎形成的潜能，属于人类全体成员，正如他的胳膊、腿、脑、眼睛一样。"[①]

二、人的生命发展的本质

人的发展是指人生的发展，是人的身心随着时间的推移不断变化的过程。

人的心理发展是伴随着身体发育成熟，人的认识、情感、能力和社会性等方面获得完善成长的过程，它是一个人整个一生中行为和心理的发展过程。

人的生理发展是指个体从胚胎发育、出生、成熟、衰老直到死亡的整个生命进程中所

---

① ［美］马斯洛. 人的潜能和价值 [M]. 林方，译. 北京：华夏出版社，1987.

发生的一系列身体变化，这种变化是有序的、连续的、有规律的。人的生理发展既有量的变化，也有质的飞跃；既包括生命向前推进的进程，也包括人的生理衰退、消亡的过程。

人的社会生命的发展是社会环境发展的反映。心理学家埃里克森认为，人出生后与社会环境接触，并在与环境的互动中成长。一方面由于个体自我成长的需要，希望从环境中（如人际关系）获得满足，另一方面又受到社会限制，使个体在社会适应上产生受挫感。埃里克森把这种情形称为人的发展危机，他认为，人一生的每个年龄阶段都会产生不同的发展危机，即遇到不同的社会适应问题。这就需要人们不断地学习，在经验中调适自我，使自己不断地完成每一阶段的适应任务，走向人生新的发展阶段。

三、大学生的适应环境与自我发展问题

人的发展与人所处的生存环境和人自身的主动性是分不开的。人是社会的人，人在社会中生存、生活和发展。社会环境在一定程度上影响、塑造着人的个性，对人的发展有着重要影响。但是，人不同于动物，人的发展不全是被动地取决于环境。人的心理活动、对自我的认识、个性特点、积极主动精神等方面，对人的发展都具有重要作用。

经过高考走进大学校园，环境变化对大学生提出了新的要求。适应环境的变化，在与环境的互动中实现个人的更好发展，是当代大学生的使命。如果大学生不能顺利适应环境变化和满足自身发展的需要，不能顺利完成大学阶段发展任务，就可能会出现各种问题。

1. 理想与现实落差和目标真空期的存在

每个大学生在上大学前，都有自己的理想，并对未来充满期待与希望。然而在多元价值观念并存和相互冲突的社会环境中，大学并不是想象中那样充满诗情画意，学习过程也不会妙趣横生。对有些原来期望值很高的学生而言，当他们感觉遇到不尽如人意的学校和不太理想的专业等问题时，就会因理想与现实的落差而产生失落感。刚入大学的新生往往会出现一个目标真空期，原因是上大学前每个学生都清楚自己的奋斗目标，而当考上大学的目标实现后，就不清楚下一个发展目标，处于茫然状态。由于在多元化的价值体系中没有明确发展的新目标，以致行为上失去了动力和存在感，不知道自己喜欢什么和需要做什么，只是被动地过着简单而重复的生活，结果常常陷入苦闷和彷徨之中而不能自拔。

2. 生活环境改变带来的人际交往障碍

一个人从中学到大学，其人际关系和人际交往方式会发生许多变化。中学阶段，同学之间与师生之间接触时间长，甚至班主任都是一任数年。师生天天相见，熟悉的面孔，相似的语言、习俗，构成了自己熟悉的生活环境圈。跨进大学后，同学们来自不同地区，素昧平生，语言、习俗各不相同，就需要有磨合和相互适应的过程。如南方、北方学生有饮食方面的显著差异和生活方式方面的差异，个别来自偏远地区的学生与从大城市来的学生之间，会出现一定程度的语言隔阂及相互适应问题。当今大学生的人际交往困难主要是不懂如何与人沟通，缺乏交往的技巧。有的同学有自卑心理而不愿与人交往；还有的同学为交际而交际，因追赶时尚和潮流而张扬，产生自负心理。大学校园里存在的复杂多样的社会性人际关系，一定程度上形成了大学生人际关系发展的障碍。

3. 生活环境变化带来的心理压力

中学阶段，大部分学生就近上学，在家吃住，生活方面的许多事情由家长料理，基本

上处于同家人在一起的生活环境。即使是住校学习，中学学校对学生的管理也都比较具体，学生自由支配的时间不多。这些来自生活与学习方面的环境影响，使得处在中学阶段的学生独立自主性不强。大学就不同了，大学生所面对的学习生活环境是既需要自我管理，又需要集体行动。这种由过去有人管到现在自己管自己的变化，会给大学生特别是大学新生带来一定的心理压力。

4. 学习方式变化反映出来的新问题

从一种学习环境进入另一种学习环境时，大学生常常会感到不适应。中学生的学习方式非常明确具体，高考考什么，老师就教什么，学生也就学什么，是一种被动地"要学生学"的教育模式。然而大学的教育是专业教育和通才教育的结合，课程门类多，内容较深较新，教学节奏快，学生需要自学的时间增加，课程自选机会增加，是一种主动的"学生要学"教育模式，这就需要学生有较强的自学能力，学习效果主要依赖学生的自觉。这种学习方式的转变，需要学生有一个适应过程。然而事实是有些学生在入学前是当地的学习尖子生，家长、老师都对其报有很大期望，在同学中也受到尊重，自我感觉良好。可是当走进集中了各地学习优等生的新群体中，他的学习成绩就与大家一样甚至不如其他同学，失去引人注意甚至受宠的群体环境，就会产生失落感，难以顺应现实。

5. 性生理发育成熟阶段的心理困扰

大学生的性生理已发育成熟，与之相伴的性心理也基本成熟。大学生或多或少存在一定程度的性意识困扰，如性幻想、性梦以及性压抑所引发的不安和躁动，因性吸引心理因素引发的对自己身体肥胖、身材矮小、相貌缺陷等身形状态的不满意和不适应感，性行为或异常性行为也会造成心理压力，问题严重的会影响心理健康、人际交往，甚至是以后的婚恋生活。

四、学会适应，发展自我

现代社会环境的急剧变化，需要高等教育把大学生在大学期间的适应与发展问题作为关注人的发展的重要内容，为此而提出大学生的自我发展任务。

（一）戚加宁提出的大学生七项发展任务

近些年来，有些学者对人的发展心理问题进行深入研究，总结出许多有价值的理论研究成果，其中具有代表性的是戚加宁（Chickering）在1993年发表的七个心理发展范围的相关理论，即"七向量发展理论"，这一理论在西方国家大学教育中曾被广泛认同，其主要内容包括以下几个方面。

（1）发展能力。在大学期间，大学生可以增进和发展多方面的能力并使他们有信心表达这些能力，包括智力、体力及人际交往能力。

（2）管理情绪。大学生每天面对许多来自学习、人际关系等方面的挑战，可能会产生种种积极的或消极的情绪。大学生要充分了解自己的情绪，并以恰当的方式来处理情绪。

（3）独立自主和互相帮助。大学生应学会独立承担责任，同时也要学习如何互相帮助、互相包容。因为每一个行动都会影响自己和他人，在有些情况下个人需要做出牺牲、让步，以达成共识。

（4）发展成熟的人际关系。与别人建立关系对大学生的生活有很大影响，建立成熟的人际关系十分重要，而维持这种亲密关系需要具有良好的自我认识、自信心和社会支持。

（5）确立自己的角色地位。能否正确确立自己的角色地位会影响人的自尊心、自信心的建立，还会影响他人对自己的满意及接纳程度。

（6）确定人生目标。不断增强自己的能力、制订计划和确定目标，并根据目标在职业计划与期望、个人兴趣、对人际关系及家庭的承担上定出次序。

（7）整合自己的价值观。大学生的价值信念引导其行为方向，也是为人处世的原则。整合是指人的行为与价值一致、顾及别人的利益、尊重别人的意见，同时肯定自己的价值观及信念。

（二）联合国教科文组织的"四个学会"

1996年，联合国教科文组织在《教育——财富蕴藏其中》中提出，大学生的主要任务是"四个学会"①。

1. 学会做事（learn to do）

学会做事是指用一种善始善终的态度认真对待和处理各种事务，坚持不懈并力求完善。大学生要有敬业精神和社会责任感，要有独立的生活管理能力，能独立选择、独立决断、独立处理问题，能够应付各种情况和适应各种变化的环境，不断积累经验。

2. 学会做人（learn to be）

学会做人是指建构符合时代要求的道德价值体系并承担个体的社会责任，热爱生命并感激生活的给予。学会做人意味着不但要关注自己，还要认真对待亲情和友情。维持亲朋好友之间的密切联系，对父母关心和体贴，并承担应尽义务。学会做人是大学生适应与发展的重要前提。

3. 学会与人相处（learn to be with others）

学会与人相处即学会共同生活。在现代社会，与人和谐相处既是一种人际交往能力，也是人生成功的一种重要资源。为了更好地发挥自己的潜能，人们需要得到周围环境的支持和帮助，至少不应受到别人有意的阻挠。而良好的人际关系是营造个人学习、工作和生活环境的必要前提。即使彼此不能成为朋友，也至少相互尊重。大学生应当学会在与他人的沟通中建立亲密的合作关系，在相互交流与分享中促进自我的成长与发展。

4. 学会学习（learn how to learn）

学会学习即学会认知。大学生学会学习，不仅仅是为了获得知识，更重要的是获得一种认识世界的手段和能力。因此大学生对知识的掌握只是学习的一部分，更重要的是学会学习的方法，学会确定合适的学习目标，这是人生成长和未来胜任工作的关键。

（三）生命与心理健康教育的基本要求

适应与发展是人毕生需要面对的课题，对大学生顺利实现社会化，完成由接受教育的

---

① 联合国教科文组织. 教育——财富蕴藏其中[M]. 联合国教科文组织总部中文科, 译. 北京：教育科学出版社，1996.

社会客体向奉献自己的社会主体转变具有重要影响。为此，在适应与发展的问题上，大学生需要学会适应，发展自我。

1. 建立合乎理性的认知方式，适应社会的角色要求

正确的认知是人适应与发展的前提与基础。大学生要通过学习与社会实践，努力培养自己的辩证思维能力，正确认识社会对个人的角色期待、要求与自己的兴趣爱好、性格、能力以及价值观追求之间的差异，通过建立理性的认知方式来不断调整自己在认知上的偏差，适应社会需要。

2. 根据社会与自我发展需要，确立合乎实际的目标

目标对于大学生的适应与发展具有重要作用，没有目标，人就会感到迷茫，行动也会失去方向和动力。大学生在制定目标时，应从自身的客观实际出发，随时根据已经变化了的环境及时进行调整，以免因为脱离实际而不能实现自己的目标。

3. 积极主动地进行人际交往，具体而明确地开展行动

大学生要适应环境与发展自己，就应积极参与社会实践活动，人只有经历社会实践，才能拥有应对各种环境和社会变化的能力。积极参与社会实践，去做具体而明确的事，投入自己的全部心思和活力，不仅会逐渐熟悉环境，还会在逐渐融于环境的积极行动中感到充实和愉快，从而摆脱由环境不适应所带来的空虚、苦闷等不健康情绪。大学生适应环境，主要是对人际关系的适应，包括主动与人交往，多认识他人，也让人们认识自己。有了良好的人际关系，人也就在适应与发展自己的环境中获得了支持的力量，从而提升自己的人格和成就自己的人生。

资料库

认知失调

认知失调又名认知不和谐，是由费斯廷格提出的阐释人的态度变化过程的社会心理学概念，是指一个人的行为与自己先前一贯对自我的认知（通常是正面的、积极的）产生分歧，从一个认知推断出另一个对立的认知时而产生的不舒适感、不愉快的情绪。认知失调是两种认知中所产生的一种不兼容的知觉，这里的"认知"包含看法、情绪、信仰，以及行为等。认知失调有两个重点（也是难点）：一是认知成分，即人们的思维、态度和信念等；二是推断，即逻辑推理是否正确。这两点同时也是产生认知失调的原因。

为了克服由认知失调引起的紧张，人们需要采取多种多样的方法。以戒烟为例，抽烟者想戒烟，但当朋友递过来香烟时忍不住又抽了，这时戒烟者戒烟态度和抽烟行为就产生了矛盾，引起了认知失调。

人们一般采用以下几种方法减少由戒烟而引起的认知失调。

（1）改变态度。改变自己对戒烟的态度，使其与以前的行为一致（我喜欢吸烟，我不想真正戒掉）。

（2）增加认知。如果两个认知不一致，可以通过增加更多一致性的认知来减少失调（吸烟让我放松和保持体型，有利于我的健康）。

(3) 改变认知的重要性，让一致性的认知变得重要，不一致性的认知变得不重要（放松和保持体型比担心30年后患癌更重要）。

(4) 减少选择感，让自己相信自己之所以做出与态度相矛盾的行为，是因为自己没有选择余地（生活中有如此多的压力，我只能靠吸烟来缓解，别无他法）。

(5) 改变行为，使自己的行为不再与态度有冲突（我将再次戒烟，即使别人给也不再抽烟）。

（资料来源：侯玉波. 社会心理学［M］. 第3版. 北京：北京大学出版社，2013.）

思考与讨论

人类正生活在环境急剧变化的时代。有学者预言，影响人类未来生存的有以下九个方面的威胁。请研究学者预言的内容，你认为这些预言在未来能否实现？你从中感受到了什么？

(1) 人工智能。当人工智能设备具有学习功能和适应环境的能力，人类将面临不确定性的未来。人工智能可以作为有益于人类生活的数码设备助手和无人驾驶车辆，获得"立足点"，然而一旦研发过程未进行严格控制，将带给人类可怕的灾难。

(2) "生物黑客"。超级细菌通过合成生物学技术，在未来能够治疗疾病和清理污染物，致力于新型生物技术的科学家能够在基因等级上改变现有微生物，从而更好地发挥功能或者实现一个预期结果。但是科学家指出，生物工程或者"生物黑客"技术，未来将对人类构成潜在威胁。

(3) 杀手机器人。伴随着人工智能技术的不断发展，很可能未来将出现"杀手机器人"，它们能够独立选择目标并发射武器。完全自动化武器将很快从科幻领域走向现实生活。支持者表示，由于现代战争移动性非常强，杀手机器人具有一定的必要性，同时，机器人进入战场可减少士兵伤亡。但是科学家担心，未来杀手机器人会比制造者更加聪明。

(4) 核战争。地球上现存有1.5万多个核武器，而将地球陷入毁灭性的核冬天，只需引爆100个核武器就够了。核武器的概念是1983年由一支天体物理学家小组引入的，虽然核弹会带来灾难性损害，但科学家预测，随后出现的核冬天将对地球环境和人类生存带来更大的威胁。

(5) 气候变化。自工业革命以来，人类活动破坏了地球大气层的微妙平衡，伴随着化石燃料的燃烧，大气层二氧化碳和其他温室气体浓度以惊人的速度不断升高，在地球周围形成一个浓密覆盖层，可以诱捕过多的热量，促使全球气温升高。如果气候变化达到一个临界点，逃逸温室效应将导致温度增至数百摄氏度，使地球海洋沸腾，生命无法存活。

(6) 小行星碰撞。虽然小行星碰撞地球的概率非常低，但一旦碰撞，对地球而言将是致命的灾难。2017年1月，一颗直径相当于10层楼的小行星近距离掠过地球，近地点仅是地月距离的一半。之前专家警告称，人类并未做好小行星碰撞地球的准备工作，如果一颗小行星碰撞地球，人类将束手无策。

(7) 现实是一个幻觉。哲学家曾进行思维实验，检验我们内部"自我"和外部"现实"之间的自然交互性，部分专家指出，我们可能生活在某种错觉宇宙空间，类似《黑客帝国》中的一个复杂计算机模拟世界。

（8）食物短缺。气温升高导致的全球性水资源短缺可引发食物缺少和大规模迁移，这些威胁是由气候转暖、供水短缺等因素造成的。预计2025年，28亿人将生活在"缺水地区"。

（9）粒子加速器。影响人类生存的另一个潜在因素是地球未来进行超级对撞机实验时发生意外，摧毁地球。虽然当前大型粒子对撞机实验运行正常，有助于解答人类和宇宙起源之谜，但是一些人担心这将导致人类灭亡。

（资料根据搜狐网《从杀手机器人到生物黑客：人类面临十大威胁》一文整理）

建议阅读书目

1. 中石. 年轻人如何适应社会：学会生存不可不知的12项修炼［M］. 北京：当代世界出版社，2010.

2. 俞敏洪. 愿你的青春不负梦想［M］. 长沙：湖南文艺出版社，2017.

3. ［美］戴维·布尔尼. 进化：生物如何适应生存［M］. 孙养正，译. 北京：生活·读书·新知三联书店，2004.

4. ［美］蕾切尔·卡森. 寂静的春天［M］. 吕瑞兰，李长生，译. 上海：上海译文出版社，2007.

5. 蔺桂瑞，杨芷英. 大学生心理健康与人生发展［M］. 北京：高等教育出版社，2010.

问题与作业

1. 为什么说人的一生都是适应与发展的过程？
2. 你是怎样解决自己在适应与发展过程中遇到的问题的？有哪些经验与体会。
3. "人的一生是由自己所经过的一系列适应阶段构成的。"谈一谈你对这句话的感受和理解；简述你是如何规划大学生活的。

第二章

生命质量的道德与境界

内容提要

■一个只有生命长度的人，跟一个生命既有长度又有宽度的人，两者生命质量是不一样的。人与人的差别最根本的就是生命质量上的差别。

■对个人来说，你无法延长生命的长度，却可以把握它的宽度；无法预知生命的外延，却可以丰富它的内涵；无法把握生命的量，却可以提升它的质。

■新的健康观认为，作为生命个体的人除了躯体健康、心理健康和社会适应良好外，还要道德健康。

■人的生命从零开始，最终也将归结为零。但起点的零与终点的零有着本质区别，人的生命价值就在于人"活过"和因为"活"给世界留下或大或小的美丽印迹，这就是人的生命所达成的境界。

案 例

在一次讨论会上，一位著名的演说家手里高举着一张二十美元的钞票，面对会议室里的人问道："谁要这二十美元?"一只只手举了起来。他接着说："我打算把这二十美元送给你们中的一位，但在这之前，请允许我做一件事。"他说着将钞票揉成一团，然后问："谁还要?"仍有人举起手来。他又说："那么，假如我这样做又会怎么样呢?"他把钞票扔到地上，又踏上一只脚，并且用脚碾它。尔后他拾起钞票，钞票已变得又脏又皱。"现在谁还要?"还是有人举起手来。"朋友们，你们已经上了一堂很有意义的课。无论我如何对待那张钞票，你们还是想要它，因为它并没有贬值，它依旧值二十美元。人生路上，我们会无数次被自己的决定或碰到的逆境击倒、欺凌甚至被碾得粉身碎骨。我们觉得自己似乎一文不值。但无论发生什么或将要发生什么，在上帝的眼中，你们永远不会丧失价值。在他看来，无论肮脏还是洁净，无论衣着整齐还是不整齐，你们都是无价之宝。"

第一节 生命质量与健康标准

一、生命质量的含义

(一) 与生命价值相关的生命质量

生命质量译自英文（quality of life）一词，又称生活质量、生存质量。世界卫生组织（World Health Organization, WHO）将生命质量定义为：不同文化和价值体系中的个体对与他们的生活目标、期望、标准以及所关心事物有关的生活状态的体验，包括个体生理、心理、社会功能及其物质状态四个方面。

生命质量最初属于社会学概念，是由美国经济学家加尔布雷恩（J. K. Calbraith）在20世纪50年代末提出的。在社会学意义上，生命质量重点强调人的生命的社会功能，由此把生命质量分成宏观和微观两个层次：宏观层次的生命质量主要研究世界、国家和地区人口群体的生活质量，微观层次的生命质量主要研究个体和家庭的生活质量。心理学上所关注的生命质量，主要指向个人的精神状态和生命文化心理。临床医学上所面对的生命质量，则注重减轻病人的症状和痛苦。

生命质量也可分为生命主要质量、生命根本质量、生命操作质量三个方面。生命主要质量又称人性素质，是指生命个体身体和智力发育状况的差异质量，以此可以区别健康的人与不健康的人；生命根本质量是指个体生命的目的、意义及与其他人在社会、道德上的相互作用的程度，反映的是一种具有参考性质的生命质量指标，生命根本质量是随着人的经历、年龄变化而变化的，如与正常人相比，晚期癌症患者、植物人在生活上难以自理，其生命根本质量就很低；生命操作质量是指在操作层面利用智商、诊断学标准来测定人智能、生理方面的生命质量，如人的智力水平测量，智商在70以下的为智力有缺陷的人，智商在30以下的为智力有严重缺陷的人。

(二) 测量生命质量的健康指标

生命质量可以用人的生命是否健康的指标来表示和衡量。20世纪70年代末期，医学生物学已发现影响生命质量的因素变化并进行探讨，认为随着人类疾病谱系的改变，肿瘤和心脑血管疾病等慢性病成为威胁人类生存的主要疾病，由此产生了作为一种新的与健康有关的医疗技术评价新概念，即健康相关生命质量（health-related quality of life），用以全面评价疾病及治疗对病人造成的生理、心理和社会生活等方面的影响。

健康相关生命质量作为一种主观健康评价指标，是指以社会经济、文化背景和价值取向为基础，对自己的身体状态、心理功能、社会能力以及个人综合状况的感觉体验。其特点是没有一个通用的客观参考标准，且受个体经济文化背景和价值观念的影响较大。它不仅关心病人的存活时间，而且关心病人的存活质量；不仅考虑客观的生理指标，而且强调病人的主观感受和功能状况；不仅用于指导临床治疗，而且用于指导病人的康复和政府的公共卫生决策。

二、生命健康及其构成要素

(一) 生命健康

什么是生命健康？在有关健康概念的众多说法中，当今普遍为人们所接受和最受重视的是世界卫生组织的观点。1948年，世界卫生组织在制定的章程序言中指出："健康不仅是没有疾病和病痛，而且是个体在身体上、精神上、社会上完全安好的状态。"1978年9月《阿拉木图宣言》重申："健康不仅是疾病与体弱的匿迹，而且是身心健康、社会幸福的完好状态。"到了1989年，世界卫生组织又在健康概念中增加了新内容，即除了躯体健康、心理健康和社会适应良好外，还要加上道德健康，并且认为作为生命个体的人只有同时具备这四个健康才算是完全健康。道德健康是对人在健康问题上的道德要求，道德健康的最高标准是"无私利他"，基本标准是"为己利他"，低标准是"单纯利己"，不健康的表现则是"损人利己"和"纯粹害人"。

人的生命健康由四个要素构成。

(1) 生理健康：包括患病情况、慢性症状及自我评价的健康，基本标志内容是人体的主要脏器无疾病，身体形态发育良好，体形均匀，人体各系统具有良好的生理功能，有较强的身体活动能力和劳动能力，对疾病的抵抗能力较强，能够适应环境变化所产生的各种生理刺激，以及一些致病因素对身体的作用。

(2) 心理健康或精神健康：包括认知、幸福感、满意度等内容。在一般意义上，表现为人的心理现象及其活动处于良好的状态。

(3) 道德健康：指的是调整人与人、人与自然、人与环境以及人与社会之间的关系，使之适应人类健康需要的行为准则和规范的总和。人在行为上如果违反了道德规则和规范，会产生自责感，最终使身心受到伤害。

(4) 社会适应健康：涉及人参与社会活动的深度、社会交往的频率等，主要表现为生命个体对环境的适应能力以及与他人的关系处理。

(二) 健康四要素的功能和作用

生命健康四个要素之间既有层次区别，又有密切联系，一起对生命健康起着不可或缺的作用。

(1) 生理健康是生命健康的基础，是人们对健康最基本的认识和要求。由于人体生理活动是以人的生理组织结构为基础、以维护人体生命为目的的运动形式，所以生理健康是作为生命个体的人赖以生存的前提条件。

(2) 心理健康以生理健康为基础并高于生理健康。心理健康是生理健康的发展，也是维护生理健康的重要保证。保持心理健康的人对环境具有较强的适应能力，对精神刺激与打击有较强的耐受力，而生理健康的人在受到心理创伤后也有较强的康复能力。

(3) 道德健康以生理健康、心理健康为基础，并且高于生理健康和心理健康，是生理健康、心理健康的发展和升华。

(4) 建立在生理健康、心理健康和道德健康基础上的社会适应健康是生命健康的最高层次。社会适应健康的人不仅具有生理健康、心理健康和道德健康的基础，而且具有较强的社会交往能力、工作能力；不仅能胜任个人在社会生活中的各种角色，而且能创造性地取得成就并回报社会，达到自我实现的目的。

社会适应健康是健康的最高境界。人一旦失去了社会适应健康，也就失去了社会适应能力，失去了人区别于其他动物的最主要特征，也就失去了作为人的社会生活质量。

三、生命质量、生存寿命与生命价值的关系

（一）生命质量与生命价值

生命质量与生命价值既有联系又有区别。生命质量主要指某一生命在生物学意义上是否具备作为人的基本素质，是根据一定的社会标准来衡量和评价的人作为个体生命的自然素质的质量状态，为决定生命价值的内在要素。生命价值主要是指生命的社会价值，即从人的社会学角度，判定某一个体生命对他人及社会的意义。生命质量是生命价值的基础，一个人的生命质量如何，会给他人与社会带来正价值、无价值或负价值等不同影响。

（二）生命的长度与宽度

生命的长度是指一个人生存的寿命，即个体生命持续时间的量。生命的宽度是指一个人在有限的生命时间内持续创造出来的生命价值，即个体生命存在对社会意义的量。

人的生命长度是有限的，在有限的生命长度内所能创造的生命价值可大可小，终究也是有限的。这意味着两项指标对生命个体都不能单独反映出生命质量的全部。如果一个人的寿命短暂，或者刚出生就死亡了，就谈不上有什么生命质量。如果一个人一生只为活下去而且挣扎在死亡线上，这样的人即使寿命很长，也难以形成具有真正意义的生命质量。人只有在生命存在时间内，在追求生命的长度中拓展宽度，在拓展生命的宽度中延伸生命长度，使生命的长度与宽度在最优化结合中发挥生命的作用，才能在实现生命价值中提升自己的生命质量。

（三）生命神圣论与生命价值论

如果生命个体在追求生命的长度与宽度时发生矛盾，是选择生命的长度还是选择生命的宽度更具有合理性呢？针对这一问题，存在着生命神圣论与生命价值论两种对立观点。

17 世纪西方的启蒙思想家以"天赋人权"和"人道主义"为理论基础，提出了生命神圣论。他们所坚持的观点是：人的生命具有至高无上、神圣不可侵犯的道德价值。因为就人的自然生命决定的长度来说，生命的意义与价值就内含在生命的自我存在之中，人只有活着才能对生命意义做出证明。因此关心和尊重生命，在任何时候都是重要的，追求生命的长度本身不仅是作为自然人天然具有的权利，而且也有其内在价值。人们坚信"好死不如赖活着""活着就是一切"的生命信条，并没有什么不对。

重视生命宽度的生命价值论认为，就由生命个体存在的社会意义所决定的生命宽度而言，人的生命价值只产生在对他人与社会的奉献中。如果一个人长寿却碌碌无为，就算他的生命长度过了百岁，当他死的时候也没有人会记得他，这意味着他的社会生命在一定程度上已经死了。而当一个人活出了质量，或者说活出了价值，为社会创造了价值，那才说得上有意义。正所谓"有些人活着，他已经死了；有些人死了，他却活着"。既然人的

"生命不在于长短，关键在于质量"，那么当处在生死抉择的关键时刻，宁要生命的幸福与尊严，也不要痛苦地活着。

生命神圣论作为一种传统的观念，意识到生命极其宝贵，生命与世界上的其他事物相比具有至高无上性，离开了生命，世界上万事万物对于生命体而言，就失去了存在的意义。这种观念是人类对生命现象进行认识而获得的最重要的思想成果，为维护人的尊严和促进人类思想进步做出了贡献。而生命质量论所强调的观点，使人类对生命的态度由"繁衍和维系生存"的低层次过渡到"提高生命质量"的高层次，为人们认识和处理当代社会现实生活中所遇到的生命选择问题提供了重要的理论依据。同时，因为生命质量论兼顾了现代的生命伦理价值观，可以作为在一定情况下是否延长、维持或结束人的生命的依据，具有重要的伦理指导意义。

四、衡量生命质量的健康标准

现代健康观认为，人的健康不再仅仅是四肢健全、没有残缺、无病或不虚弱，还需要在精神上有一个完好的状态。因为人的精神、心理状态和行为对自己和他人甚至对社会都有影响，所以更深层次的健康观应包括人的心理、行为正常和符合社会道德规范的要求，以及环境因素的完美。

（一）生理健康标准

世界卫生组织认为，个体健康主要看人体各主要系统、器官功能是否正常，有无疾病，体质状况和体力水平如何等方面。具体地说，人的生理健康表现在十大方面。

(1) 精力充沛，能从容不迫地应付日常生活和工作的压力而不感到过分紧张和疲劳。
(2) 处事乐观，态度积极，乐于承担责任，不挑剔，工作有效率。
(3) 善于休息，睡眠良好。
(4) 应变能力强，能适应环境的各种变化。
(5) 具有抗病能力，能够抵抗一般性感冒和传染病。
(6) 体重适当，身材匀称，站立时头、肩、臂位置协调。
(7) 眼睛明亮，反应敏锐，眼睑不发炎。
(8) 牙齿清洁，无空洞，无龋齿，无痛感；齿龈颜色正常，不出血。
(9) 头发有光泽，无头屑。
(10) 肌肉、皮肤富有弹性，走路轻松有力。

1999 年，世界卫生组织又具体提出了以人体生理活动的速度衡量各器官和系统功能是否正常的"五快"健康标准。

(1) 食得快。吃饭时有很好的胃口，能快速吃完一餐饭而不挑剔食物，食欲与进餐时间基本一致，说明内脏功能正常。食得快当然不是狼吞虎咽，不辨滋味，而是不挑食、不偏食，吃得顺利，吃完后感到饱足，没有过饱或不饱的感觉。

(2) 便得快。有便意时，能很快排泄大小便，且感觉轻松自如，在精神上有一种良好的感觉，说明胃肠功能良好。

(3) 睡得快。晚间有自然睡意，上床能很快入睡，而且是深度睡眠；醒后头脑清醒，精神饱满。睡得快说明中枢神经系统兴奋、抑制功能协调,且内脏无病理信息干扰。

(4) 说得快。说话流利,语言表达正确。说话内容有中心且合乎逻辑。能根据话题转换交谈内容,说话时不觉吃力,没有有话要说又不想说或说话过程中有疲倦之感,没有头脑迟钝、词不达意现象。表明头脑清楚,思维敏捷,中气充足,心肺功能正常。

(5) 走得快。行动自如、协调、迈步轻松、有力,转体敏捷,反应迅速,动作流畅。说明躯体和四肢状况良好,精力充沛旺盛。

(根据百度文库《世界卫生组织提出的人体健康十条标准》一文整理)

(二) 心理健康标准

心理健康一般是指个体在本身及环境条件许可的范围内,心理所能达到的最佳状态,包括人对环境有较强的适应能力,对精神刺激与打击有较强的耐受力,心理创伤后有较强的康复能力和正常的意识水平。

人的心理健康可以通过以下三个方面表现出来:第一,具备健康心理的人,人格是完整的,自我感觉是良好的,情绪的表现是稳定的,有较好的自控能力,能保持心理上的平衡,有自尊、自爱、自信心以及自知之明;第二,一个人在独处环境中有充分的安全感,在与他人交往中能保持正常的人际关系,能受到别人的欢迎和信任;第三,对未来有明确的生活目标,不断地进取,有理想和事业的追求。

应当辩证地认识心理健康这一现象,实际生活中,人的心理健康是比较而言的,绝对的健康是不存在的,人们都处在较健康和极不健康中的某一点上,而且人的心理健康状态是动态变化的,而非静止不动。从这一角度说,人的心理既可以从相对健康变成比较健康,又可以从相对健康变得不那么健康。因此,心理健康与否反映的是某一段时间内的特定状态,而不应认为是固定的。

世界卫生组织提出了人的心理健康七条标准。

(1) 智能良好。体现在两个精神和四种能力上,即科学精神、人文精神和发现问题的能力、认识问题的能力、分析问题的能力、解决问题的能力。

(2) 善于协调与控制自己的情感。与外界环境协调,心情开朗乐观。

(3) 具备良好的意志品质特征。目的合理,会调整自己的期望值和心态,培养自己的坚强性和自觉性,培养自己的果断性和自制力。

(4) 人际关系和谐。有一个相对稳定的、相对广泛的人际交流圈;在人际交往中要独立思考,不盲从,做到宽以待人,积极主动、坦诚。

(5) 积极适应和改造现实环境。

(6) 保证人格的完整和健康。具有人格的同一性,不能混乱分离。能有一个积极进取的人生观。

(7) 心理年龄和生理年龄相适应。

1999年,世界卫生组织在提出身体健康体现为"五快"的同时,也提出以人在社会活动中的适应能力来衡量心理是否健康的"三良"标准。

(1) 良好的个性。表现为情绪稳定,性格温和,言谈举止能够得到认可,能够在适应环境中充分发挥自己的个性特点,没有经常性的压抑感,感情丰富,热爱人生和生活,遇事总是向前看,具有坦荡胸怀与达观心境。

(2) 良好的处事能力。表现为洞察问题客观、现实,具有较好的自我控制能力,与人交往的行为方式能被大多数人接受。适应复杂的社会环境,对事物的变迁能始终保持稳定而良好的情绪,在不同的环境中能保持适应性,能保持对社会外环境和肌体内环境的平衡。

(3) 良好的人际关系。表现为有与他人交往的愿望,有选择地交朋友,珍视友情,尊重别人的人格。待人接物大度和谐,既能善待自己,自尊自爱,自信自强,又能宽以待人,对人不吹毛求疵,对他人的问题与人际矛盾不过分计较。能助人为乐,与人为善。

(根据百度文库《世界卫生组织健康标准》一文整理)

(三) 社会适应健康标准

社会适应健康是指个人在与环境交互作用的过程中所产生的心理活动和行为能适应复杂的环境变化,为他人所理解,为大家所接受。判断人的心理是否正常,可以依据三项原则。第一,心理与环境的统一性,即个人的心理与实际环境相一致,会产生适当行为,以应对所处的环境。第二,个人能够依据实际环境调节自己的反应。环境适应良好者,对事件的处理不会仅受制于一时一地的影响,而能考虑到广阔的时空因素,并随时调节自己的反应。第三,个体与环境是双向互动关系,个人在某种情境下必须改变其行为以顺应环境的需要,有时必须改变环境以符合个人的需求。

人的社会适应是否健康是人的生存和生活能力的表现,是人赖以生存的最基本条件之一。在人的一生中,社会环境是在不断变化的,能否对变化着的环境保持良好的适应,可以作为判断个体心理健康水平的一个重要标准。

社会适应性标准有两层含义。一是以人的心理和行为是否违背一定社会公认的道德规范和行为准则为标准。当一个人的处境发生明显变化或遇到某些应激性事件难以应付时产生不适应状态,或者心理活动和行为表现与社会公认的道德规范和行为准则不相适应,不为常人所理解、接受,这种不适应的状态在病理心理学上就被称为适应性障碍。比如,一个成年人在众人面前赤身裸体而没有羞耻感,这就是心理异常的表现。二是以某个人一贯的心理活动和行为表现为依据。比如,一个人一向乐观开朗、活泼好动,然而一个时期以来逐渐变得郁郁寡欢、沉默少语,甚至绝望轻生,或者突然变得十分活跃,表现欲望十分强烈,自我感觉良好,都表明这个人的心理和行为发生了异常的变化,形成了病态心理。

正常人的行为符合社会的准则,能根据社会要求和道德规范行事,亦即其行为符合社会常态,是适应性行为。

美国心理学家马斯洛(Maslow)提出了社会适应正常的十条标准。

(1) 有充分的适应能力。
(2) 充分了解自己,并能对自己的能力进行恰当的估计。
(3) 生活目标能切合实际。
(4) 与现实环境保持接触。
(5) 能保持人格的完整和谐。

(6) 有从经验中学习的能力。
(7) 能保持良好的人际关系。
(8) 适度的情绪发泄与控制。
(9) 在不违背集体意志的前提下,有限度地发挥个性。
(10) 在不违背社会规范的情况下,个人基本需要能适当满足。

(根据百度文库《马斯洛心理健康十条标准》一文整理)

第二节 维护生命健康的道德需求

一、道德成为生命健康要素的原因

人区别于动物的地方,就在于人不仅仅是自然肉体的存在,还是精神与思想的存在,而且需要社会支持以及与他人共存,因此而产生的道德就成为依靠社会舆论、人们的内心信念、传统习惯的力量来调整社会经济发展与健康环境之间关系的行为规范的总和。

就影响人类健康的疾病来说,现代医学研究揭示,目前危害人类生命与健康的四大疾病的主要病因,不是生物因素中的细菌、病毒、寄生虫等,而是社会和心理因素中的不良的社会行为、不良的生活方式、不良的行为习惯和不良的劳动环境以及过度紧张刺激,这些致病因素都与道德有关。

将道德纳入生命健康的内涵,反映了当下社会形势发展变化而促使保护生态环境新理念产生的现实,说明人的生命健康是生命个体的权利与义务的统一。就健康的道德义务来说,生命健康是个体生命得以存在和正常活动的基础,又是个人履行社会责任的必备条件。这决定了生活在社会中的每个成员都有确保生命健康的道德责任,决定了不能认为健康纯粹是个人的私事,每一个人都有为他人的健康着想和服务的义务。

将道德纳入生命健康的内涵,标志着过去关于人的健康问题只是医疗卫生保健部门的责任、一切依靠医生的时代已经结束,新的健康观需要新的道德来维护。例如,环境污染对人类健康危害的问题一直以来没有得到很好的解决,其根本原因之一是人们把健康的权利与义务割裂开来看待,认为享受健康是每个人的基本权利,而维护健康是医疗卫生部门的义务,把维护健康的希望与责任寄托在医务人员的身上,缺乏追求健康过程中自我权利与义务相统一的道德认识。

二、重视生命健康的道德责任

2000年,世界卫生组织提出了促进人体健康体质的四大基石"合理膳食、戒烟限酒、心理健康、体育锻炼"。具体而言,应做到以下几方面。

(一) 平衡膳食

饮食作为人类最重要的生命活动与价值实现活动,不仅是维持人的生命、增加营养与促进健康的自然欲求，还包含着丰富的文化内涵和道德意蕴，这在中西方的饮食文化中都有明确体现。

合理饮食是自我保健的重要基础。在食品科学领域，营养是指机体通过摄取食物，经过体内消化、吸收和代谢，将食物中对身体有益的物质作为构建机体组织器官、满足生理功能和体力活动所需要的最基本代谢能量。人体日常需要的营养素有42种，主要是蛋白质、碳水化合物、脂肪、维生素、矿物质、纤维和水。食物作为营养和能量的物质载体，在维系生命和健康的过程中起着举足轻重的作用，日常饮食会直接决定营养吸收的状况。只有保持适度的平衡才能做到合理营养与补充能量。从饮食的量来说，中国古语有："欲得身体安，须带三分饥和寒。"西方饮食文化也有这样的谚语："早餐留给自己，中餐与朋友共享，晚餐留给敌人。"这些都在表明健康饮食和保证合理的饮食习惯的重要性。

合理摄取食物的营养，主要通过平衡膳食来实现。平衡膳食是指膳食中所含的营养素种类齐全、数量充足、比例适当。膳食中所供给的营养素与机体的需要应保持平衡，如食物的杂与精平衡、膳食的冷与热平衡、就餐前后的动静平衡、进食前后的情绪平衡等。现代医学认为，不同食物种类所含的营养素不同，如主食类能提供大量的碳水化合物，奶类提供蛋白质且富含钙质，蔬菜水果类则是维生素、矿物质及纤维的丰富来源，这些营养对人的身体都缺一不可。所以人要求得健康，需要平衡饮食，同时还要把握、控制不同营养成分的摄入量。

合理摄取食物的营养应坚持"三低一高"原则，即保持低糖、低盐、低脂、高纤维，少吃饱和脂肪，多吃健康脂肪，如坚果、种子、谷物、鱼等。特别是当人们用这些健康脂肪来代替饱和脂肪和反式脂肪时，对人体更为有益。选择新鲜的蔬菜水果也很重要，因为蔬菜水果所含的热量低，而且含有丰富的膳食纤维、各种维生素、无机盐、微量元素，其中的抗氧化剂可以降低血压、减少心脏病发作的概率，有助于预防多种疾病。

把好饮水健康关。水是生命的源泉，对人的健康起至关重要的作用。人不吃食物可以存活数周甚至数月，但若无水，生命就维持不了几日。喝水有助于改善人体内分泌及心、肝、肾的生理功能，提高机体的免疫力。保持皮肤水分，会使人容光焕发，可以洗涤肌体、清除污染和帮助人体有效排毒。掌握正确的补充水营养知识和养成科学的饮水习惯也很重要。第一，不喝生水。生水中含有各种各样对人体有害的微生物。第二，口渴时不要大量饮水，一下子饮水过多，会使胃液暂时停止分泌，导致胃肠的吸收能力减退。第三，大量出汗后应喝盐开水。大量出汗会使人体耗去大量水分，这时就需要及时补充，以免出现脱水状况。人在大量出汗的时候，盐分也会随着汗液排出体外而流失，因此最好适量补充淡盐水。

（二）拒绝吸烟

吸烟是当今世界一大公害，它严重危害着人类健康。世界卫生组织把吸烟称为"世纪的瘟疫"，认为这是人类自己不卫生行为招来的疾病。

世界卫生组织发布的《2000—2025年吸烟趋势全球报告》指出，尽管全球烟草使用率已从2000年的27%降到2016年的20%，但每年仍有700多万人死于烟草。全球共有11亿烟民以及至少3.67亿无烟烟草吸食者，还有2 400多万名13～15岁的青少年吸食烟草，另有1 300多万名青少年使用无烟烟草制品。全球有80%以上的吸烟者生活在低收入和中等收入国家。世界卫生组织会员国中，有一半以上的国家减少了对烟草的需求，有近八分之一的国家有望实现到2025年将烟草需求减少30%的目标。

（资料来源：李丹丹. 世界卫生组织报告：吸烟每年造成全球心血管死亡病例约300万 [N]. 经济日报，2018-07-03.）

现代医学研究表明，烟雾中含1 200多种有毒成分，最为直接的是对人的呼吸道黏膜产生炎症刺激。长期吸烟容易导致慢性气管炎、肺气肿、心脏病、肺癌、口腔癌、食道癌、喉癌、膀胱癌等疾病。医学试验表明，在患心绞痛和心肌梗死的人中，吸烟者比不吸烟者多12倍，胃溃疡患者多9倍，膀胱癌患者多4倍。当然，吸烟的直接受害器官还是肺，大量流行病学研究证实，吸烟是导致肺癌的首要因素。因肺癌死亡的患者中，87%是由吸烟（包括被动吸烟）引起的。女性吸烟危害更大，一个女人如果和男人每天抽一样多的烟，其患肺癌的概率是男性的3倍，发生心肌梗死的危险性是男性的2倍。吸烟对女性的生育能力也有很大危害，与不吸烟的妇女相比，吸烟妇女患不孕症的比率为10%～30%，发生宫外孕的危险高达40%。吸烟还会导致妇女痛经，绝经期也会提前1～3年。吸烟还会加速人的衰老进程，因为长期吸烟减少了雄性与雌激素分泌，使人的嘴唇和眼角过早地出现皱纹，导致牙齿发黄和皮肤粗糙。

吸烟具有成瘾性，要求吸烟者戒烟，很难找到有效的灵丹妙药，成功与否，取决于吸烟者戒烟的意志。事实表明，要想戒烟成功，最为关键的是在心理上有战胜它的准备，有信心和毅力。多项社会调查统计的结果表明，任何一个吸烟者都可以靠顽强的意志力戒烟并取得成功。

如果你是个烟民并有戒烟愿望，戒烟门诊的专家提供了一些具体的建议。

（1）扔掉吸烟用具，诸如打火机、烟灰缸、香烟，减少你的"条件反射"。

（2）告诉别人你已经戒烟，不要给你烟卷，也不要在你面前吸烟。

（3）写下你认为的戒烟理由，如为了自己的健康、为家人着想、为省钱等，随身携带，当你烟瘾犯了时可以拿出来告诫自己。

（4）制订一个戒烟计划，每天减少吸烟的数量。

（5）主动安排一些体育活动，如游泳、跑步、钓鱼等。一方面可以缓解精神紧张和压力，另一方面可以避免花较多的心思在吸烟上。

（6）在戒烟初期多喝一些果汁，可以帮助戒烟。

（7）当你有想吸烟的冲动时，可以用喝水来控制。事实证明：水是戒烟的妙药，当你感到空腹或想吸烟时，就先慢慢地喝上一杯水。

（8）若单独使用行为疗法难以戒烟，尼古丁替代法或非尼古丁药物疗法常会帮助吸烟者戒烟成功。

（9）当你真的觉得戒烟很困难时，可以向专业医生寻求帮助，取得家人和朋友的支持对于成功戒烟也至关重要。

（三）控制酗酒

酒是一种世界性的饮料，世界各民族都有饮酒的习惯。酒类饮料含有一定的营养物质，人们喝多少酒有益至今尚无定论，问题是纯酒精的饮用是否得当。适量饮酒对人的身体有益，如使人的体力增加、记忆力增强、胃肠消化力提高、精力充沛等，还有事例和研究报告表明，成人少量饮酒，有助于保持健康和长寿。

然而，酒与许多其他营养素一样具有两面性。适量饮酒对身体健康有利，可是过量饮酒会损害神经系统，酗酒则会伤害人的健康。现代医学研究表明，酒精对人体的各个器官都有影响，它袭击人体内的所有细胞，使人的大脑皮层功能发生严重紊乱，造成饮酒者失去自我控制能力，机体失去平衡。长期大量饮酒也可造成慢性酒精中毒，使人出现智力减退、精神恍惚现象，并可引起维生素缺乏症，还可能出现慢性胃炎、心肝肾的变性、神经炎等疾病。酒精还会使人的心肌变质肿大，造成呼吸困难，导致肝脏功能紊乱，最终形成人的酒精性心肌病或酒精性肝硬化。长期过量饮酒对人的生殖系统的损害也很严重，会造成男性性征成熟延迟，生育能力低下，过度饮酒会诱发前列腺炎，甚至继发性性功能障碍，造成不育，酗酒更是损害生殖内分泌功能，加快睾酮代谢，造成雌激素相对增多，有活性的雄激素减少，睾丸萎缩。

过量饮酒还会诱发癌症。一些调查报告表明，酒精是仅次于烟草的第二个致癌因素。过度饮酒的人平均寿命比不喝酒的人少 15 年左右。在啤酒和烈性酒中存在致癌物质多环烃和亚硝基胺，这些物质作用于 DNA，可使人体细胞基因发生突变。酒精还能辅助其他物质导致癌症。饮烈性酒与上消化道癌有关，尤其是啤酒和葡萄酒，导致口腔癌的危险性更大，白兰地酒易导致食道癌，红葡萄酒易导致胃癌。最为严重的是酒精对肠癌的影响。1989 年日本一项医学研究发现，每天喝啤酒的人得乙状结肠癌的可能性是不喝酒的 12 倍。这是通过对 40 岁以上的 265 万人进行为期 17 年的调查研究得出的结论。英国的癌症研究基金会则认为，喝啤酒的人得胰腺癌的危险性是不喝酒的人的 3 倍。

酗酒造成的后果不仅表现在病理性死亡上，还表现在其他死亡事件上。酗酒增加了人们的反社会行为，在酒精作用和影响下，会产生更多的自杀、凶杀等事件。

控制醉酒是一个人具有意志力的表现，也体现着现代人饮酒文化中的文明道德。下面这些方法对于克服过度饮酒具有一定效力。

（1）认知疗法：通过影视、广播、图片、实物、讨论等多种传媒方式，让酗酒者端正对酒的态度，正确认识醉酒的危害，从思想上坚持纠正饮酒成瘾的行为。社会上舆论干预和强制的行政手段，对戒酒有绝对的效果，但应提倡主动戒酒。

（2）逐渐减量法：要有计划地戒酒，切忌一次戒掉，以免出现再次成瘾症状。

（3）借助药物：饮酒是一种成瘾行为，需要相当努力才能把这种习惯的不良行为改正过来，有时候借助药物的帮助也是必要的，能够提高戒酒成功率。

（4）厌恶疗法：这是一种行为矫正方法。其目的是在饮酒时不但得不到好的感觉，相反会产生令人痛苦的体验，形成负性条件反射。

（5）辅助方法：为了达到戒酒的目的，结合生物反馈、系统脱敏等辅助方法，以获得满意效果，不过这需要心理医生的指导和帮助。

（6）家庭成员治疗：酗酒往往给亲人带来不幸，但对其进行制约的最好环境也是家庭。因此，可通过家庭成员的帮助，让其了解酒精中毒的危害，树立起戒酒的决心和信心，并与患者签好协约，定时限量给予酒喝，循序渐进地戒除酒瘾。

(7) 集体疗法：患者成立各种戒酒协会，进行自我教育及互相约束与帮助，达到戒酒的目的。

（四）合理用药

药物是指用于防治及诊断疾病的物质。从理论上说，凡能影响人体器官生理功能及细胞代谢活动的化学物质都属于药物。药物可以防病治病，对人体具有调节功能、抑制或者杀灭病原微生物和寄生虫、提供身体必需的代谢物质的补偿作用。但是，大多数药品对人体有不同程度的不良作用甚至是伤害，有的药品本身就是从毒物发展而来的。这意味着如果用药不合理，非但不能发挥药物的疗效，还会引起用药者的药物不良反应和药源性疾病，严重的能致残、致畸，甚至造成人的死亡。据世界卫生组织公布的资料，全世界每年死亡病例中，约有1/3是药物不良反应所致，而我国聋哑人中有60%～80%是药物反应不良而出现药源性疾病的结果。

"是药三分毒"，即使是非处方药，其安全性好，毒副作用小，也只是相对于处方药而言。因此，用药务必注意科学与安全，应慎之又慎，特别切记四点。

(1) 可用药可不用药时，坚决不用药，相信并极力调动自身免疫力，优先采用自然疗法。必须用药时，要了解所用药的药性、药理、副作用及禁忌。

(2) 药物可口服的不要肌肉注射，可肌肉注射的不要静脉输液，尽量减少不必要的感染机会。

(3) 由于服药的剂量、次数和时间都是根据药物的特点和适应等具体情况而定的，不可擅自增减剂量或换药、停药，也不可任意将多种药自行配伍，多药并服，也要避免中西药合用。

(4) 如服药后出现不良反应，应减少剂量或停药。长期服用同一种药，必须经医生确认和指导。注意用药的禁忌，对孕妇、有药物过敏史、肝和肾功能有疾患的特殊人群，用药更要慎之又慎。

当今时代特别值得重视的，是抗生素的滥用问题。

在医学发展历史上，人类抵抗疾病的一大成就是抗生素的发明。1928年，当时还只是英国圣玛丽医学院细菌学讲师的弗莱明在实验中意外地发现了青霉素菌，他以论文的形式将成果公布于世。第二次世界大战时，英国牛津大学的恩斯特·钱恩和霍华德·弗洛里，在美国将青霉素研究成功。因为这一医学上的巨大贡献，他们三人分享了1945年的诺贝尔医学和生理学奖。甚至，人们将青霉素、原子弹和雷达一起并列为第二次世界大战中的三大发明。

抗生素就是在非常浓度下对所有生命物质有抑制和杀灭作用的药物。针对细菌、病毒、寄生虫甚至抗肿瘤的药物，都属于抗生素。但日常生活和医疗中所指的抗生素，主要是针对细菌、微生物的药物，它们的种类比较多，每一种都有自己的特点，在使用时针对不同的疾病、人群、细菌等，应该按照不同人群、疾病来适量选用。而且抗生素的副作用不可忽视，超时、超量、不对症使用时危害更大。研究表明，每种抗生素对人体均有不同程度的伤害。如链霉素、卡那霉素会引起眩晕、耳鸣、耳聋；庆大霉素、卡那霉素、万古霉素会损害肾脏；红霉素、林可霉素、多西环素会引起厌食、恶心、呕吐、腹痛、腹泻等胃肠道反应；氯霉素会引起白细胞减少甚至再生障碍性贫血。同时，链霉素、氯霉素、红霉素、先锋霉素等会抑制免疫功能，削弱机体抵抗力。

我国存在滥用抗生素的现象，在欧美国家，抗生素的使用量大致占到所有药品的10%，而我国医院占到30%~50%。据统计，我国每年有20万人死于药品不良反应，在医学上，他们被称为"药源性致死"，其中有8万人直接或间接死于滥用抗生素。滥用造成的肌体损伤以及病菌耐药性更是无法估量，滥用抗生素使我们战胜疾病的代价越来越高。事实上，我国是世界上滥用抗生素问题最严重的国家之一。

（资料来源：沈赟昀，刘洁．我国每年近20万人死于药物不良反应［N］．南方日报，2005-09-08．）

滥用抗生素所造成的隐性伤害令人担忧。许多病人因为经常使用抗生素，药物效果大受影响。这是因为抗生素是某些生物为了维持自己的生存而制造的能杀灭其他生物的物质，而生物是不断进化的，在抗生素应用过程中，因为错用或滥用将一切敏感的致病菌都杀死了，同时它们也为新的抗药菌株创造了一种良好的繁殖环境。在菌群中，遗传本质较弱的细菌消失了，而遗传本质较强的细菌就繁殖出新的具有抗药性的菌落。依此可知，长期使用抗生素，会使身体中的病菌会产生耐药性。

抗生素在畜牧业中滥用的情况也令人担心，在动物饲料中添加抗生素与在人身上使用抗生素所产生的结果是一样的。抗生素杀死了动物体内的敏感细菌，把竞争力强而毒性大的细菌保留下来，繁殖出更多的抗药菌株，而这些抗药菌株又可通过家畜肉制品和蛋奶传播给人，它们会引起用常规药物不能治疗的疾病，造成对人体的耐药性。

（五）体育锻炼

身体是生命存在的根本，维护人的生命存在的基本前提是身体健康。身体健康不仅使人能更好地适应环境，培育人积极向上的心理品质，还会提高家庭及群体的生活质量。因而，锻炼身体，坚持内容和方式适宜的活动，或者选择参加一些健身活动来适应环境，不仅能延缓人体各器官的衰老，还能使人在思想意识上改变对待生活的态度，这也是一种个人对社会负责任的道德品质。

珍爱身体的有力手段是进行合理的体育锻炼。体育锻炼可以增强体质，提高肌体免疫功能、抗病能力和对自然环境的适应能力，从而预防疾病的发生。在体育锻炼过程中，自然界的各种因素对人体产生作用，如日光的照射、空气和温度的变化以及水分湿度的刺激，都会提高人体对外界环境的适应力。

锻炼身体是为了全面发展身体，以求增强体质。因而，强调锻炼的原则是十分必要的。

（1）渐进性原则。"进"就是前进、发展、提高，而不是停留在一个水平上。"渐"是逐步地、依次地、循序的变化，而不是突然或急剧的变化。

（2）反复性原则。经验表明，在锻炼身体过程中，只练习几次对人的作用不大，只有练习到一定程度时，才能对身体产生积极的作用，但反复次数过多以至于达到极限，也会给人体带来副作用。因此，这里的反复是指有规律、有限制的重复。

（3）全面性原则。人的身体是一个整体，要想增强体质，就必须使构成人体的各局部都得到锻炼和发展。

（4）意识性原则。要有意识地从增强体质出发去进行锻炼，而不是盲目地或无目的地乱练一气。

（5）个别性原则。在锻炼过程中，要根据个人的特点去安排锻炼的方法、内容和运动负荷。

下面的运动"处方"可供参考。

（1）最大心率。用200减去年龄，就是运动时所允许的最大心率值。如果今年35岁，最大的运动心率就是165次/分，一般在运动时要求心率控制在最大心率的60%~80%。

（2）有氧运动。有氧运动包括游泳、骑自行车、跑步、跳舞、爬山、爬楼梯、跳绳以及打篮球、足球、网球、乒乓球等，这些活动对心、肺功能，心血管系统以及神经系统有很强的锻炼效果。

（3）力量训练。可以做俯卧撑，也可以进行器械练习，这对身体的肌肉和骨骼有很好的作用。

（4）伸展运动。练习关节、韧带的柔韧性，比如瑜伽、体操等。

（5）能量掌握。一次持续半小时的中强度的有氧运动，消耗能量为150~300大卡，同等强度的举重训练耗能只有100大卡。每个人每周的体育锻炼要消耗能量800~1 500大卡，才能起到锻炼的作用。

第三节　追逐人的生命境界

在生命进化的多彩世界里，人类与动物有着截然不同的生命存在方式。即使最聪明的动物也只能感觉它生命之外的世界，只有人类才能认识自己内在的世界，而且还可以知道自己与其他人的不同，力求把握自己的命运。内观自己，是人的意识进化的一个核心点。

一、生命境界及其层次

人的生命从零开始，最终也将归结为零。但起点的零与终点的零却有着本质的区别，好比在一个圆形的沙滩上跑了一圈，最终还是回到起点，沙滩上却留下了一串串的脚印，那就是生命留下的痕迹。人做的各种事有各种意义，各种意义合成一个整体，就构成了人所追求的生命境界。

（一）生命境界的含义

在生命文化领域，生命境界可以说是人的本质的个体表现，体现为处在一定社会历史背景下的人对人类社会在一定阶段上的存在形态和发展规律的觉悟程度和整个人格的完善程度。

人的生命境界是指人的思想觉悟和精神修养，其本质是一个人在其人生历程中心灵总体存在状态和水平的反映。如何理解境界的形成？一方面，它必须是完全"内化"了的东西。境界不是靠外力的强制性或压力达成的，而是人作为主体在长期的生命道德追求与培育中自觉行动的组成部分。这种达到"物我一体"的生命道德境界并不需要他人提醒，就能在行动时自然而然地流露出来；不需要刻意追求，就会展现出一种淳朴自然、纯真本我的状态。另一方面，它必须是具有"稳定"性的东西。凡是称得上生命道德境界的，必然是一个人在生命道德操守上不易变化的方面。因为它是长期修炼、积淀而来的，是经过千百次磨砺才得到的品行，它可以有"以不变应万变"的功力，让人牢牢守住自认为固化而成的生命道德操守。

总体来说，生命境界的核心是心灵通达的意义世界和价值世界。它在人的生活实践过程中逐步形成并不断作用于人的认识、情感、意志等心理过程，体现于人对人生和世界的态度、外在行为等方面，是人性可以争取达到的高度，也是人的自由本质力量的集中体现。

（二）生命境界的层次

人追求生命境界，然而生命境界的内容是什么呢？生命境界内也有高低层次之分吗？

生命境界是有高低层次之分的，人的生命境界实际是个体生命通过学习而不断超越自我的过程。而且，这种生命境界既是一个人生而为人取得的精神成就，也是人与人之间在层次上存在的差异所在。

1. 王国维的读书三重境界说

国学大师王国维在《人间词话》曾谈论过读书的三重境界："古今之成大事业、大学问者，必经过三种境界：'昨夜西风凋碧树。独上高楼，望尽天涯路。'此第一境也。'衣带渐宽终不悔，为伊消得人憔悴。'此第二境也。'众里寻他千百度，蓦然回首，那人却在灯火阑珊处。'此第三境也。"[①]

仔细品味这三重境界的内涵，第一境界出自晏殊的《蝶恋花》词，说明人处于儿童少年阶段，由于阅历有限，有些懵懂彷徨，却又志存高远，对这个世界充满好奇，朝气蓬勃。第二境界出自柳永的《凤栖梧》词，说明人一旦走进青壮年阶段，在确定了人生奋斗的方向之后，为了寻求真理或者追求自己的理想，就会废寝忘食、夜以继日地学习、工作，再苦再累也无怨无悔。第三境界出自辛弃疾的《青玉案》词，意在说明人生步入中老年阶段，终于明白了生活是怎么回事，当自己经过长期努力仍一无所获、处于困惑难以解脱之际，突然获得成功，正所谓"踏破铁鞋无觅处，得来全不费工夫"，自然也会产生恍然间由失望到愿望达成的欣喜。

2. 宗白华的艺术美学境界说

美学大师宗白华在开拓美学之路的过程中，认为人在艺术领域与世界接触，会因关系的层次不同而有五种境界：第一，为满足生理的、物质的需要，而有功利境界，功利境界

---

① 房弘毅. 王国维人生三境界（外三首）[M]. 北京：新时代出版社，2014.

主于利；第二，因人群共存互爱的关系，而有伦理境界，伦理境界主于爱；第三，因人群组合互制的关系，而有政治境界，政治境界主于权；第四，因穷研物理、追求智慧而有学术境界，学术境界主于真；第五，因欲返璞归真、冥合天人而有宗教境界，宗教境界主于神。①

宗白华先生还认为，介乎学术和宗教之间，以宇宙人生的具体为对象，赏玩它的色相、秩序、节奏、和谐，借以窥见自我的最深心灵的反映；化实景而为虚境，创形象以为象征，使人类最高的心灵具体化、肉身化，这就是"艺术境界"。

3. 冯友兰的人生四境界说

在现实的社会生活中，由于人的个体生命存在具有唯一性，每个人对生命境界的追求与其他任何个体都不可能完全相同。对此，新儒家代表人物、哲学家冯友兰的思路是，把各种不同的人生境界划分为四个等级，由低到高分别是自然境界、功利境界、道德境界、天地境界。②

（1）自然境界。处于这种境界的生命几乎不需要人的觉悟，一个人做事，可能只是顺着他的本能或其社会的风俗习惯。就像小孩和原始人那样，他所做的事，并无觉悟，只是满足于自己的衣食无忧，因此而体现的不过是追求生命的最低境界。这种人的精神世界只是在延伸生命的长度，却无法扩展生命的宽度。从某种意义上讲，这种人的生命与动物的生命毫无区别。在安逸的生活中，生命的价值会大打折扣。人一旦沦入此境界，就只知道贪图享乐、不劳而获，失去了原有的进取心。从表面上看，这种生命仿佛很充实，而事实上其本真的生命早已不复存在。这样活着的人只是来世上走了一遭，在只追求一日三餐温饱的同时，每一天都重复着昨天的故事。

（2）功利境界。一个人可能意识到他自己，为自己而做各种事。这并不意味着他必然是不道德的人，他可以做些事，其后果有利于他人，其动机则是利己的，所以他所做的各种事，对于他来说就有了功利的意义。功利境界与道德境界的本质区别在于，两种境界中人的义利观与群己观不同，但义利观与群己观的不同并不妨碍两种境界的贯通。从义利观看，义与利并不截然对立，而是相辅相成或对立统一的，"为谁之利"就是这两种境界相贯通的可能性所在。从群己观上看，虽然两种境界中人的群己观不同，甚至对立，但这并不影响人生境界由功利境界向道德境界提升，人生境界的提升过程实质上就是个人的社会化过程。

（3）道德境界。还有的人，可能了解到社会的存在，知道他是社会的一员；这个社会是一个整体，他是整体的一部分。有这种觉悟，无论做什么事情，都会从社会的公共生活出发。他明白除了"我"以外，还有一个社会、一个整体，个人与社会是部分与全体的关系。如此，既然来世上走一遭，就绝不能白活一回，一定要活得有滋有味、有声有色，活出一份不同于芸芸众生的自我来。因此，他们在珍惜生命的同时，更注意提高内在修养和

---

① 宗白华. 艺境 [M]. 北京：北京大学出版社，2003.
② 冯友兰. 新原人 [M]. 北京：生活·读书·新知三联书店，2007.

生活质量，内修心灵，外修仪容，每一寸光阴都过得充实而有尊严。正所谓"我们不能决定性命的长度，但能拓宽生命的广度"，生活有了更广阔的空间，生命自然更有意义，就可以当之无愧地称为"生命"。由此也就真正成为有道德的人，自己所做的一切也就是符合道德意义的行为，所做的各种事都有了道德意义。

（4）天地境界。一个人可能了解到超乎社会整体之上，还有一个更大的整体，即宇宙。他不仅是社会的一员，同时还是宇宙的一员。他是社会组织的公民，同时还是孟子所说的"天民"。有了这种觉悟，他就会为宇宙的利益而做各种事。他了解他所做的事的意义，自觉地做他所做的事，这种觉悟为他构成了最高的人生境界，就是天地境界。卓越的人，把自己的生命同国家、民族甚至整个人类的命运紧密联系起来，赋予生命至高无上的责任，他们的肩上便有了沉甸甸的担当，这就是神圣的使命。

二、追求生命的崇高境界

一个人生命境界很大程度上是由生活境况决定的。要一个尚在温饱线上挣扎的人去追求崇高的生命境界，不仅是强人所难，也是残酷的，甚至是不人道的。

如果从生命意义的思考角度看人的生命态度对生命境界的影响，就不难发现生活在现实世界的人，其生命价值观有多么不同，而这种不同的生命价值观，不一定是由自己的生存环境决定的，而是由自己的生命态度决定的。甚至可以说，生命的最高境界实现与否，其实正由生活在自己情怀里的思想意识所决定。

现实世界中的生命好比前行的列车，每个上车的人欲望不同，携带的行李也各不相同，有人带着大包小包，将自己压得喘不过气来还嫌少；有人什么都不带，来去无牵挂……有人追求财富，希望活得舒适；有人追求权力，希望活得霸气；有人追求名誉，希望活得风光，更多的人则是希望活得平安。拼命索取和不知足的人，恰恰是那些上车时大包小包将自己压得喘不过气来还嫌少的人。对于大多数人来说，有时浸透着心血和毕生精力苦苦寻觅的，恰恰是那些他们随意舍弃的东西。但无论如何，列车一旦到站，该下车的都得下车，于是面对生命即将到来的终点，有些人似乎才明白，自己呕心沥血获得的所谓功名利禄，全得抛下。所以不论人追求什么，真正所拥有的只是对生命的体悟与感受。而真实的人生，不论是平凡的还是普通的，都因为自己曾严肃而认真地活过而变得隽永、深刻，生命的境界也因此变得高远。

人的生命续存以时间为载体，却以生命个体对他人与社会所作的贡献来反映其自身的生命价值和生命意义。既然人生一世，草木一秋，草木尚且不因为自己的渺小而放弃生长的权利，人为何不可以用自己经历的苦难历程和坚强的意志来证明生命的辉煌与伟大。追求充实的精神世界，才是生命的高境界，也是人的生命独特性的体现。对于这些生命而言，他们都有着自己的奋斗目标并为之拼搏，使自己的生命价值得以彰显。由于这些生命拥有坚定的信念，所以他们很清楚该做什么，不该做什么，不会在奋斗的过程中迷失方向。美国著名的发明家爱迪生，从 12 岁当报童开始，就一直进行着不懈的学习和实验。在工作中，爱迪生坚信"勤奋加恒心"。他常常废寝忘食，每天工作时间都在 18 小时以上，若用平常人一生的工作时间来计算，他的生命早就成倍地增长了，生命的境界也在不知不觉中得以提升。因此，在79岁生日那天，他风趣地说："我已经是135岁了。"

乐于奉献便是生命的最高境界。生命的意义不在于索取，而在于给予。雷锋乐于奉献，人们将其铭记；范仲淹处江湖之远而心怀天下，历史为他写下了光辉灿烂的一笔。奉献者付出的是时间、金钱，甚至是生命，而收获的却是高贵的人格和不朽的灵魂，他们的生命境界也因此无限地提升。比尔·盖茨已经是腰缠万贯的世界首富，为了慈善事业，他辞去微软总裁的职务，全身心地投身于慈善事业。他曾说过："许多人死后都希望能够升入天堂，而从事慈善事业便是最好的方法。"奉献为生命的价值加码，生命因奉献而精彩。

人的生命境界，其实不在于生命个体生活的社会地位、金钱，而在于对事物的态度、对生命的认识以及对死亡的心态和自己的实际行动。人的认识改变了，世界也会随之改变，人的生命就是在从生向死的过程中领悟人生真谛、扩展心灵空间的。每个人的生命经历是不相同的，有些人的人生幸运且丰富多彩，但更多人的人生平凡而普通。要想绝处逢生，就得忍受绝处的痛苦；要想创造惊人的成果，就要承受惊人的磨难。只要心怀感激地去迎接和品味每一个属于自己的日子，生命就会成为快乐的源泉，流淌出清澈亮丽的人生之泉。

做人应当做一个堂堂正正的人，生活中不迷失自己的良知、道义和信心。

（1）要有承受能力，能够坦然接受生命中一切苦难和失败。人生不如意事十之八九，各种不幸和灾难也会降临到自己头上，但一定要挺住。只有经过艰苦卓绝的磨炼，取得光辉成果，才可以升华和照亮现在的生活。正如南非前总统纳尔逊·曼德拉所说："生命中最伟大的光辉不在于永不坠落，而是坠落后总能再度升起。"[1] 人应当像水一样知道如何对待各种坎坷，让人生之河永远奔流向前，因为水能够巧妙地避开所有的障碍，承受得住各种困难和考验。

（2）要有奋斗不止的精神。只有奋斗不止，才能看到希望，才能把握住自己的命运，达到自己所追求的目标。英国诗人和政论家约翰·弥尔顿在自己的作品《失乐园》中借亚当、夏娃受撒旦引诱堕落而被逐出乐园的故事，揭示基督教"原罪"观念，提倡人应以现实的态度勇于承担尘世生活的重担，颂扬为高尚事业而斗争的坚韧不拔的品格和不惜牺牲自己的救赎精神。他说："希望中蕴藏着极大的力量，使我们的志向和幻想成为事实。"生命不止，追梦不止，前进道路上就没有什么困难可以阻挡我们。

（3）要有与人为善的品格。一个人的成功需要别人的帮助，而得到别人帮助的唯一办法就是先帮助别人。与人为善是一种力量，它可以把自己置于一片祥和的关系中，形成人生的正面气场，这是任何成功人士都不可缺少的优秀品德。

（4）要自信。信心就是力量，就是财富。人如果没有了自信，也就没有了力量。每个人都有独立的人格，都有不可替代的自我价值。有了自信，就可以坦然地面对一切。有了

---

[1] ［南非］曼德拉. 漫漫自由路 [M]. 谭振学, 译. 济南：山东大学出版社, 2005.

自信，一个穷汉也可以坦然地面对一个亿万富翁。有了自信，就可以让我们的心如天空，让它遍洒阳光；让我们的心如湖水，澈如明镜；让我们的心如高山，开满山花。

资料库

亚健康状态

"亚健康状态"是近年来医学界提出的新概念，又称"第三状态""次健康"，因其具有广泛的社会性和特有的时代性，被称为"世纪病"。"亚健康状态"一般指人体处于健康和疾病之间的，或者本人在医院检查化验不出毛病又自我感觉身体不舒服、表现为一定时间的活力下降和适应能力减退的状态。"亚健康状态"是一种动态的变化状态，如果任其发展，有可能转化成疾病状态。如果及时进行疏导，通过治疗，会恢复到健康状态。

思考与讨论

生命神圣论与生命质量论之争

据外媒报道，智利总统巴切莱特2015年2月28日赴医院，探望了因罹患不治之症而公开要求批准其接受安乐死的14岁少女瓦伦蒂娜。罹患罕见遗传性疾病囊胞性纤维症的瓦伦蒂娜日前在病床上录制了一段视频，请求巴切莱特批准她安乐死。她说："我带着这样的病症生活，感到太累了，因此恳请总统批准，给我打一针，让我永远睡去。"智利总统府发言人阿尔瓦罗说，真的很难不被瓦伦蒂娜打动，但是根据智利法律，他们无法满足瓦伦蒂娜的愿望。2016年2月10日晚，英国BBC播出了《如何死亡：西蒙的选择》纪录片，再一次引起全球关于安乐死的讨论。片中的主人公，57岁的西蒙·宾纳（Simon Binner）在2015年1月被诊断出患有运动神经元疾病后，伴随着与妻子黛比的多次冲突和亲朋至友的温情陪伴，西蒙与病魔展开了近10个月的抗争之后，前往瑞士的一家机构，选择以安乐死的方式结束生命。

智利的瓦伦蒂娜要求安乐死、英国的西蒙·宾纳选择安乐死的方式结束生命，这些是对还是错？其中在道德领域，历史上始终存在着生命神圣论与生命质量论的争论。生命神圣论否认安乐死具有伦理价值，认为人的生命"神圣不可侵犯"，任何人不得违背神的意愿而随意结束生命，包括自己的生命和他人的生命，即"人活着不是一种选择，而是一种义务"。生命质量论则肯定安乐死具有伦理价值，突出强调了人权和人的社会价值的重要性，认为人具有社会属性，因此一方面人必须保证最低限度的生命质量才有必要继续存活，另一方面人具有社会价值，当社会价值被破坏时，人的生命质量就失去了意义，人有选择结束自己生命的自由。

（资料来源：根据中新网《智利总统探望绝症少女 拒绝其安乐死心愿》一文整理）

问题讨论：

生命神圣论与生命质量论的争论，谁更有说服力？

建议阅读书目

1. 生命的价值与意义编写组. 生命的价值和意义 [M]. 北京：世界图书出版公司, 2009.
2. 史铁生. 病隙随笔 [M]. 长沙：湖南文艺出版社, 2013.

问题与作业

1. 生命质量的含义是什么？它与生命价值是什么关系？
2. 如何理解健康道德？它成为生命健康组成要素的意义何在？

人格维度篇

提升人格：放飞生命的高度

人的个体生命，从母体剥离的那一刻起，就逐渐进入社会关系的巨网之中，向着人格生命的高度不断攀登。

人格生命的本质其实是个体生命实现生命价值的道德实践活动和选择模式。每个人都在书写着自己的历史，塑造着自己的人格生命，由此也决定了生命的人格高度各有千秋，因人而异。比如，"持旄牧羊十九载，气节不改两鬓衰"是苏武爱国情怀的生命高度；"大江东去淘风流，零落踏遍天下州"是苏东坡指点江山的生命高度；《兰亭集序》是王羲之书法艺术的生命高度；《八骏图》是徐悲鸿绘画艺术的生命高度；《红楼梦》是曹雪芹文学创作的生命高度。他们都在各自领域攀上了高峰，达到了后人难以企及的人格生命的高度。

人的生命是有高度的。人的一生可以不辉煌、不华丽、不完美，甚至可以没有值得炫耀的东西。但是，人格世界里绝不能没有自我放飞生命的高度以及众人对生命高度的仰视和尊重。

人格是人对精神生命的反思和不断更新完善，是人的思想的升华和人格灵魂的深化。

提升人格、放飞生命的高度永无止境。当你站在珠穆朗玛峰的顶端，俯瞰青藏高原，你是否登上了生命的顶峰呢？你会得到一个回声："你没有达到生命的顶峰，你只是站在喜马拉雅山的高度，不是人格生命的高度。你离人格生命的高度还很远很远，继续攀登吧。"

第三章

健全人格的认知与完善

内容提要

■ 每个人都有自己的人格,人格生命如同人的面容一样,可以千差万别,由此决定了每个人都是独特的生命存在,具有生命存在的价值和人之所以为人的尊严。

■ 人所具有的自我意识把人的生命活动同动物的本能活动区别开来,使人的生命具有超越动物生命的目的与意义。可是,只有当人的生物学生命发展到一定阶段,即自我意识产生时,人格生命才能形成。

■ 具有奉献精神和良好的人际关系是健全人格的核心因素,而健全人格的塑造过程既是人的心理健康与成熟过程,也是大学生应当努力达成的目标和使命。

案 例

有位美国记者采访投资银行一代宗师摩根,问:"决定你成功的条件是什么?"摩根毫不掩饰地说:"性格。"记者又问:"作为投资人,资本和资金何者更重要?"摩根答道:"资本比资金重要,但最重要的还是性格。"

华盛顿大学请来世界巨富沃伦·巴菲特和比尔·盖茨演讲,当学生们问到"你是怎样把自己变得比上帝还富有"这一有趣的问题时,巴菲特当即回答道:"这个问题非常简单,原因不在于智商。为什么聪明人会做一些阻碍自己发挥全部能力的事情呢?原因在于习惯、性格和脾气。"在一旁的盖茨表示赞同地说:"我认为沃伦关于习惯的话完全正确。"

(资料来源:潘东麟. 性格决定命运[M]. 长春:吉林大学出版社,2010.)

第一节 人格生命与健全人格

在希腊神话中,有一个著名的斯芬克斯之谜。狮身人面的斯芬克斯坐在忒拜城附近的悬崖上，拦住过往的路人，用缪斯所传授的谜语问他们，猜不中者就会被它吃掉。这个谜语是："什么动物早晨用四条腿走路，中午用两条腿走路，晚上用三条腿走路？腿最多的时候，也正是他走路最慢、体力最弱的时候。"年轻的俄狄浦斯路过这里，他猜中了答案，谜底是"人"。斯芬克斯羞愧万分，怪叫一声，跳崖而死。这个希腊神话故事告诉我们：人们最难认识的，往往是自己。

"人是什么？"这是一个古老而永恒的命题，也是每一个人毕生都在探讨的问题。人类多年来一直在探讨，俄狄浦斯回答斯芬克斯之谜时为什么选择"人"作为答案。古希腊人把智者泰勒斯"认识你自己"的箴言写在太阳神阿波罗神殿的柱子上，这与中国人熟知的那句"人贵有自知之明"何其相似，他们都向世人提出了认识自己的要求。从某种意义上讲，人认为自己是怎样一个人，比起自己真正是怎样一个人更重要，这是因为人有内在的精神生命，这种内在的精神生命影响一个人的思考、体验及行为，整合成人具有独立性的人格。

人能以自我超越本性脱胎于自然界，不仅具有其生命的"自然"的一面，还有其生命的"超自然"的一面，即人除了"肉体生命"，同时有着"精神生命"，以及在实践中统一着自然生命与精神生命的"价值生命"。由此，人格就成为一种具有价值性的规定，决定了作为个体生命的人在实现人格的过程中，应努力活出作为人的"精气神"来，使人从"自然肉体生命"逐步成长为"顶天立地"的"人格精神生命"，彰显和实现人的生命的高度。

一、精神生命中的人格

（一）人格的含义

人格是一个在哲学、社会学、心理学、伦理学、法学等领域都被广泛关注和研究的词语。据美国心理学家高尔顿·威拉德·奥尔波特（Gordon Willard Allport）1937年出版的《人格：心理学的解释》一书统计，人格定义已达五十多种，即使是现在也众说纷纭。例如，西方心理学家L·A·珀文（Lawrence A. Pervin）就把人格定义为："认知、情感和行为的复杂组织，它赋予个人生活的倾向和模式（一致性）。人格包含结构和过程，并且反映着天性（基因）和教养（经验）。"[1]《简明不列颠百科全书》的解释是："每个人所特有的心理-生理性状（或特征）的有机结合，包括遗传的和后天获得的成分，人格使一个人区别于他人，并可通过与环境和社会群体的关系表现出来。"[2] 这一解释表明，人格是由人所认知的一个人区别于他人的个性。我国著名心理学家朱智贤主编的《心理学大词典》，对人格则有进一步的解释："人格是指一个人的整个精神面貌，即具有一定倾向性的心理特征的总和。人格结构是多层次、多侧面的，由复杂的心理特征的独特结合构成的整体。这些特征不是孤立存在的，而是错综复杂交互联系，有机结合成一个整体，对人的行为进行调节和控制的。"[3]

---

[1] ［美］珀文. 人格科学［M］. 周榕, 陈红, 杨炳钧, 等, 译. 上海：华东师范大学出版社, 2001.
[2] 简明不列颠百科全书［M］. 北京：中国大百科全书出版社, 1985.
[3] 朱智贤. 心理学大词典［Z］. 北京：北京师范大学出版社, 1989：225.

人格是一个相对稳定的结构组织，是在不同时间、地域下影响着人的内隐和外显的心理特征和行为模式。

人格一词，本是外来语，英文的人格（personality）最初源于古希腊语 persona。这一词语所表示的是当时希腊戏剧演员在舞台演出时所戴的假面具，以说明剧中人物的身份和性格特征。这种面具的用意表达与中国传统京剧中的脸谱类似。现代心理学沿用 persona 的含义，转译为人格，内含两个意思：一是指一个人在人生舞台上所表现的种种言行，或者表示一定时代的人为遵从那个时代社会文化习俗的要求而做出的反应，即人格所具有的"外壳"，就像舞台上的演员需要根据角色要求选择所戴的面具一样，反映一个人的外在表现；二是指一个人由于某种原因不愿展现的人格成分，即面具后的个体在行为上的内部倾向和真实自我，这是人格的内在特征，它表现为个体适应环境时在能力、气质、性格、需要、动机、价值观等方面的综合。

我国心理学界的人格理论研究者们普遍认为，人格是一个人生命中存在的有别于其他人的整体精神风貌，是由多种成分构成的、具有一定倾向性的、相对稳定的心理特征的总和。

（二）人格的特征

1. **人格的稳定性与可塑性**

人格具有跨时间的持续性和跨情境的一致性，体现了人格的相对稳定性。那些偶尔出现的心理行为特点不属于人格特征，比如一个平时非常温和的人，偶尔发了一次脾气，不能说他是一个特别暴躁的人。

人格虽然具有稳定性，但也不是一成不变的，随着生理的成熟或者环境的变化，人格也会或多或少产生变化，正是这种变化，决定了人格同时又具有一定的可塑性。每个人生活的环境、经历的事件以及自我调节方式，都有可能对人格的改变产生一定影响。人格是稳定性与可塑性的统一。

2. **人格的整体性与统一性**

人格由气质、性格、需要、动机等多种成分构成，这些成分之间并不是孤立存在的，而是互相联系、互相制约而形成的一个有机整体。

人格的各种成分受到个人自我意识的统一支配，从中体现了人格的统一性。它是生命个体健康的标志。一个人一旦失去了人格的内在统一性，他的行为就会经常由几种相互抵触的动机支配，出现人格分裂的现象。

3. **人格的独特性与共同性**

人格的独特性是说人与人之间的心理和行为是各不相同的，每个人的人格都有自己的特点。"世界上没有两片完全相同的树叶"，如果从人格的各个不同层面和不同成分去解读，世界上就没有完全相同的两个人，即使是外表十分相似的双胞胎，他们各自的内心世界也一定有区别。

人格的独特性也不完全排斥人们在心理上和行为上的共同性。从同一民族、同一群体的某些属性和特点去分析，就容易发现在这些人之间，事实上还存在着一些共同性。如同样的年龄、职业、民族、阶级等因素，都有可能使该群体的人具有相近的价值观和为人处世的态度，从而体现该群体所具有的共同人格特征。

4. 人格的社会性与功能性

人格的形成离不开人的社会化过程。简单地说，社会化就是每个人从出生时具有自然生命的人慢慢成长为具有社会生命的人的过程。人格是社会的人所特有的一种生命现象，人的自我意识和人格都是在社会化的过程中，受到所处社会的文化传统、社会制度、宗教、民族、家庭等影响而不断发展成熟的。

人格的功能性是指人格在一定程度上会对个人的命运产生一定的影响。每个人在一生中都会面临许多选择，个人的命运正是由这些选择一步步决定的。具有不同人格的人，会选择不同的应对方式，进而做出不同的决定，从而构成人与人之间不同的未来。例如，面对困难或者挫折时，具有坚强意志的人可以愈挫愈勇，砥砺前行；而有些意志薄弱的人，可能会一蹶不振。

二、影响人格发展的因素

学界对于影响人格形成和发展的因素比较一致的观点是：人格在遗传因素与环境因素的交互作用下逐渐形成并发展，人格既具有生物属性，又具有社会属性。后天环境的因素是多种多样的，这些因素对人格的形成与发展都有重要的影响。一般在气质、智力等与生物因素关系较大的特质上，遗传因素的作用大些；而在需要、价值观等与社会因素关系较大的特质上，环境因素的作用更大。

（一）人格的先天遗传因素

由于人格具有较强的稳定性特征，因此较为注重遗传因素的人格研究学者认为：遗传是人格成长中不可或缺的影响因素。人在胚胎状态时，遗传因素的影响就开始了，这种影响会在人的一生中持续下去。遗传因素对人格的作用程度会随人格特质的不同而有所差异。通常在智力、气质等与生物因素相关较大的特质上，遗传因素的作用较大。例如，刚出生时的婴儿在性格上就会有不同表现，有的哭声洪亮，容易兴奋；有的相对安静温和。这种差异是由神经类型不同造成的，具有明显神经类型的特征主要由遗传决定。子女在容貌、体型、智力、气质等方面也主要受遗传因素的影响。

20世纪80年代，明尼苏达大学的学者对成年双胞胎的人格进行了比较研究。他们发现，有些双胞胎是一起长大的，有些双胞胎则是分开抚养的（平均分开30年），比较的结果是，同卵双胞胎的相关性比异卵双胞胎高很多，分开抚养的与未分开抚养的同卵双胞胎具有同样高的相关性。这表明，人格特征具有遗传的可能性。

（资料来源：[美] 妮蒂雅. 父母必知的性格解析 [M]. 高艳东，译. 北京：科学出版社，2011.）

（二）人格的后天环境因素

生命个体成长的后天环境，是家庭、学校和社会各方面的综合。大环境包括社会的政权组织形式、政治制度、意识形态、社会文化价值信念体系、经济状况等对个人产生影响的因素；小环境则是指直接影响生命个体成长的家庭、学校等因素。

1. 家庭环境

家庭是儿童接受社会化教育的初始环境,在早期人格形成过程中,家庭环境的影响往往最大。我们常说"父母是孩子的第一任老师",一个家庭的组成状况、经济地位和父母的人格特征、夫妻关系、教养方式等,会对个体的人格发展起到潜移默化的影响。容忍氛围中长大的孩子,将来会富有耐性;鼓励氛围中长大的孩子,将来会充满自信;指责氛围中长大的孩子,将来为人处世容易怨天尤人;恐惧氛围中长大的孩子,将来处理事务和解决问题时会畏首畏尾。有研究显示,父母不良的教育方式是个体人格障碍形成的重要原因。

2. 学校环境

学校教育是一种有目的、有计划、有系统的并由专职教育者对社会成员施加影响的活动。校园环境中对学生人格产生影响的主要因素包括教师、同伴及校园文化。

教师的言传身教对学生特别是中小学生的影响很大。一方面,教师会把自己的世界观、价值观、人生观通过日常教学活动传递给学生,他们的言行举止、为人处世的态度往往会成为学生模仿的对象。另一方面,教师对待学生的态度、评价、管理模式等又会直接影响到学生人格特质的形成。

从青春期开始,同伴的影响会逐渐增加。青少年更渴望赢得同龄人的赞许和认可,害怕被同伴群体排斥和孤立。良好的同伴群体能帮助青少年形成热情、乐观、善于沟通的人格特质,反之则易形成猜疑、孤僻的人格特质。

校园文化对学生人格的影响是沉浸式的,具有一定的引导、调适、凝聚作用。良好的校园文化能促使学生形成勤奋好学、善于思考、勇于创新的人格特质。

3. 社会环境

社会文化渗透于日常生活的方方面面,人在社会化的过程中,需要不断根据社会道德、社会制度、社会需求做出相应的调整和改变,使自己能够适应社会,顺利完成社会化。正是在这个过程中,社会成员的个体人格结构朝着相似性的方向发展,逐渐形成稳定而成熟的人格特质。这种相似性人格特质的形成又具有维护社会整体稳定的功能,进一步使每个人稳固地"嵌入"整个文化形态。因此,一定社会的文化对人格具有塑造功能,影响几乎是全方位的,甚至对人的知觉、记忆、思维等基本心理过程也会发生作用。

许多强调社会环境能影响人格的心理学家专注于现代文明社会中个人主义文化与集体主义文化之间的差异,认为这种文化差异会显著地影响人格心理和行为表现,如在社会心理方面,处在集体主义社会中的人比个体社会中的人具有更高的从众率,集体主义者不仅表现出更多的从众行为,而且他们认为从众是有价值的。

4. 自然地理环境

自然地理环境使地球上不同区域的人形成了不同的生产方式和生活习惯,也会影响人的个性心理。法国地理学派的代表孟德斯鸠在《论法的精神》第三卷中,明确提出了地理环境决定论,他认为,地理环境决定了民族气质和性格,并进一步影响政治法律制度。这种观点虽然夸大了地理环境的作用，但说明地理环境和民族群体人格特质的形成确实有着一定的联系。如人们一般认为，生活在热带地区的人为了躲避酷暑，在室外活动的时间比较多，所以那里人的性格暴躁易怒；居住在寒冷地带的人，因为室外活动不多，大部分时间在一个不太大的空间里与别人朝夕相处，逐渐养成能控制自己情绪、具有较强的耐心和忍耐力的性格，像生活在北极圈内的因纽特人，就被称为"永不发怒的人"；居住在气候温暖的水乡的人，因为空气湿润、风景秀丽、万物生机盎然，往往对周围事物很敏感，比较多愁善感，也很机智敏捷；山区居民因为处在山高地广、人烟稀少的环境，养成了说话声音洪亮和直爽、诚实的性格；生活在广阔草原上的牧民，因为交通不便、气候恶劣、风沙很大，所以常常骑马奔驰，尽情地舒展自己，性格豪放直爽、热情好客。

三、人格的内容与结构

从生命与心理学的视角理解人格的内在结构，人格即是个性，完善人格即寻求人格健康，即一个人在与环境相互作用过程中所表现出来的独特的并主要通过性格、气质等方面建构起来的行为模式。这些要素相互制约、相互影响，构成了每个人独特的心理特征。

（一）个性倾向性

个性倾向性是人格中较为活跃的因素，包括需要、动机、兴趣、理想、信念和世界观等成分。这些成分之间相互联系、相互影响，决定了人对客观事物的态度和动力，也决定了人对认知活动对象的趋向和行为选择。个性倾向性中的这些成分，受先天遗传因素影响较小，更多地受到后天环境的影响，且表现出较强的可塑性。其中，需要是个性倾向性的源泉，动机、兴趣是需要的外在表现形式，会随着需要的变化而变化；信念、世界观则从最高层次影响着个体的思想倾向。

（二）个性心理特征

个性心理特征是个体表现出来的较为稳定的心理特点，主要包括气质、能力、性格等成分，这些成分受先天生理因素影响较大，虽然不是一成不变的，但可塑性相对较小。心理学一般认为，气质和性格是人格最主要的两个组成部分，大学生了解自己的气质与性格，对自身人格的塑造具有重要意义。

1. 气质

气质是指人相对稳定的个性特征、风格及气度。人们一般认为，气质体现出来的是一种内在的人格魅力。如热情开朗、潇洒大方的人，往往表现出一种奔放的气质；性格安静、温文尔雅的人，多表现出高洁的气质；性格直爽、泼辣豪放的人，多表现出粗犷的气质；性格温和、秀丽端庄的人，多表现出恬静的气质……气质给人的美感是不受年龄、服饰和装扮限制的。

依照心理学的解释，气质是指个体在进行心理活动时或在行为方式上表现出来的强度、速度、稳定性和灵活性等动态性的个性心理特征。气质既表现在情绪产生的快慢、情绪体验的强弱、情绪状态的稳定性及情绪变化的幅度上，也表现在行为动作和言语的速度和灵活性上。气质在婴儿时即可表现出来，如有的新生儿喜欢安静，有的则爱哭闹。具有某种特定气质的人,在不同的活动中都会表现出同样性质的动力特征。

气质类型学说源于古希腊医生希波克拉底(Hippocrates)所提出的体液说。他认为,人体内有四种体液,即黏液、黄胆汁、黑胆汁、血液,根据这四种体液在人体内所占比例的不同,可以分成四种不同类型的人。后来,古罗马著名的医生克劳迪亚斯·盖伦(Claudius Galenus)进一步提出,人的四种气质类型分别是胆汁质、多血质、黏液质、抑郁质。

苏联的生物学家巴甫洛夫用高级神经活动类型学说进一步解释了气质的生理基础,他依据神经活动的兴奋过程和抑制过程的强度、平衡性和灵活性,划分了四种类型,与上述四种气质类型一一对应,如表3-1所示。

表3-1 人的四种气质类型

神经系统的特性及类型					气质	
强度	平衡性	灵活性	特征组合的类型	气质类型	主要心理特征	
强	不平衡(兴奋占优势)		不可遏制型(兴奋型)	胆汁质	精力充沛、情绪发生快而强、言语动作急速而难于自制、情绪外露、率直、热情、易怒、急躁、果断	
	平衡	灵活	活泼型	多血质	活泼好动、富于生气、情绪发生快而多变、表情丰富、思维言语动作敏捷、乐观、亲切、浮躁、轻率	
		不灵活	安静型	黏液质	沉着冷静、情绪发生慢而弱、思维言语动作迟缓、情绪少外露、坚毅、执拗、淡漠	
弱	不平衡(抑制占优势)		弱型(抑制型)	抑郁质	柔弱易倦、情绪发生慢而强、易感而富于自我体验、言语动作细小无力、胆小、忸怩、孤僻	

(资料来源:苏东水.管理心理学[M].上海:复旦大学出版社,2002.)

苏联心理学家达维多娃曾经形象地描述了四种气质类型的人遇到同样问题时的不同表现。事件的场景是:四个具有不同气质类型的人去看戏,但都迟到了,检票员不让他们进场。于是第一个人立刻面红耳赤地与检票员吵了起来,企图强行闯入;第二个人心想检票员肯定不会让他进去,他就在附近逛了逛,结果发现一个无人看管的边门,溜了进去;第三个人很会自我安慰,心想"第一场还没到最精彩的部分,中间休息时再进去也不迟";第四个人很是郁闷,说:"难得出来看戏就这么倒霉,算了,回家吧。"你知道他们分别属于哪种气质类型吗?

(资料来源:[苏]波果斯洛夫斯基.普通心理学[M],魏庆安,译.北京:人民教育出版社,1979.)

气质是先天形成的,没有好坏之分,对气质不能进行社会评价。任何一种气质的人,都有可能发展成对社会有用的人，也可能发展成有害于社会的人。

气质不能决定一个人的成就，但在职业选择时可以考虑到个人气质的因素，一个人的气质类型为其从事相应的职业提供了一定的有利条件。一般认为，多血质的人适宜做社交工作，如推销员、采购员、外交工作、律师、新闻记者、演员、侦探等需要有表现力、活泼力、组织力的工作；黏液质的人适宜做自然科学研究、教育、医生、财务、会计等需要安静、独处、有条不紊、思辨力较强的工作；胆汁质的人适宜做社交、政治、经济、军事、地质勘探、推销、节目主持人、演说家等工作；抑郁质的人适宜做研究、会计、化验员、雕刻、刺绣、机要秘书、检查员、打字员等不需过多与人打交道而需要较强分析与观察力、耐心细致的工作。

2. 性格

性格是指人的态度和行为方面的较稳定的心理特征，如刚强、懦弱等。在生理素质的基础上，性格在社会实践活动中逐渐形成和发展。由于具体的生活道路不同，每一个人的性格不同。性格是一种与社会关系最密切的人格特征，具有社会评价意义，是人与人之间区别的主要方面。①

性格和气质同属于人格结构中的个性心理特征，它们之间既有联系，又有区别，如表 3-2 所示。性格的形成受个人气质类型的影响，但性格也决定了气质、能力的发展方向，会影响气质和能力的表现。

表 3-2 人的性格和气质的区别

对比点	气质	性格
起源	先天形成的，主要体现为神经类型的自然表现	后天形成的，反映了人类的社会属性
可塑性	变化较慢，可塑性较小	受环境影响较大，可塑性较大
社会评价	无好坏善恶之分，不能做社会评价	有好坏善恶之分，可以做社会评价

性格并不是与生俱来的，它是在先天遗传因素的基础上，通过后天环境因素的作用形成和发展起来的，是一个人生活经历的反映。性格的结构错综复杂，多成分、多侧面交织在一起，构成了多种多样的特征。性格的主要特征如表 3-3 所示。

表 3-3 性格的主要特征

对比点	特征	积极	消极
态度	对社会、集体、他人的态度	有责任心、有同情心、诚实、有礼貌	个人主义、冷酷、自私自利、虚伪
	对劳动、工作、学习的态度	勤奋刻苦、认真负责、敢于创新	懒惰、粗心、自由散漫
	对自己的态度	谦虚、自尊、自信	骄傲、自负、自卑

---

① 杨治良，郝兴昌. 心理学辞典 [Z]. 上海：上海辞书出版社，2016：361-362.

续表

对比点	特征	积极	消极
理智	感知	观察精细、敏锐	观察粗略、迟钝
	思维	善于独立思考	人云亦云
	记忆	主动记忆	被动记忆
	想象	想象丰富、奇特、主动	想象贫乏、狭窄、被动
意志	对行为目的明确程度	目的明确、纪律性强	做事盲目、行为散漫
	对行动的自觉控制能力	主动、自制力强	被动、缺乏自制力、任性
	长期贯彻执行的行动能力	有恒心、有毅力、坚韧不拔	见异思迁、半途而废、三分钟热度
	紧急或困难情况下	勇敢、果断、镇定	胆小、退缩、优柔寡断
情绪	情绪强度	精力旺盛、富于激情	冷漠
	情绪稳定性	情绪稳定、心平气和	易激动、易怒、暴躁
	情绪持久性	善于调节情绪	忽冷忽热
	心境方面	乐观、愉快	抑郁、低沉、不安、焦虑

四、人格与人的生理健康

人格与健康、疾病的关系一直是人们关注的热点问题，经过多年研究发现，一些特定的人格特质与健康、疾病的发生发展有一定的联系。人格较为健全的人在日常工作生活中能较好地应对各种问题，而人格不健全的人容易在面对问题时产生各种心理和生理反应，最终引起身心疾病。

（一）人格对生理健康的影响

人格与健康以及疾病之间有四种可能性关系：疾病导致人格变化；人格通过不良的行为习惯影响健康；人格直接导致疾病；人格通过生理变量影响健康。

心理学家和医学家共同研究发现，具有以下人格特质的人容易患上癌症：①情绪不稳定，容易产生焦虑、不安、怨恨和愤怒等消极情绪，但又总是把这些消极情绪压抑在心里，使情绪得不到合理的宣泄；②行为表现和心理活动不统一，与人交往过多忍让，但并非心甘情愿，常生闷气；③做事急功近利，遇到困难容易悲观绝望；④逃避现实，总想靠掩藏自己的真实感情来换得人际关系的和谐；⑤嫉妒心较强，但表面上装得若无其事；⑥太注重人际关系，总是希望与周围的每个人都保持良好的关系；⑦常对人持有高度的戒心，与人交往过于小心谨慎，结果经常处于抑郁烦乱的状态。这些与癌症有关的人格特质统称为"癌症人格"。

（二）人格对心理健康的影响

健全的人格是人的心理健康状况良好的表现，也是人的身心健康的重要保证。人格健全，人的心理就易于健康，心理健康的人也易形成健全的人格；反之，个体成长过程中的人格出现不完整或者缺陷的情形，会直接影响人的心理健康。人格特点对于心理健康的影响主要体现在遇到问题时出现的情绪反应和挫折压力的应对方式上。

遇到问题时不同的人格会出现不同的反应。一个主观心境悲观的人，更容易体验到失望、焦虑等各种消极情绪；一个性格比较严谨的人较少出现冲动的反应，从而避免出现过激的行为；一个脆弱的人往往会在挫折或打击面前一蹶不振。

人格特点会影响一个人对待事情和他人的观念和态度。乐观、坚强的个体在面对困难和挫折时，会倾向于采用积极、有效的应对策略，敢于面对困难和挑战，把克服困难当作提高自己意志品质的途径。他们会努力寻求社会支持，即使结果不理想，也会坦然面对，这样的态度会起到有效缓解压力的作用，成为抵御和减轻心理疾病的缓冲器。

第二节　自我意识是人格的核心

人之所以不同于动物，就在于人有自我意识，能够自我反省，是具有自我控制能力的人格生命存在。人格中的自控系统维持着人格发展的稳定性和连续性。

自我调控系统主要体现为人的自我意识，自我意识是意识中的最高层次，是人格生命存在的核心，决定和保证着人格的完整、和谐与统一。

一、自我意识概述

关于自我意识，不同学术领域的学者从不同的角度解析它的内涵，意见并不统一。精神分析学派的创始人西格蒙德·弗洛伊德（Sigmund Freud）强调，自我是以生物本能为基础的心理能量的总体，它支配着人的一切行为。新精神分析学派的代表人物埃里克森（E. H. Erikson）从自我意识的形成和发展角度来阐释其内涵，特别强调"同一性"在自我意识结构中的作用。美国著名的心理学家威廉·詹姆斯（William James）最早系统地提出自我意识理论，他认为，自我意识就是自己所觉知、体验和思考到的自己，凡属于我或与我有关的事物都是自我的内容，如身体、品质、能力、愿望、家庭等。社会心理学家查尔斯·霍顿·库利（Charles Horton Cooley）对此的观点是：自我是一面镜子，是从别人那里反映自己的行为，自我是经历无数次他人评价而形成的社会产物。比莱（Byrne）认为，自我概念是关于自己的技巧、能力、外表和社会接受性等方面的态度、情感和知识的自我知觉，即个体把自己当作像其他事物一样的客观物体所做出的知觉和评价。[1]

概括和参考国内外学者研究成果，可以认为自我意识的内涵是：个体对自己的身心状态以及自己与客观世界的关系的意识，有时与"自我概念"同义。[2] 它是人区别于动物心理的重要标志，是人格的核心内容，对于生命个体的心理和行为起着内在调节作用。

---

[1] 查尔斯·霍顿·库利. 人类本性与社会秩序 [M]. 包一凡，王源，译. 北京：华夏出版社，1999.
[2] 杨治良，郝兴昌. 心理学辞典 [M]. 上海：上海辞书出版社，2016.

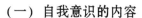

(一) 自我意识的内容

自我意识在内容上可分为生理自我、心理自我、社会自我三个方面。

(1) 生理自我是个体对自己身高、体重等躯体部分的意识，也包括对自己的衣着、打扮以及对家庭财产等属于自己的那一部分具有物质属性的意识。

(2) 心理自我是指个体对自己的心理活动的反映，包括对自己能力、爱好、气质、性格等心理特质的认识。心理自我可以使自己依据主客观需要，对自己的心理特征、人格特点等进行观察和评价，通过修正自己的经验，调节、控制心理活动和行为，使自己的人格得到健康发展。

(3) 社会自我是指个体对自己与他人和社会之间关系的认识，如自己的经济地位、同事关系、家庭地位、婚姻关系等，是个体对自己在人际关系、社会关系所担任角色的认知。

(二) 自我意识的结构

自我意识系统由自我认知、自我体验、自我调控三种具有心理活动机能的子系统构成。它们紧密相连、相辅相成，是自我意识操作水平上的重要成分。

(1) 自我认知包括自我观察、自我感觉、自我印象、自我分析、自我评价等，是自我意识在认知层面围绕"我是一个什么样的人""我为什么是这样的人"等主题，通过人脑的活动来反映自己以及与自己有关的各种信息特性与联系。意在恰当地认识自己，客观地分析和评价自己，以期塑造自己的健康人格。现代研究发现，人对自己认识不清晰和自知力不强，会导致诸多心理问题或人格障碍。

(2) 自我体验属于自我意识的情感成分，是主观自我对客观自我产生的情绪体验，主要涉及的问题是"我对自己满意吗""我对自己有多满意"等，包括自卑、自尊、自豪、自信、自恋、内疚、荣辱感、责任感等情绪和情感。自我体验对个体人格成长具有不可替代的重要作用。有时，同样的事件，他人的体验与自身的体验会截然不同，许多从自我中获得的体验会远远高于从理性中获得的体验。

(3) 自我调控属于自我意识的意志成分，是人对自己行为、思想和言语的控制，以求达到自我期望的目标，涉及的主要问题是"我如何改变和控制自己""我如何成为理想的那种人"等。自我控制包括自我暗示、自我监督、自我激励、自我调节等成分，是自我意识的关键环节。当一个人具有较好的意志品质并在行动中表现为一种习惯时，自我控制便转变为"自动化"的人的行为表现。

(三) 自我意识的发展过程

自我意识并不是与生俱来的，而是在一定生理、心理成熟的基础上，在与环境的交互作用过程中，逐渐产生和发展形成的。其形成过程大致可以分为三个阶段。

1. 生理自我时期（出生至三岁）

新生儿不具有自我意识，如他们经常摆弄自己的手指，把它放进嘴里吮吸，但并不知道手指是自己身体的一部分，而把它们当作玩具。七八个月的婴儿开始出现自我意识的萌芽，能逐渐意识到自己的身体，听到自己的名字会做出明确的反应。

两岁左右的儿童，在语言学习中掌握了人称代词"我"和物主代词"我的"，由此实现了自我意识发展的一次飞跃。

三岁左右的儿童,开始出现羞耻感、占有心,凡事都要求"我自己来",其自我意识有了新的发展。但是,这一时期的幼儿,其行为是一种以自我为中心的行为,即以自己的身体为中心,以自己的想法和情感来认识和投射外部世界。因此,这一时期被认为是生理自我时期,也有人称之为自我中心期。这一时期的自我意识是自我意识最原始的形态。

2. 社会自我时期(三岁至青春期)

从三岁到青春期,是环境对个体影响最深刻的时期,也是角色学习的重要时期。儿童通过学校教育、家庭教育和社会教育,通过在游戏、学习、劳动等活动中不断地练习、模仿和认同,逐渐习得社会规范,形成各种角色观念,并能做到有意识地调节、控制自己的行为。虽然儿童也积极关注自己的内心世界,但这个时期他们主要依据别人的观点去评价事物、认识他人,对自己的认识也服从于权威或同伴的评价,他们会努力按照别人对他们提出的要求去做事。这一时期个体自我意识的发展被称为社会自我发展阶段,也称客观化时期。

3. 心理自我时期(青春期至青年期)

心理自我时期的显著特征是把原来主要朝向外部的认识活动转为探索自己内心的认识活动。比如,这一时期的青少年会提出一系列要自己回答的问题:我到底是一个什么样的人?我要成为一个什么样的人?我在别人心目中的形象如何?我怎样走人生之路?……从这个时期开始,很多青少年会对父母、老师的权威性提出质疑,许多时候更愿意遵从自己内心的真实想法去评价事物和做事。因此该时期被称为心理自我发展阶段,也称主观化时期。

二、大学生自我意识的发展

自我意识的发展与完善是大学生人格完善的重要内容。与处于同样的生理成长阶段的社会青年相比,大学生作为特殊的社会群体,对自我的关注会表现出更为强烈的倾向,凡涉及"我"的事物往往会引起他们的兴趣,与"我"相关的事物也往往能诱发连锁反应。他们尤其关注自己在他人心目中的形象与地位,关心他人对自己的意见和看法,其自我意识也更具主动性和自觉性。

(一)自我意识的分化

按照发展心理学的理论,人在自我意识的发展过程中,最初基本是稳定的、统一的,可是随着个体生命的成长和心理日渐成熟,处在这个特殊阶段的人原本统一的自我意识会出现"一分为二"的分化现象,从而产生自我意识内在的矛盾与冲突。为了解决这些矛盾和冲突,作为生命主体的人必然要通过自我体验与自我探索去寻找解决的途径,促使自己不断努力,以求自我完善。这样,经过一段时间的调节,就实现了两个自我的统一,使自我意识在新的水平上达到协调一致。

大学生自我意识的发展也会经历成长与分化、矛盾与统一的过程,只不过在其发展过程与表现形式上更具群体性的特点。

分析大学生自我意识的分化与统一发展过程,其主要表现在两个方面,即主观我和客观我、理想我和现实我之间的分化与统一。主观我（I）作为主语，表示我是什么、我做什么，处于观察者的地位；客观我（me）作为宾语，表示怎么看我、给我什么，处于被观察者的地位。自我意识的这种分化使大学生主动、迅速地关注自己的内心世界，心理活动开始变得复杂，经常进行自我观察、自我分析、自我反省，不断思考和探索自己应该成为什么样的人。

自我意识实现统一，是大学生自我意识发展逐步走向人格成熟和完善的重要标志。而处在这一发展过程中的大学生，既有行使自主权利的需求，同时又很在意他人对自己的评价，他们渴望被理解、被信任，开始认识并主动改造自己的主观世界。

（二）自我意识的矛盾

大学生自我意识的分化不可避免地会带来许多矛盾，表现出明显的内心冲突，给大学生带来激动、痛苦、不安和焦虑的情绪。

1. 主观我和客观我的矛盾

主观我的实质是个体对自我的认知和评价，客观我的实质是他人对自我的认知和评价。由于认知角度、手段、参照物等因素不同，两者存在较大差距。例如，自我感觉良好，主观上认为自己在竞争和评比中都不错，但事实上没有得到"客观我"的认可和接受，因此备受打击。

2. 理想我与现实我的矛盾

大学生富有理想，抱负水平相对较高，渴望成功和赢得他人的尊重，对未来充满了憧憬。然而，现实生活中的"我"与理想中的"我"相差甚远，"理想很丰满，现实很骨感"，对理想的渴望和对现实的不满成为大学生自我意识发展的重要组成部分，能够产生激励作用，鼓励大学生不断朝着目标去努力。然而，这种差距过于悬殊或者对其认识有偏差，则容易产生各种心理问题。

3. 独立意向和依附心理的矛盾

随着自我意识的不断发展和成熟，大学生的独立意识也越来越强，他们渴望能在经济、生活、情感、思想等方面独立，希望摆脱家长、老师对自己的控制和约束。但面对现实问题时，很多大学生往往缺少独立解决问题的能力，生活上、经济上无法摆脱对家长的依赖，学习上无法摆脱对老师的依赖。渴望独立的需求特别强烈，独立的能力又不足，这种矛盾常常是大学生苦恼的来源。

4. 交往需要与自我闭锁的矛盾

年轻、富有活力的大学生有着强烈的交往需求。但因为在人际交往中戒备心较强、过于自我、缺少有效的交往手段等，部分大学生有意无意地与他人保持一定的距离，不愿意主动与人结交，或者在交往过程中紧闭心扉。对交往的渴求与自我封闭之间的矛盾让很多大学生备感压抑。

（三）自我意识的统一

自我分化及由此产生的矛盾虽然可能给大学生带来焦虑、不安和痛苦，但他们在这种分化、矛盾的过程中，努力通过自我意识的不断调整来摆脱这种分化、矛盾的状态，最终实现自我意识的统一，即自我同一性。

由于大学生在智力水平、性格特点、家庭背景、价值目标等方面存在个体差异，自我意识统一的途径和方式就会有所不同，随之产生的结果和性质也会有所不同。

（1）努力改善现实自我，使之逐渐接近理想自我。积极的自我统一表现为自我肯定，即能够正确认识和评价自我，既肯定自己的优点，又接受自己的不足。通过不断努力去完善现实自我，使主观我与客观我、理想我与现实我不断接近，最终趋于一致。

（2）修正理想我中某些不切实际的过高要求，使之与现实我趋近。在充分了解自己的基础上设定恰当的目标和要求，以符合现实实际情况。

（3）追求消极的自我统一，放弃理想我而迁就现实我。消极的自我统一表现为对现实我评价过低，放弃理想我而迁就现实我，这样产生的自我往往低于个体自我的实际水平。

三、大学生自我意识中存在的问题

大学生在自我意识的发展过程中，因为心理尚未完全成熟，又受到复杂多变的社会环境的影响以及多元化人生观、价值观的冲击，容易出现各种矛盾和冲突。而矛盾和冲突的存在，会使大学生自我意识的发展出现问题。

（一）自我认知的偏差：自我中心与从众

在自我认识过程中，大学生常常因未处理好主观我与客观我之间的关系而出现两种自我意识的缺陷，一种是只看重自己而发展为自我中心，另一种是失去自我而受人左右，出现从众心理和行为。

有些大学生由于自己家庭经济条件、父母在社会上的地位等方面具有优势，习惯了被人关爱和受人关注的生活，容易产生优越感。而当这种习惯于将自己的观点强加于人、让人服从的心理感觉与一些不健康的个人主义、唯我独尊、自私自利等思想意识结合时，就会表现出过分的、扭曲的自我中心倾向。

大学生还存在着从众心理倾向。由于在群体生活中存在信心不足、独立性差、缺乏个性等，有些大学生常常在行为选择上放弃自己的主张，趋向与群体中的多数人保持一致。从众心理严重，会抑制大学生的个性发展，束缚其思维，变得无主见和墨守成规，这不利于大学生的成长。

（二）负面的自我体验：自我否定与自负

现实我与理想我是有距离的，如何看待这二者之间的距离，直接关系个体的自我体验结果。当大学生对缩短距离充满希望时，就处于自信的积极体验之中，由此会认为自己可以努力提高现实我以实现理想我。自信是大学生群体中较为普遍存在的一种心态，自信没有问题，但过分自信就转化成自负，自负表现为个体对自己估计过高、固执己见、自以为是、自命不凡等。有些大学生因自信过度变得骄傲自大，听不进师长的教诲和同学的意见，做起事来往往一意孤行，无法得到别人的认同，结果是自己容易失落和受伤。

有些大学生在将现实我与理想我进行比较时，意识到二者之间差距较大，感到实现理想我不可能，为此悲观失望，丧失了努力的信心；因为过多地将注意力集中在自己的缺点和不足上，从而逃避退缩，产生自我否定倾向和程度不同的自责心理，表现为自我感觉不良，认为事事不如人，对于未来缺乏信心，甚至出现自卑、自怨、自弃等心理现象。

（三）消极的自我控制：自我放弃与逆反

当大学生在现实生活中意识到理想我与现实我难以达到完全统一时，因为失去自信而在困难面前望而生畏，在行动上表现为畏缩不前。他们既不满现实我的状态，又丧失了对理想我的追求，于是消极放任、怨天尤人，直至心理失衡和自暴自弃。还有一些大学生面对诸如学习和生活上的挫折与困难，失去拼搏的勇气，因为选择放弃而错失良机，也无法挖掘自己的潜力，最终因逃避现实而败下阵来。

大学生处在离开家庭即将走向独立的人生的特殊时期，渴望在思想上和行动上甚至在经济上的独立，因而会表现出强烈的独立意识。当这种心理和行为受到压制和打击时，很容易产生逆反心理。有逆反心理的学生自我控制能力差，通常对阻碍自己的观点和行为持否定态度，并带有极端的、消极的抵触情绪，显示出盲目性、放纵性和顽固性等特点，对社会和人生以及个人发展往往持玩世不恭、不计后果的态度。如果逆反心理经常反复出现，就会构成一种偏激、狭隘的心理思维定式，对自我发展产生不利的影响。

第三节　大学生健全人格的塑造

大学生在自我意识的发展过程中因为受到主客观因素影响，会出现一些不良心理和行为，如果不加以正确引导，促其及时调节，长此以往，就会偏离人格发展的正常轨道，产生心理障碍和人格缺陷。在现代社会复杂多变、价值多元的文化环境下，解决大学生自我意识方面存在的问题，意义十分重要，因为它会直接影响大学生健全人格的塑造。

一、健全人格及其模式

（一）健全人格及其特征

健全人格作为表达人的本质存在状态的新概念，是指人的本性在充分发挥时所能达到的境界，是人应该追求的价值目标。它是一种在结构上和动力上向崇高人性发展的人格状态，是人的品行、内涵、修养、素质的厚积薄发和综合展示。具有健全人格的人，在生命过程中能有意识地控制自己的生活，能意识到自己的优缺点并客观地评价自我，认可并接纳现实生活中所面对的干扰、困难和挫折，能立足现实发展自己和成全自己，达成人在生理、心理、社会、道德和审美等各要素之间统一和谐的完美状态。

健全人格是各种人格特征的完美结合，综合起来有以下几方面的特点。

1. 心理生命的和谐发展

具有健全人格的人在需要和动机、兴趣和爱好、智慧和才能、人生观和价值观、理想和信念、性格和气质等方面朝健康的方向发展。其内心世界所构成的各要素、各层次之间协调一致，言行具有完整性和统一性，能正确认识和评价自己的所作所为，能及时调整个体与外部世界的关系。如果一个人失去人格的完整性和统一性，就会出现人格障碍甚至认知扭曲、情绪失常、行为失控等问题。

2. 和谐的人际关系

具有健全人格的人乐于与人交往，能正确地处理和发展人际关系。在人际交往中能自尊和尊重别人，具有理解、信任、同情等优良品质。在日常交往中既不随波逐流，也不孤芳自赏，能够使自己的行为与朋友、同事、同学协调一致。

3. 良好的社会适应能力

具有健全人格的人能与社会保持良好、密切的接触，把自己的智慧和能力有效地运用到工作和事业上。在学习、工作中有强烈的创造动机和热情，善于创造，有所建树。

（二）健全人格的模式

自20世纪50年代以来，西方很多社会学者和心理学家十分重视对健全人格的模式的研究。不同学派的心理学家对健全人格有着不同的理解，也曾提出许多关于健全人格的理论模式，如心理学家奥尔波特（Gordon W. Allport）的把健全人格的视线指向当前和未来事件的"成熟者"模式；人本主义心理学家卡尔·罗杰斯（Carl Ranson Rogers）强调人格发展过程或趋势的"功能充分发挥者"模式；心理学家弗雷德里克·皮尔斯（Friedrich Salomon Perls）提出立足于自己的现实情境的"立足现实者"模式等。

1. 马斯洛的"自我实现者"健全人格模式[1]

美国人本主义心理学家、人类潜能运动的先驱者马斯洛曾对"自我实现者"进行了深入研究，发现这些取得成就者都满足了自我实现的需要，所有的能力都得到了运用，所有的潜能都得以发展。于是，马斯洛认真研究了那些能够充分发挥才能并把工作做得最出色的人的人格特点，归纳出健全人格应具有的15个特征：

（1）对现实世界有敏锐的洞察力；

（2）能接受自己、他人和现实；

（3）言行坦率、自然、纯真；

（4）不过分关注自己；

（5）具有超然于世的品格和独处的需要；

（6）独立自主；

（7）时时常新的新鲜感；

（8）常常能体会到狂喜、惊异、崇高等"高峰体验"；

（9）对人类充满深厚的爱；

（10）具有民主的态度；

（11）具有很强的道德感；

（12）具有幽默感；

（13）具有创造性；

（14）其亲密朋友不多，但感情深厚；

---

[1] ［美］马斯洛. 自我实现的人［M］. 许金声，刘锋，等，译. 北京：生活·读书·新知三联书店，1987.

(15) 不盲目接受现实文化规范的约束。

2. 弗洛姆的"创发者"健全人格模式①

美国的弗洛姆是一位擅长从社会哲学角度探讨人的情感、人格等方面问题的理论心理学家,对哲学、社会学、人类学、历史学和神学等方面都有所涉猎。在研究健全人格的问题上,他认为现实生活中的每个人都有充分利用自己潜能成长和发展的固有倾向,为此提出了人格的"创发者"模型。"创发者"具体包括:

(1) 创发性爱情,这是一种自由平等的关系,相爱的双方都可以保持独立的人格;

(2) 创发性思维,创发性的爱会让人意识到与被爱者有密切关系,意识到关怀被爱者;

(3) 有真正的幸福体验,即身心健康、个体各种潜能得到实现的状态;

(4) 以良心为定向系统,"创发者"有一种特殊的良心,弗洛姆称其为"人本主义良心",它引导人们实现人格的充分发展和表现,并使人获得幸福感。

3. 五因素人格模式②

五因素人格模式又称"大五人格"模式,是在西方国家流行的人格理论框架。该模式通过五种相对独立的因素来描述人的个性,再综合评定一个人未来可能的工作表现。

(1) 外倾性:表现为健谈、好表现、面部表情丰富,并喜欢做出各种姿势;果断,好交友,活泼,富有幽默感;容易激动,好刺激,趋向于好动、乐观。

(2) 宜人性:表现为善于为别人着想,似乎总是在与别人互动;富于同情心,直率,体贴人。

(3) 责任感:表现为行为规范,可靠,有能力,有责任心;似乎总是能把事情做好,处处让人感到满意。

(4) 情绪性:表现为情绪理性化、冷静,脾气温和,有满足感,与人相处愉快。

(5) 开放性:表现为对新鲜事物感兴趣,尤其是对知识、各种艺术形式和非传统观念极为赞赏;勤于思考,善于想象,知识丰富,富于创造性。

五因素人格模式有利于明确心理健康教育的指导思想,可以贯穿教育的全过程和面向全体学生,有利于大学生的全面发展;标准容易把握,有利于大学生自我对照;与社会人格的结合较为紧密。

在我国关于健全人格模式的研究中,许多学者进行了有益的尝试。2003年,西南大学黄希庭教授课题组对4 452名大学生就"幸福体验、人际和谐、积极乐学、情绪调控、目标追求和勇于挑战"6个维度进行开放式问卷调查,最后归纳出我国健全人格特征。

(1) 对世界抱开放态度,乐于学习和工作,不断吸取新经验。

(2) 以积极的眼光看待他人,有良好的人际关系和团队精神。

(3) 以积极的态度看待自己,能自知、自尊、自我悦纳。

(4) 以积极的态度看待过去、现在和未来,追求现实而高尚的生活目标。

---

① [美] 弗洛姆. 爱的艺术 [M]. 萨茹菲, 译. 北京: 光明日报出版社, 2006.
② 倍智人才研究院. 大五人格心理学 [M]. 北京: 北京联合出版公司, 2018.

(5) 以积极的态度对待困难和挫折，能调控情绪，心境良好。

(资料来源：黄希庭，郑勇，李宏翰. 学生健全人格养成教育的心理学观点 [J]. 广西师范大学学报，2006（3）.)

二、大学生健全人格的自我塑造

健全人格的塑造过程，就是心理健康和心理成熟的过程，也是每个人的使命。大学时代是人格发展、完善的最佳时期，也是人格定型的关键期。因此，大学生应该抓住机遇，通过不懈努力，塑造自己的健全人格。

（一）认识自我，完善和提升自我意识

正确认识自我是自我完善的第一步，也是塑造健全人格的第一步。大学生可以通过以下四种方法认识自我。

1. 比较法

通过和他人的比较来认识自我。"以人为镜，可以明得失。"每个人在自我认知的过程中，多在和他人的比较中认识自己。大学生应该学会用发展的眼光和辩证的方法看待自己和他人，通过比较认识自己和他人，找到自己的正确定位，自我意识就会清晰。

2. 经验法

通过过往的经验来认识自我。实践活动是主体意识产生和发展的根本条件，大学生可以通过各种实践活动来了解自己的能力、兴趣、意志特征等，也可以从实践活动的结果中分析自己的不足和收获，从而客观地认识自己。

3. 评价法

通过他人对自己的评价来认识自我。从小到大，总有接触和认识自己的人对我们提出评价，"你是个听话的孩子""你是个有能力的人""你有点粗心"等，于是我们逐渐知道"我"是这样一个人。有时候，我们还能从别人的评价中了解到被自己忽视的缺点和不足。

4. 内省法

通过自我反思来认识自我。"吾日三省吾身。"大学生通过上述三种方法认识自我的同时，不断进行自我反思，在与他人的比较中反思，在实践活动中反思，在听到他人的评价后反思，进而加深对自己的认识。

（二）悦纳自我，肯定自己存在的独特性

悦纳自我是指个体对现实自我的接纳、肯定、认同和欣赏的态度。悦纳自我是评价大学生心理健康的一个重要标准，也是大学生发展健全人格的核心和关键。悦纳自我的要求有以下几点。

1. 以平和的心态接受自己

以平和的心态接受自己，包括好的和坏的、成功的和失败的、优点和缺点等。在社会生活中，每个人的生命存在都是独特的、整体性的。"金无足赤，人无完人。"大学生要学会欣赏自己的优点和长处，也要承认和接纳自己的缺点和不足。

尼克·胡哲：像雕塑一样活着

尼克打出生时就没有四肢，只有躯干和头，就像一尊残破的雕像。这副模样甚至连他的父母都无法接受。尼克不能走路，不能拿东西，并且总要忍受被围观的耻辱。这一度使他非常消沉，以至于想要在浴缸里淹死自己。还好，在最后一刻，他脑海中浮现出父母在他坟前哭泣的样子，于是选择坚持活下来。

尼克告诫自己，永远不要放弃。他虽然没有健全的四肢，但是有一副好口才和一个聪明的大脑。他永远不在意别人讶异的眼光，并且努力充满自信，而事实上，他也确实做到了绝大多数普通人无法做到的事：他成了一名全球知名的励志演说家。

如今，他已经在全球34个国家发表过超过1 500场演讲，每年要接到超过3万个来自世界各地的邀请。所有看过他的视频或听过他演讲的人，都无不发自内心地诚服于这个曾被预言"永远得不到爱"的人。他已经成为世人心目中与命运顽强斗争的象征，或者说，一尊活的雕塑。

（资料来源：根据腾讯新闻的王崴《尼克·胡哲：像雕塑一样活着》整理）

2. 要学会喜欢自己

爱自己，欣赏自己的优点，肯定自己的价值、存在感、自豪感和满足感，寻求自己在社会中存在的意义。其实人生就是一个开放的舞台，每个人都在台上饰演着不同的角色，每个人对角色的演绎又都有着自己的理解和把握，我们期待演出自己的特色，得到别人的认可。然而，作为一个现实生活中平凡的个体，大多数人毕竟不是聚光灯下的演员，能够得到那么多人的关注和欣赏。但我们可以自我欣赏，即使所有人把目光投向别处，我们还可以拥有"我"这个最后的观众，还可以为自己鼓掌。做一个为自己活着、活给自己看的人。

3. 要接纳自己的局限和失败

要承认自己在某些方向的不足和所受的限制，但不能因此而自我否定，而应立足于现实自我，发挥自身优势、激发自身潜能，通过不断的努力去寻求成功。其实这也是自信的表现，是自我完善的起点。

（三）控制自我，培养自己的意志力

自我控制是人主动地改变自己的心理品质、特征及行为的心理过程，是大学生健全自我意识、完善自我的根本途径。自我控制通常有两种情况，控制自己去做什么事和控制自己不去做什么事。有的大学生在确立目标、选择方向、制订计划时，都满怀信心、信誓旦旦，但是到了执行阶段就会在各种挫折、打击、诱惑面前止步不前。有的大学生经常告诉自己：我不能再继续玩游戏了！我不能再继续懒下去了！我不能……这时，就需要运用意志力，控制自己不做不该做的事，去做应该做的事。

大学生在自我调控的过程中尤其需要培养、锻炼自己的意志力，在面对各种本能欲望及外界诱惑时，意志的力量是自我监督和控制的保证。意志顽强的人能根据设定的目标，在长时间内毫不松懈地保持专注，甚至在环境变化的情况下都坚持不变，直至达到目的。

（四）积极行动，完善自己的健全人格

在完善自我的过程中，大学生还必须开展积极的行动，促进自我人格的健康成长。

1. 培育积极情绪

心理学研究表明，积极的心态有助于人们发挥潜能、积聚力量、克服困难、获得成功，从而拥有健康和快乐。

2. 发展良好的人际关系

人格发展、塑造的过程是个体实现社会化的过程，是个体与社会、集体、他人交互作用的过程。塑造健全人格，必须发展良好的人际关系。大学生在与人交往的过程中，可以更好地以他人为参照，全面客观地认识自己，多角度审视自己，以具有优良人格品质的对象作为榜样，以感恩的心去对待周围的一切事物，从而使自己的人格得到升华。

3. 养成良好的习惯

人格的核心成分是性格，而性格的本质是习惯化了的行为模式。生活中某种习惯一旦养成，就构成了一个人性格中相对稳定的部分。良好的习惯对于大学生人格的健全发展具有积极的影响。

为了养成良好的习惯，大学生有必要制定一些供自己遵守的制度，做好计划，把握进度，由易到难，循序渐进，严格执行。适当地制定一些奖惩措施，可以激励自己坚持行动计划，克服惰性。一旦某个积极的行为经过多次强化变成良好的习惯，良好的性格也就随之形成，人格就会得到进一步的完善。

4. 掌握适度原则

凡事都有"度"，人格发展和表现的"度"是十分重要的，人格塑造过程中就应把握好度，防止"不足"和"过犹不及"。

适度原则具体来说应该是：自信而不自负，自谦而不自卑，勇敢而不鲁莽，果断而不冒失，稳重而不犹豫，谨慎而不怯懦，好强而不逞强，活泼而不轻浮，豪放而不粗俗，机敏而不多疑，忠厚而不愚昧，干练而不世故。

人格塑造是一个长期坚持的过程，大学生只有意识到健全人格的意义和价值，脚踏实地，积极行动，才能不断朝着更加完美的人格方向前进。

资料库

1. XYZ型：三种家庭教养方式

卡其策巴希（Cigdem Kagiticibasi）在1990年依据家庭中两代人之间的"独立—依赖"关系，归纳出了三种典型的家庭教养方式。

X型：家庭中父母与子女在物质与情感上的关系都是相互依赖的，亲子关系的取向是顺从，属于集体主义教养方式。如韩国与日本文化教育下的母亲，总是热心于保持与孩子的交互作用，千方百计把自己与孩子"焊接"起来，她们认为母子的亲密关系是儿童健康发展的重要条件。在家庭教养中，母亲总是力图创造一种"关系上的协调"，但是她们却难以培养孩子的心理独立性。

Z型：家庭中两代人之间在物质和情感上都是相互独立的，亲子关系的取向是独立，属于个人主义教养方式。如美国和加拿大文化教育下的母亲认为，母子间的分离与个体化是孩子人格健康发展的条件。所以，母亲尽力把自己与孩子分离开，以培养孩子的独立自主性，母亲在家庭关系中创设的是一种"个体上的协调"。但是，这也会带给双方情感上的孤独与失落。

Y型：将上述两种教养方式综合在一起，强调在物质上的独立、在情感上的相互依赖。中国与土耳其文化教育下的家庭近似这种教养方式。如研究发现，土耳其青年既忠于家庭，又注重本人才能的自我实现。在具有集体主义文化基础的发展中国家，在大规模的城市化和现代化背景下，家庭人际关系可能向Y型转化。

（资料来源：彭聃龄. 普通心理学 [M]. 北京：北京师范大学出版社，2004.）

2. 弗洛伊德人格的"三我"结构

弗洛伊德将人格结构分为三个层次：本我、自我和超我，如图3-1所示。

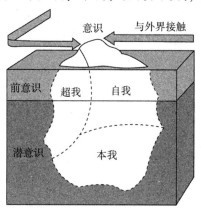

图3-1　弗洛伊德人格结构示意

（1）本我。本我位于人格结构的最底层，是由先天的本能、欲望所组成的能量系统，包括各种生理需要。本我具有很强的原始冲动力量，弗洛伊德称其为"力比多"。本我是无意识、非理性、非社会化和混乱无秩序的，它遵循快乐原则。

（2）自我。自我是从本我中逐渐分化出来的，位于人格结构的中间层。其作用主要是调节本我与超我之间的矛盾。它一方面调节着本我，一方面又受制于超我。它遵循现实原则，以合理的方式来满足本我的要求。

（3）超我。超我位于人格结构的最高层次，是道德化了的自我，由社会规范、伦理道德、价值观念内化而来，其形成是社会化的结果。超我遵循道德原则，具有三个作用：一是抑制本我的冲动，二是对自我进行监控，三是追求完善的境界。

如图3-1所示，在人格结构里，本我、自我和超我三者相互交织在一起，构成人格的整体。它们各自代表了人格的某一方面：本我是生物本能我，自我是心理社会我，超我是道德理想我。它们各自追求不同的目标：本我追求快乐，自我追求现实，超我追求完美。当三者处于协调状态时，人格表现出一种健康状况；当三者互不相让、产生敌对关系时，就会产生心理疾病。

（资料来源：黄希庭. 人格心理学 [M]. 杭州：浙江教育出版社，2002.）

思考与讨论

1. 健康人格论的中心论点

具有一贯、健康、和谐人格的人不会做出残忍与不义的事。确实，某些不道德行为来自变态的人格。但是，假定所有不道德的行为皆出自变态的人格，这是合理的吗？

这世界上是否有快乐的、身心调适良好的杀人凶手存在？

2. 塑造健全人格的途径

心理学家经过研究、分析、总结，提出了具有一定操作性的塑造健全人格的途径。

（1）对自己和生活的世界有积极的看法，把自己看作是被喜欢的、被需要的、被热情接待的而具有能力的，并生活在自己能应付的世界上的人。

（2）和别人有着热情的、亲密的人际关系，和别人有基本信任的关系。

（3）有时间完全冷静地独处反省，使自己有机会揣摩、体验各种人的情感，而这有助于更好地理解自己的人格。

（4）在发展社会性的、智力的以及职业的各种技能方面取得成功，即在学习上、工作上和与人交往上有成功的体验。

（5）接受新思想、新哲学，与有独特见解的人交往。新的思想可以从读书、戏曲的感染中取得，也可从旅行、和陌生人相识中获得。

（6）找出充分表达出自己情绪的方法、兴趣，和朋友间的亲密关系或"一群青年人聚在一起"，有助于情绪的释放。

（7）经常提高独立性的程度，逐步减少对他人的依赖，而更多地依靠自己的能力和价值体系，如对工作和家庭、邻里以及人类社会承担更多的责任，在该说该做时无拘无束地表达自己的意见，自尊和自爱。

（8）灵活性和创造性，并非在任何情境中都按一个标准行事；学会知道不总是"非此即彼"，而是"这个、那个和更无限量的各种组合"。

（9）在关心他人方面达到高水平。

（10）在每一生活阶段学会变得更人性。

问题讨论：

除了上述途径，请你从自身经验出发，谈谈还有哪些可行的方法，有助于大学生塑造健全人格。

建议阅读书目

1. 岳晓东. 少年我心：一位心理学者对自我成长的回顾与分析 [M]. 合肥：安徽人民出版社，2011.

2. [美] 塞利格曼. 认识自己，接纳自己 [M]. 任俊，译. 沈阳：万卷出版公司，2010.

3. [美] 布朗. 自我 [M]. 陈浩莺，译. 北京：人民邮电出版社，2004.

4. [美]麦格尼格尔. 自控力 [M]. 王岑卉,译. 北京:文化发展出版社,2012.

5. [美]马斯洛. 动机与人格 [M]. 许金声,刘锋,译. 北京:生活·读书·新知三联书店,1987.

问题与作业

1. 什么是人格?人格的结构包含了哪些成分?
2. 影响人格形成与发展的因素是什么?
3. 结合本章所学知识,思考应该怎样完善自己的人格。

第四章

人际社会的交往与关系

内容提要

■人际交往，是人实现社会化的一个重要途径。每个人都是在人际交往的过程中学会如何与他人相处，同时从他人的反馈中认识自己和成就自己的。

■一个脱离了社会关系的人，犹如陆地行船，是无法驶到壮阔的大海的。诚如刘心武所言："人生一世，亲情、友情、爱情，三者缺一，已为遗憾；三者缺二，实为可怜；三者皆缺，活而如亡！"

■人是社会性动物，每个人在社会中生存、发展，都离不开和他人交往。一个人的幸福和才智来自和谐的人际关系，一个人的痛苦和不幸也常与人际关系的不协调有关。

■与人相处要有一颗为善的心，而后才能理解生命、谅解生命、欣赏生命、体察生命和成全生命，才能学会倾听艺术、赞美他人、用心做事。

案 例

作为生命个体，人不能离开社会关系而独立存在。1996年，著名的意大利洞穴专家毛利奇·蒙塔尔做了一个非常著名的地下试验。他把自己置身于一个很深的洞穴中，在这个洞穴里，有足够他吃一年的食物和其他维持生命的生活用品，有一百多部电影碟片和一些健身车、健身球供他娱乐。但是，在这个洞穴里除了他自己，没有其他人。1997年，蒙塔尔从洞穴里出来。经过一年与世隔绝的生活，蒙塔尔变得目光呆滞，脸色惨白，语言不畅。他的记忆力、交往能力和语言表达能力都发生了严重的退化。

（资料来源：若风尘. 蒙塔尔的人生哲学 [J]. 青年博览，2006（2）.）

在现代世界中生活的每一个人，无论是出于心理需求还是社会需求，都需要和身边的人发生各种各样的联系，和所有直接或间接联系的人存在某种程度的联结。一个人只有在和别人交往的过程中，在不断进行社会化的过程中，才能够获得身心的健康发展。

第一节　生命在人际关系中成长

人际关系是社会人群因交往而构成的相互依存和相互联系的社会关系。人是社会性动物，人的生命的本质属于社会性生命。每天，我们都需要和社会中的其他成员进行各种各样的交流与沟通，如何处理人与人之间的关系，不仅影响到每个人日常生活的情绪起伏，同时也影响个体心理健康和生命质量。

心理学家马斯洛提出的需要层次理论认为，人是靠需要来生存的，人除了有生存和安全的需要之外，还有归属和爱的需要。大学生离开父母和家庭，开始独自面对人生，而且需要与同学、教师等进行人际交往和人际沟通，经常要面对和处理各种各样的人际关系。

一、成长过程中的人际关系

每个生命个体从出生开始，就在一定的社会关系环境中成长，人的生命过程，就是与各种人际社会关系互相作用、互相影响的过程，其生活中的方方面面都是由各种关系构成的。这些关系，就其指向的对象不同，可以分为人与物的关系和人与人的关系。

人与物的关系直接影响到人的生存。一方面，人必须通过各种实践活动获得生活资料，以求生存；另一方面，人又要通过各种实践活动不断改造物质世界，使自己能够获得更多更优质的物质资料来满足需要，以求更好地生存。

人与人的关系则影响到人在生活环境中的生命质量，这是因为人一出生就在与他人的交互作用中成长。最开始的时候，孩子与抚养者之间会形成某种交往模式，这种早期的人际关系为今后的生活方式铺垫了基调。如果抚养者从小对孩子比较关心、关注，孩子就会从这种关系中获得信任、爱和支持。如果孩子幼时的依恋和被关注的需要得不到满足，就会对抚养者产生怀疑和不信任。随着年龄的增长，孩子的交往对象不断增多，交往的内容也不断深化，由交往形成的各种人际关系会在很大程度上影响个体的情绪体验。这意味着个体需要独立生存于一个高度社会化的环境中时，必须依附于他人和组织，并在与他人交往的关系中不断促进自我意识的成长。

（一）人际交往与人际关系的含义

人际交往是指人们在物质和精神两个层面所进行的相互之间的活动，是人类特有的社会生命现象，每个生命个体通过与他人的互动实现个体生命的发展。

人际交往具有动态和静态两种不同的存在形态。动态的人际交往是指人们运用语言和非语言系统进行的信息沟通、思想交流和情感表达的互动过程。静态的人际交往则体现为人与人之间形成的一种相对稳定的心理联系，反映的是人们之间的心理距离和亲疏状况，即人际关系。

建立在人际交往基础上的人际关系有广义和狭义之分。广义的人际关系是指人和人之间相互发生影响的一切关系，如政治关系、经济关系、法律关系等。狭义的人际关系是指人与人在相互交往过程中形成的情感联系，主要表现为心理上的关系和心理距离，反映的是人们寻求归属与爱等精神需要满足的心理状态。在日常生活中，人与人之间由于所处的社会地位和所承担的社会角色不同而形成的关系，也可称作人际关系，如婚姻与家庭的亲缘人际关系，同乡或近邻的地缘人际关系，同行或同事的业缘人际关系，球友、牌友、酒友、舞伴等结成的趣缘人际关系。

（二）人际关系的心理结构

在心理学上，人际关系包括认知、情感、行为三种心理成分。认知成分反映了个体对人际关系的认识，是人际关系形成、发展和改变的基础；情感成分反映了个体与人交往过程中所体验到的满意程度，在与不同人的交往过程中，个体的差异会产生心理吸引或排斥的现象；行为成分是交往的一种外在行为表现，是形成、发展人际关系的手段与形式。良好的人际关系具体表现为：认知上彼此肯定价值，情感上彼此喜欢接纳，行为上彼此愿意沟通、交往。

人际关系以感情相悦和价值观相似为基础。感情相悦是指喜欢别人的同时也被别人喜欢，互相接纳可以避免或减少人际间的摩擦与冲突，使交往得以良性循环。价值观相似指能吸引自己的人，往往是在价值观念、态度、信念等方面与自己相似的人。心理学研究中发现，人际交往的双方价值观相似，不仅容易获得共鸣和支持，而且容易预测彼此的反应倾向，更容易互相适应。感情相悦和价值观相似作为人际吸引的两大心理机制，前者常作用于交往前期，后者常作用于交往后期，理想的人际关系是两种机制同时发生作用。

（三）大学生人际交往的意义

人际关系是人所进行的社会交往的结果，是人的社会生命的重要体现。对处于生命成长期的大学生来说，它是完善自身人格的一种重要的社会关系。

1. 有助于正确认识自我

要想获得成功，必然要了解自己的能力、缺点、兴趣、特长。人们了解自己的途径和方法有很多，其中一条重要途径就是人际交往。"我"到底是一个什么样的人，很多时候是由别人告诉自己的。在与他人的交往中，自己表现出来的一些特性，可以通过人际交往活动来进行反馈，如"你是个聪明的学生""你真棒""你太懒了"等。结合他人的评价，大学生才能对自己有一个比较客观的认识。

2. 有助于促进社会化进程

人是社会的成员，每一个人在成长过程中都需要完成社会化进程。社会化，就是由一个自然人转变为一个社会人的过程。

大学生跨出校门之后就是要走上社会参加工作，在大学生活中，通过人际交往去了解各个阶层、不同文化背景的人，建立良好的人际关系，有助于大学生更好地了解社会，获得更丰富的信息。

3. 有助于身心健康发展

无论是父母与子女的关系、老师与学生的关系、上司与下属的关系、同学之间的关系，还是恋人之间的关系，每一种人际关系都会影响当事人的情绪状态。良好的人际关系，能够为其带来身心的愉悦，而消极的人际关系则会带来压抑的负面情绪，长期下去便会造成负担，影响身心健康。

大学生正处于青春期，特别需要友情，需要朋友的陪伴。由于离开父母身边，进入一个新的环境学习，孤独感、失落感在所难免，不顺心、小挫折也无法避免，多交一些朋友，跟朋友倾诉心里话，多参加一些社会活动，就可以在精神上放松，排解压抑的情绪，适应新环境。

4. 促进生命价值的实现

俗话说得好："在家靠父母，出门靠朋友。"有一首歌中也唱到"朋友多了路好走"。大学生通过人际交往，不仅可以获得情感上的支持，还可以获得大量的信息、更多的机会和帮助。"三个臭皮匠，顶个诸葛亮。"在通向成功的道路上，每个人都需要寻求他人的帮助与合作。这时，良好的人际关系将起到非常重要的作用。

5. 有助于团队合作

任何一个集体的成功都需要全体成员的共同努力。无论是一个班级、一所学校，还是一家公司、一个国家，只有所有成员团结在一起，才能形成较强的向心力，才能在前进的道路上所向披靡。大学生通过人际交往，互相学习，互相理解，紧紧团结在一起，对自己身处的集体形成责任感、荣誉感，才能更好地为集体争光。

（四）人际关系的发展过程

在通过人际交往实现人际关系的过程中，人与人之间从互不相识到建立良好的人际关系，一般要经历一个由浅入深、不断深化的过程。一般需要经过定向、情感探索、情感交流和稳定交往四个阶段。

1. 定向阶段

定向阶段包含对交往对象的注意、选择和初步沟通等心理活动。在纷繁复杂的世界里，个体不可能和所有人建立起良好的人际关系，每个人对人际交往的对象都是有选择的。只有那些能够引起个体兴趣的对象，才能被注意到，这是相对感性的层面。在注意到的那部分对象中还会有所选择，即相对理性思考后做出的抉择。选定交往对象后，个体就会尝试与这一对象建立某种联系，在初步沟通的过程中，谈话通常只涉及自身最表面的层次。

2. 情感探索阶段

通过表面的接触，交往双方了解到对方的性格、爱好，探索彼此在哪些方面可以建立情感联系。随着双方共同情感领域的出现，彼此沟通内容会越来越广泛，自我暴露的深度与广度也会逐渐增加，交往双方开始有一定程度的情感卷入，都希望给对方留下良好的印象。

3. 情感交流阶段

在这一阶段，双方关系的性质发生了实质性的变化。信任感、安全感得以确立，沟通的深度和广度进一步发展，并有较深的情感卷入。此时，交往双方会互相提供真实的评价性的反馈信息和建议，彼此进行真诚的赞美和批评。当个人遇到困扰时，会对对方抱有情感支持的期盼，希望对方能帮助自己、陪同自己渡过难关。在日常生活中，进入这一阶段的人会大大少于情感探索阶段的人。

4. 稳定交往阶段

处于稳定交往阶段，交往双方心理的相容性会进一步增加，情感上更加相互依赖，已允许对方进入自己高度私密性的领域，对方可以分享自己的生活空间，甚至是财产。如果彼此发现没有不可调和的原则性矛盾，就会选择包容对方的一些小缺点，使双方的友谊得以维持和发展。就生活中的实际情形而言，进入稳定交往阶段的人会不受时间和空间的影响，比如虽然很久没有联系，可一旦对方打来一个电话，就会发现双方在心理层面依然是那么的默契。

人际关系状态及其相互作用水平如表4-1所示。

表4-1 人际关系状态及其相互作用水平

图　解	人际关系状态	相互作用水平
○　○	零接触	低
○→○ ○⇄○	单向注意 双向注意	
◐◑	表面接触	
◉◉	轻度卷入	
◍	中度卷入	
◍	深度卷入	高

（资料来源：俞国良. 社会心理学 [M]. 第3版. 北京：北京师范大学出版社, 2015.）

二、人与人之间相互吸引的因素

人际交往中，有些人会互相被对方吸引，成为朋友、伴侣；有些人会互相排斥，彼此看不顺眼。有的人人缘很好，在他们周围像是有一个吸引的"磁场"，吸引着其他人不断靠近；有的人周围像是有个排斥力的"磁场"，没有人愿意亲近他。到底是什么因素，在人际交往中起着重要的作用呢?

1. 接近吸引

空间距离是影响人际关系的一个因素，在其他条件不变的情况下，空间位置越近，人与人之间越容易形成亲密关系。中国俗语"远亲不如近邻""近水楼台先得月"都说明了这个道理。同理，当大一新生来到一个新的学校以后，和原来的高中同学渐渐产生距离感，通常也是空间距离较远造成的。

美国心理学家利昂·费斯汀格（Leon Festinger）等人曾在1950年对住在同一幢楼的学生进行调查。这些学生事先都不认识，在住进这幢楼几个月后，研究者发现，成为亲密朋友概率最高的是住在隔壁的同学，其次是同一楼层的同学，最后是不同楼层的同学。这个实验表明，人们交往的次数与距离呈正相关，双方的空间距离越近，交往的频率就有可能越高，随着交往频率的增加，彼此的熟悉度也会增加，从而提高相互之间的安全感，成为朋友的可能性越高。

但距离也并不总带来吸引，现实生活中很多时候，住在同一个寝室的室友，也会因为空间距离过于接近、朝夕相处、交往频率过高，而个性、生活习惯又不尽相同，而发生矛盾、产生摩擦。

2. 相似吸引

交往的双方一开始可能会因为空间距离较为接近，或者外表仪容上的互相吸引而建立人际关系，但是通过深入的交往，对方身上的特点一览无遗，这时候双方的相似性就显得比较重要。

俗话说"物以类聚，人以群分"，说的就是交往双方在兴趣爱好、性格脾气、年龄经历、社会背景、宗教信仰，乃至世界观、人生观、价值观等方面相似，而引起的彼此投缘和互相喜欢。究其原因，个体在与他人交往过程中，总是希望自己被认可、被接受，而与自己相似的个体往往能够极大满足自身的这种需求，所以表现得更为亲近。他们彼此之间会有更多的话题、更多的情感交流与认同，也最容易成为朋友。

3. 互补吸引

相似性会增加彼此的吸引力，互补性同样也会增加彼此的吸引力。例如，一个比较爱指挥人，一个比较爱被人指挥；一个喜欢照顾别人，一个喜欢被人照顾；一个活泼健谈，一个沉默寡言——这样的搭配往往能够互相取长补短、各取所需，从而建立起良好的人际关系。

心理学家克克霍夫（Kerckhoff）对已建立恋爱关系的人的大量研究表明，对长期伴侣来说，推动吸引力的主要是相似的价值观念，而维持婚姻长久的基础则是夫妻间需求的互补。当交往双方各自具有对方没有而自己又极力渴望拥有的品质时，双方就会产生强烈的人际吸引。互补性在异性相处和夫妻相处时作用更为明显。"男女搭配，干活不累"，说的就是这个道理。

（资料来源：[美] 麦克凯，等. 人际关系心理学：学会相处之道 [M]. 陈幼堂，陈书瑶，译. 重庆：重庆大学出版社，2016.）

需要说明的是，不是所有的不同都能形成吸引，比如双方在价值观上存在不同意见，往往带来的是彼此排斥和不满，只有当交往双方形成互补时，才会产生人际吸引。而且，相似吸引和互补吸引并不冲突，在实际的人际交往中，相似的观念、态度往往是交往的基础，互补则是在相似的基础上作补充，进一步增加彼此的人际吸引。

4. 外表吸引

"爱美之心，人皆有之。"颜值对于人际吸引起着很大的作用。亚里士多德曾说："美丽是比任何说明更为伟大的推荐书。"交往双方第一次见面时，人们总会对那些仪表端庄、容貌靓丽、举止大方、气质优雅的人产生好感。外表仪容在初次交往中是一个非常重要的吸引因素，在异性交往中尤为显著。然而，随着交往的深入，外在的吸引力会逐渐减弱，取而代之的是个体的内在吸引力。因此，大学生不仅要懂得适度修饰外表，更要提升个人素质，做一个内外皆美的人。

5. 才华吸引

跟平庸的人相比，人们往往更欣赏有才华的人。但研究表明，并不是个人能力越强、越完善，就越受人欢迎，一个完美无缺的人往往会给人高不可攀的距离感，未必最能吸引人。

社会心理学家艾略特·阿伦森（Elliot Aronson）做过这样一个实验。阿伦森让所有的实验参加者同时听一段录音，录音的内容是四位选手在一次竞争激烈的演讲会上的演讲。

在这四位选手中，有两位是才能出众、水平几乎不相上下的选手；而另两位则是才能平庸、水平一般的选手。根据心理学家事先的安排，才能出众和才能平庸的两组选手中各有一位不小心打翻了桌上的咖啡。听完录音后，阿伦森要求所有的实验参加者排列一下对这四位选手的喜欢程度。

通过对所有实验参加者作答顺序的统计和分析，阿伦森发现：最受人喜欢的并不是能力出众而且未犯错误的人，而是那位能力出众同时犯了小错误的人。与他相比，能力出众而且未犯错误的人排在了第二位。他将这种有才能的人犯小错误反而会增加其人际吸引力的现象命名为"犯错误效应"。

（资料来源：孙正元. 团队的秘密［M］. 北京：人民邮电出版社，2013.）

阿伦森的实验证明，有才华和没有才华相比，人们更喜欢有才华的人。但在有才华的人当中，偶尔会犯点小错误的人反而比完美无缺的人更受欢迎。有时候，人往往因为这些小瑕疵，而让人觉得更有亲和力、更容易亲近。作为大学生，一方面要尽可能发挥和展示自己的才华，另一方面也无须过度追求完美，适当暴露自己的不足反而能增加人气。

6. 人格吸引

人格包括品德、性格、兴趣、爱好、理想、信念等，是人际吸引中最本质、最关键的内在因素。人格的吸引是长久的吸引，一个具有人格魅力的人，往往非常受人欢迎。

优良的人格品质本身是促进人际吸引的重要因素。美国学者安德森（N. Anderson）在1968年的研究中将555个描述个性品质的形容词让大学生按照喜欢程度由高到低排序。最后选出19个最具人际吸引的个性品质，依次是真诚、诚实、理解、忠诚、真实、可信任、有智慧、可靠、有思想、体贴、热情、善良、友好、快乐、不自私、幽默、负责、开朗、信任别人。

（资料来源：［美］弗里德曼，等. 社会心理学［M］. 高地，高佳，等，译. 哈尔滨：黑龙江人民出版社，1985.）

外表仪容会随着时间的流逝而逐渐老去，人格魅力却会随着时间的延续而不断积淀，优化自己的人格魅力，才能具有永恒的吸引力。

第二节　人际交往的心理障碍与调适

人际交往固然给人们带来丰富的信息资源、情感交流和生活上的便利，营造出了一个五彩缤纷的世界，但是也有人对它望而却步。大学生情感丰富、强烈而又不稳定，他们渴望通过交往与他人建立良好的人际关系，但又容易在交往中受挫，并因此产生苦恼，严重的还可能患上社交恐惧症。

研究资料显示，当代大学生人际关系总体状况良好，大部分学生对自己的人际关系比较满意。但在人际交往过程中，许多大学生有交往障碍，影响交往的心理因素突出。

一、自我认知偏差对人际交往的影响

所谓自我认知，即人们对自己的认识或评价。心理健康的人能够正确认识、评价自我，具有良好的自我观念，既不自视清高，又不自轻自贱。多项研究表明，大学生在自我认知上往往存在两种偏差：一是过高评价自己，孤芳自赏；二是过低评价自己，妄自菲薄。无论是过高的自我评价还是过低的自我评价，都会影响到大学生正常的人际交往。

（一）自卑

自卑是指由于一些条件的限制和认识上的偏差，认为自己在某些方面不如别人，由此轻视自己、失去自信、遇事和处理问题畏缩不前的一种情绪体验。自卑的人往往对自我评价过低，总觉得自己不如别人，甚至全面否定自我。具有自卑心理的大学生常常自惭形秽，他们大多性格内向、感情脆弱、多愁善感；在交往时过于拘谨、扭扭捏捏，在社交场合不敢展示自我，害怕当众出丑；总是感觉别人看不起自己，同时又怕受到别人的伤害，在人际交往中更多表现为悲观、忧郁、离群、回避、退缩、丧失信心。

一般来讲，每个人在某些方面多多少少会有些自卑感，只要这些自卑感不会影响到自信心，不会影响到正常的工作学习和生活，就是正常的。在人际交往中，有些大学生常常会觉得身边的朋友很优秀，知识渊博，自己在这方面不是很懂，可以向他们学习。这样的自卑通常称为"自知之明"。人贵有自知之明，了解自己的不足能够更好地扬长避短。这种自卑没有什么问题，可是，如果一个人的自卑感大到无法正常工作、学习、生活了，那就成了一种障碍。

大学生可以从以下几个方面对自卑心理进行调适。

（1）接受现实。一个人的出生环境、家庭条件、性别、样貌、父母等都是自己无法选择的，对于这些先天无法选择的因素，要学会正确看待和理性接受。有些因素可以通过自己后天努力来改变，那就需要调整自己的情绪，克服自卑心理。

（2）正确评价自我。自卑心理的形成主要源于自我评价过低，要改变自卑心态，必须改变原有的认识和评价。要善于发现自己的长处，肯定自己的成绩，提高对自我的评价水

平。应尽量避免盲目地与他人进行横向比较，而应选择与自己进行纵向比较，从而树立自信心。

（3）积极与他人交往。自卑的人容易陷入一种恶性循环中，不知不觉中把自己孤立起来，变得离群索居、独来独往，然后更加自卑。要打破这个怪圈，就要迈出积极交往的第一步，选择性格开朗、乐观、豁达、尊重人的人，与他们做朋友，感受他们的喜怒哀乐，并向朋友倾吐心声，这对克服自卑有很大帮助。

（4）给自己以积极的心理暗示。自卑的人往往容易看到自我、他人与客观事物的消极面，随之进一步产生各种消极的心理暗示。因此，自卑的人要学会多关注自己和他人身上的积极因素，并不断进行积极的自我暗示、自我鼓励，把"我不行"变为"我能行"。可以暗地里自己对自己说"我对此充满信心""再试试"。

（二）自负

自负的人不能客观评价自我和他人。他们由于认知歪曲形成了对自我能力的过高评价，并由此产生过度的自我接受和自以为是的态度。

自负的人一方面认为自己比他人优秀，不接受他人的建议和批评，盛气凌人，高高在上；另一方面又总拿放大镜去放大他人的错误和缺点，不尊重他人。

自负不是自尊，而是一种自命不凡、蔑视他人的不良心态。自负的人在交往中总会盲目夸大自我，过分轻视他人，难以与他人建立良好的人际关系。

大学生可以从以下几个方面对自负心理进行调适。

（1）虚心接受批评。没有一个人是完美的，因此每个人都需要听他人对自己的评价反馈，接纳别人正确的批评，避免过高评价自我。

（2）积极评价他人。应减少对他人的指责，努力发掘周围人身上的长处和优点，学会用欣赏的眼光去看待他人。

（3）尊重他人。切勿一味要求别人服从自己。在人际交往中，要想得到他人的尊重，首先要学会尊重他人。

（三）自我中心

自我的人总是希望自己是人际交往的中心，周围的人都围着自己转。在交往的过程中，凡事都只从个人的需求和利益出发，常常不考虑他人的情绪、感受，认为他人迁就自己是理所应当的事情。过度的自我只会让身边的朋友越来越少，导致人际交往出现障碍。

以自我为中心的人往往有一些不合理的信念。

（1）我想干什么就干什么，这是我的权利，与别人无关。

（2）别人应该对我好。

（3）我的能力最强，其他人就应该听我的。

（4）任何事情我都没做错，所有的错误都是别人造成的。

（5）我在这个群体中是最重要的，其他人应该先满足我的需求。

要想改变自我中心的态度，可以从以下几方面着手。

（1）平等待人。有意识地把心态放平，认识到自己就是个普普通通的人，只是芸芸众生中的一员。

（2）换位思考。学会换位思考，淡化自我，强化平等交往的观念，解除以自我为中心的优越感"包袱"，与他人和谐相处。

（3）提升自我。越是有知识、有能力的人，越是谦逊；越是内心强大的人，越是平和。要改变自我中心狭隘的眼界和思维，需要不断通过学习、阅读提升自我，眼界开阔了，心胸就会变得宽广、豁达，就不会成为井底之蛙而只盯着自己头顶上那片小小的天空。

二、人际交往中的不良心理

在人际交往的过程中，除了上文提到的自我认知偏差外，还有很多心理上的"魔障"，如果不能打破这些"魔障"，对人际交往也会造成阻碍，形成不良心理。常见的人际交往不良心理有羞怯心理、孤独心理、嫉妒心理、猜疑心理等。

（一）羞怯心理

有的大学生比较内向害羞，其行为表现是在他人面前总感觉不自在，与人交往的时候未开口先脸红，尤其是面对陌生人，说话结结巴巴，不敢正视对方，有的甚至在碰到熟人时会因害怕打招呼而故意躲开。

羞怯是人人都会体验到的一种情绪，特别是交往经验不足的人，更会有羞怯倾向。美国心理学家杰罗姆·凯根（Jerome Kagen）研究发现，人群中有5%～15%的儿童在遇到陌生人或不速之客时，会明显表现出羞怯心理。

大学生要特别注意突破羞怯这道障碍。性格内向没关系，但过度害羞，无论是对学习、工作还是生活，都没有好处。大学生可以从以下几方面克服羞怯心理。

（1）平常心接受他人评价。有的同学容易害羞，是因为害怕听到他人对自己做出否定评价，担心自己丢脸。因此，要克服羞怯心理，就要学会正视他人评价，但又不必介怀于他人评价。中肯的评价应当理性接受，但不代表你要完完全全为别人而活。过于在意他人对自己的评价和看法，会过多地束缚自己，甚至失去自我。

（2）树立自信。羞怯通常跟自卑联系在一起，因为自卑，缺乏信心，总是担心自己说错话、做错事，从而回避与他人的接触。因此，要克服羞怯心理，就要学会欣赏自己，善于发现自己的优点，勇于正视自己的缺点，培养自信，增加交往的勇气。

（3）有意识加强训练。要克服羞怯心理，还要在实践活动中多加锻炼。如要求自己在众人面前发言，代表班级去参加演讲比赛等。要迈出第一步可能比较难，但通过认真准备和反复练习，会改善自己的羞怯心理。

奥斯卡获奖影片《国王的演讲》讲述了这样一个故事：主人公约克公爵艾伯特（历史原形为乔治六世），自小怯懦和口吃，因而无法在公众面前发表流畅的演讲。最后经过语言治疗师莱纳尔·罗格的帮助，慢慢克服了心理障碍。乔治五世驾崩，爱德华八世继承王位，却为了迎娶寡妇辛普森夫人不惜退位。他临危受命，成为乔治六世，发表了著名的圣诞讲话，鼓舞了战争中的英国军民。

（资料来源：楚严寒."口吃国王"用演讲拯救英国［J］．成功之路，2011（8）．）

（二）孤独心理

孤独是一种不良的精神状态和主观感受，是一种封闭内心的性格障碍。孤独的人往往不愿意与他人走得太近，喜欢独来独往。虽然当看到其他同学成群结队时也会感到孤独和寂寞，但是他们即使和一大群人在一起，也会在心里竖起一堵高高的墙，隐藏自己真实的想法、情感、态度和愿望，不愿向他人敞开心扉，对人冷漠，戒备心强。因此，孤独不是现实空间距离的遥远，而是主观心态上的自我封闭。

孤独心理的调适可以从以下几方面入手。

（1）融入集体之中。打开心扉，包容整个世界，把个人永远融于集体之中。每个个体都是集体和社会的一员，不能脱离集体而成长。处理好个人与社会的关系，发挥个人的才智，才是战胜孤独的根本。

（2）积极参与交往。应端正交往动机，拆除自己的心理屏障，适度表露自我，去感受和他人心灵上的交流。只有真正感到心理相容，感受到彼此理解和接受，才能走出自我封闭的狭小天地。

（3）学会享受"孤独"。这里所说的"孤独"，并不是自我封闭的孤独，而是指一个人独处的心态。人总有独处的时候，独处时虽然只有自己一个人，但思想是开放的：可以阅读，和作者们进行思想交流；也可以写作，和自己内心世界进行交流。所以只要心里没有一堵自我封闭的墙，就不会孤独。

（三）嫉妒心理

嫉妒一直是交往的天敌。很多人在人际交往的过程中，会自觉或不自觉地与他人进行比较，当发现自己在才能、地位、名誉、收入等方面不如别人时，会产生由羞愧、怨恨等情绪组合而成的嫉妒心理。嫉妒者实际上比其他人更为痛苦，别人的幸福和自己的不幸都会被无限放大，痛苦不堪。

嫉妒者其实是矛盾的个体，一方面觉得别人优秀，自己无能，不敢与强者竞争，或者因为怕吃苦不愿与别人竞争；另一方面又容不得别人比自己好，把别人的优势视作对自己的威胁，由此导致心理失衡。他们通常不会通过努力去缩小与别人的差距，而是企图通过贬低、诋毁他人等不正当手段，拖对方后腿，以求心理上的满足。如果任由嫉妒心理掌控自己的头脑，心中就会充斥着不满情绪，无法敞开心胸接纳他人。

真正自信、自爱的人不会因为别人超越自己而懊恼，也不会因为别人陷入困境而幸灾乐祸。消除嫉妒心理常用的调适方法有以下几种。

（1）纠正认知偏差。嫉妒者不应当把别人的成功视作自己的失败，应学会体察他人成功背后付出的努力，正确看待与他人之间的差距，化嫉妒、不服气为求上进的力量，从而努力发现自己潜在的价值。

（2）树立正确的三观。正确的世界观、价值观、人生观是道德健康的保障。培养正确的三观，树立高尚的道德情操，调整对名利的看法，确立公平合理的竞争心态，用正当的方法和手段去获取自己想要的东西。

(3) 及时转移注意力。培根说："每一个埋头沉入自己事业的人是没有工夫去嫉妒别人的，能拥有它的只能是闲人。"努力学习、勤奋工作，使自己生活充实，获得足够的成就感和满足感，自然就不会产生嫉妒心理了。即使偶尔出现嫉妒，也可以有意识地转移注意力，看看自己哪些方面比别人强，找回心理平衡，嫉妒就无从产生了。

（四）猜疑心理

猜疑是指没有事实根据，凭主观想象进行推测判断，只相信自己，总怀疑他人、挑剔他人的一种不良心理。现实生活中常有一些猜疑心比较重的人，成天疑心重重、思虑过度，凡事都往坏处想。猜疑心理在人际交往中，一般表现为什么事情都觉得与自己有关，对他人的言行过分敏感、多疑。

人际交往中对陌生人保持必要的戒备和防范是可以理解而且必要的，但是不分对象、不分轻重、不分场合就有点极端了。猜疑是不幸的种子，是使友谊瓦解、人际关系疏离的隐患。想破除猜疑心理，就要努力做到以下几点。

(1) 培养良好的性格。猜疑者一般表现为与朋友相处不够坦诚，唯恐自己的真实动机被人觉察。因此，需要培养正直、诚实、实事求是的性格，养成根据客观事实来进行推理、判断的思维习惯，避免主观武断、凭空臆测。

(2) 自我提醒。当发现自己对他人产生猜疑时，应有意识地提醒自己，学会宽容，不拘泥于小事，建立人与人之间起码的尊重与信任。

(3) 积极主动沟通。良好有效的沟通是破除猜疑的法宝，很多猜疑是信息不明确、证据不全面以及沟通不畅造成的。因此，要学会主动、坦诚地与他人交流、沟通，及时、全面地了解事情的来龙去脉，澄清误会，解除猜疑，不可道听途说、断章取义。

三、人际交往的障碍与困扰

（一）交往认知非理性

除了自我认知偏差造成的交往困难，大学生在人际交往中还会出现许多非理性认知，常见的有以下几点。

(1) 我必须与周围的每一个人建立密切关系。
(2) 过于谨慎，总是提醒自己应随时防备他人，言多必失。
(3) 接受别人的帮助，必须立即予以回报。
(4) 每个人都必须喜欢我，按照我的想法去做。
(5) 只有顺从他人，才能保持友谊。
(6) 别人向我讨好，一定是想利用我或占我的便宜。
(7) 人都是自私的。有些人自私自利、斤斤计较，应该受到指责和惩罚，我不能与他们来往。
(8) 朋友之间应该坦诚，所以不应有保密的事。
(9) 如果有人对我不好，说明我的人际关系有问题。
(10) 应随时思考别人是否有兴趣与我交往。

这些非理性认知都是造成大学生人际关系不好的重要原因。

(二) 交往态度不端正

一般情况下，有什么样的交往态度，就会产生什么样的交往行为，从而形成相应的人际关系。美国著名心理学家艾律克·柏恩依据对自己和对他人所采取的基本观点，提出了人际交往的四种态度模式。(1) 自负模式：我好—你不好，我行—你不行。(2) 自卑模式：我不好—你好，我不行—你行。(3) 双否定模式：我不好—你也不好，我不行—你也不行。(4) 悦纳模式：我好—你也好，我行—你也行。很明显，大学生只有秉持悦纳模式的交往态度，才能既悦纳自己，也包容他人，形成双赢的人际关系。

加拿大心理学家艾律克·柏恩（Eric Berne）在《人们玩的游戏》一书中提出了PAC理论，用来说明人际交往中不同的角色心态对人际沟通效果的影响。该理论认为，每个人在与他人交往过程中，会在潜意识里带有"父母"（parent）、"成人"（adult）、"儿童"（child）三种角色心态，在一定条件下会不自觉地表现出来。三种角色心态如表4-2所示。

表4-2 三种角色心态

项目	标志	行为特征	说话风格	处事态度
P（父母心态）	以权威、优越感及长者自居	统治人、训斥人、家长式作风	命令式	主观、独断专横、滥用权威
A（成人心态）	心理成熟、客观理智	冷静理智、慎思明断	商讨式	待人接物冷静、平等民主、尊重他人
C（儿童心态）	自我中心、感情冲动、任人摆布	幼稚、冲动、无主见、依赖畏缩	幼稚式	不稳定、耍孩子脾气

大学生在人际交往中，最理想的组合是A（成人心态）对A（成人心态）模式，这是一种相对成熟、平等、理智的人际关系，可使沟通顺畅，人际交往持续和良性发展。

（资料来源：孙智亮. PAC分析理论对教育工作的启示[J]. 教学与管理，2002（23）.）

(三) 社会支持系统不完善

所谓社会支持系统，是指个人在自己的社会关系网络中所能获得的来自他人的物质和精神上的支持和帮助。一个完备的社会支持系统包括亲人、朋友、老师、同学、同事、合作伙伴以及各种社会服务机构。社会支持系统是健康生活的重要保障，它能满足每个人的归属需求，既能在人们身处逆境时，给予信心和力量，也能在人们身处顺境时，带来快乐和充实。

大学新生入学后会有一个适应期，在此期间，新生们不仅生活环境有了很大变化，社会支持系统也会出现较大的改变，需要尽快建立一个新的社会支持系统。然而，此时大学新生远离熟悉的父母、同学，新的友谊又没有及时出现，和周围的人无法形成互相信任和支持的关系，因此，很多大学新生会产生孤独感。

测测你的社会支持系统

（1）学校的老师和领导，你最喜欢谁？

（2）商讨一个新观念，你找谁？

（3）交友消遣，谁可与你为伴？

（4）经济拮据时，你向谁开口？

（5）被困孤岛，你渴望谁在你身边？

（6）病倒在床，你喜欢谁照顾你？

（7）恋爱失败，你向谁倾诉？

（8）获得某种成功，你会与谁分享？

（9）考试成绩不理想，你去向谁请教？

（10）功课上有问题时，你去向谁请教？

（11）面临选择，你向谁征求意见？

（12）如果长期外出，你的用品托谁照管？

（13）搬家时，你找谁帮忙？

（14）为完成一个重要使命，你找谁？

看看上面列出的问题中，你能列出多少个人？如果少于3人，你的社会支持系统很不完善；如果有3～5人，你的社会支持系统不太完善；如果有6～8人，你的社会支持系统比较完善；如果有8人以上，你的社会支持系统非常完善。

（四）自我情绪管理能力较差

大学生处在特殊的年龄段，情感丰富，波动起伏较大。有的大学新生面对新的人际环境，受到压力、孤独等情绪情感的影响，常常出现情绪不稳定的情况。当出现不良情绪后，既不会恰当表达，又不能适当调控，而是过分压抑，长此以往，负性情绪越积越多，一旦爆发出来，就容易产生比较严重的后果。

有些大学生与同学相处时，遇到一点小矛盾，就立刻火冒三丈，甚至恶语伤人。特别是室友之间，磕磕碰碰在所难免，但有的同学和室友稍有矛盾就争吵、冷战，甚至拉帮结派，彼此排挤、孤立对方，从而造成矛盾深化，引发更严重的后果。

还有一些同学因为性格、习惯使然，比较多愁善感，经常处于消极的情绪状态。人的情绪带有传染性，乐观、愉悦的情绪能驱散周围人心头的阴霾，忧郁、悲伤等消极情绪也会影响周围人的好心情。心理学研究表明，人们总是不自觉地远离那些浑身充满负能量的人，愿意接近那些浑身充满正能量的人。对一些情绪管理能力较差、消极情绪较多的学生来说，他们也因为容易传递不良情绪而无法建立良好的人际关系。

第三节　大学生人际交往能力的提升

掌握人际交往的方法和技巧，提升人际交往的能力，构建和谐的人际关系，是人生的必修课，也是大学生在校期间的生活重心之一。

一、遵循交往的一般原则

1. 真诚守信,热情交往

以诚待人是人际交往的基本准则,也是人际交往得以延续和深化的保证。只有在交往中彼此抱着真诚的态度,才能相互理解、接纳、信任,形成情感上的共鸣,使双方的关系更加牢固。

美国心理学家安德森曾做过一个实验,他列出555个描写人的形容词,让大学生指出他们所喜欢的品质,结果评价最高的是真诚。在8个评价最高的形容词中,有6个和真诚有关:真诚、诚实、忠诚、真实、信赖和可靠。而在评价最低的品质中,虚伪居首位。

(资料来源:[美]约翰·安德森,认知心理学及其启示[M].秦裕林,等,译.北京:人民邮电出版社,2012.)

俗话说"一个巴掌拍不响",交往也是你来我往的事。当别人满脸笑容热情待你,你却爱理不理冷漠以对、拒人千里之外,即使别人有心和你交朋友,也会因为你的态度,慢慢疏远你。所以我们说,朋友如同一面镜子,反映出你是如何对待别人的。要想他人热情对待自己,自己就必须先热情对待他人。

2. 尊重他人,平等交往

人是需要互相尊重的,不尊重别人的人,别人也不会尊重他。大学生来自祖国各地,每个人的能力、特长不一样,成绩参差不齐,家庭经济条件有贫有富,个头有高有低,身材有胖有瘦,但从人格上来说,每个人都是平等的,并无高低贵贱之分。或许你成绩好,你长得漂亮,你聪明伶俐,但这不代表你就高人一等。如果习惯性地将自己的意愿强加于人,缺乏对他人应有的尊重,最终将导致别人对自己避而远之。

尊重包括自尊和尊重他人。自尊就是在各种场合自重自爱,维护自己的人格尊严;尊重他人就是重视他人的人格、习惯,维护对方的自尊。只有以平等的心态与人相处,使人与人之间心理相容,产生愉悦、满足的心情,才能让自己被别人接纳,形成良好的人际关系。

3. 宽容大度,互惠互利

"海纳百川,有容乃大。"在人际交往中,应该有较强的相容度。朋友之间、同学之间发生矛盾在所难免,有时候也会爆发激烈的冲突。但事后,有的同学为了面子,不肯先低头示好,僵局一直持续下去,最后将导致友情的破裂。如果对方是值得珍惜的朋友,那么应该怀着一颗大度的心,设身处地换位思考,从心底理解他人,彼此体谅,多一点宽容,就给友情多一点空间。

海格力斯效应:宽容是金

在希腊神话故事中,有位大力士叫海格力斯。一天,他在回家的途中,看见脚边有个像鼓起的袋子一样的东西,很难看,海格力斯带着好奇之心踩了那东西一脚。谁知那东西不但没被踩破,反而膨胀起来,并成倍地增大,把英雄海格力斯彻底激怒了。他顺手抄起一根碗口粗的木棒狠狠砸向那个怪东西。不料,那东西竟膨胀到把路也堵死了。

海格力斯奈何不了它，正在纳闷时，一位圣者出现在他面前，对他说："朋友，快别动它了，忘了它，离它远去吧。它叫仇恨袋，你不惹它，它便会小如当初；你若侵犯它，它就会膨胀起来与你敌对到底。"

（资料来源：[德]斯威布. 希腊神话故事[M]. 周晨，译. 武汉：武汉出版社，2009.）

海格力斯效应是指那种"你对我不仁，我就对你不义""以眼还眼，以牙还牙""以其人之道还治其人之身"的不懂宽容的狭隘心理。它是一种人际或群体间存在的冤冤相报、致使仇恨越来越深的社会心理效应。这一效应给我们的启示是：要用宽容大度之心包容他人，这是人际和谐的黄金法则。

社会交换理论认为，人际交往类似于社会交换过程，人际关系持续与否的基础和关键是能否满足交往双方的需求。交往中双方的互利性越高，关系就越稳定、越密切；反之，关系就越疏远。这种互利性，可以是精神上的，可以是物质上的，也可以是实际行动上的。正常健康的人际交往应该是双向互动、互惠互利的，一方付出，另一方要懂得感恩；一方在获取的同时，也应向对方付出。

二、正确认知人际交往的心理效应

在人际交往中，大多数人在相同的情况下或对某种相同的刺激，会产生相同或相似的心理反应现象，它具有普遍性，也具有差异性。这种心理效应容易使人产生认知偏差，具有消极作用，影响人的正常交往，但是只要在正确认识的基础上科学地加以运用，对建立和谐的人际关系也会有积极的意义。

1. 首因效应

人与人第一次交往中给人留下的印象，在对方的头脑中形成并占据主导地位，这种效应即为首因效应。首因效应也就是我们平时所说的"第一印象"。

一个新闻系的毕业生正急于寻找工作。一天，他到某报社对总编说："你们需要一个编辑吗？""不需要！""那么记者呢？""不需要！""那么排字工人、校对呢？""不，我们现在什么空缺也没有了。""那么，你们一定需要这个东西。"说着他从公文包中拿出一块精致的小牌子，上面写着"额满，暂不雇用"。总编看了看牌子，微笑着点了点头，说："如果你愿意，可以到我们广告部工作。"这个大学生通过自己制作的牌子表达了自己的机智和乐观，给总编留下了良好的"第一印象"，从而赢得了一份满意的工作。

（资料来源：故事里的心理学. 百度文库. https://wenku.baidu.com/view/106f492b0912a21614792925.html.）

在人际交往中，第一印象非常重要，我们常说"先入为主"，第一印象形成后，要再去改变它，就需要付出很多努力。两个陌生人第一次见面，对彼此的感觉，关系到他们日后会不会再联络、会不会再深入地交往。如果一个人希望多结交朋友，那么就要给别人留下良好的第一印象。

第一印象是交往的开始，在以后的交往中起到心理定式的作用。如果给人留下的是诚恳、热情、大方的印象，自然受人喜爱，别人也愿意与之交往。相反，如果留下的是虚伪、冷漠、呆板的印象，别人就不会愿意与之继续接触。第一印象有时并不十分可靠，一个人的道德品质、思想修养等内涵并不是通过第一印象就能把握的。以过早的表面印象来择人交友，一方面可能使那些伪君子趁机而入，给自身带来伤害；另一方面，也可能错失那些外表平庸而富有内涵的真朋友。

2. 近因效应

与首因效应相反，近因效应是指在多种刺激一次出现的时候，印象的形成主要取决于后来出现的刺激，即交往过程中，对他人最近、最新的认识占了主体地位，掩盖了以往形成的对他人的评价。近因效应也称"新颖效应"。随着时间的推移和了解的深入，首因效应的作用渐渐淡去，近因效应的作用却渐渐呈现出来。例如，一位学生平时表现很好，可一旦做错了事，就容易给人留下负面印象。一般情况下，对于不太熟悉的人，首因效应效果比较明显；而对于熟悉的人，近因效应会明显一些。

3. 晕轮效应

晕轮效应也称"光环效应"，是一种以偏概全的认知偏差现象，主要指人们在与他人交往的过程中，常常从对方所具有的某个或某些特征出发，推论到其他方面特征的心理效应。在人际交往过程中，因为对方的一个优点或缺点而形成对对方的整体认识，就是一种晕轮效应。

晕轮效应常常会使人变得盲目，分不清对方的优缺点，得不到全面客观的认识，会给人际交往带来一定的影响。因此，人们在与他人交往时，要经常提醒自己，从较为客观的角度去评价他人，避免以偏概全。同时，也可以利用晕轮效应增加自身的吸引力。例如，与人交往时，可以让对方首先了解自己的优势，获得以肯定为主的积极评价。

4. 刻板印象

刻板印象是指在人们头脑中存在的关于某一类人的固定印象，或是对人概括、泛化的看法。实际上刻板印象就是对他人形成的成见。例如，有许多人常常认为，中国北方人性情豪爽、胆大正直，南方人精明灵气、善于随机应变；英国人绅士；德国人严谨等，这些都是刻板印象的表现。

刻板印象容易使人在不了解他人的前提下，不自觉地把人分门别类，导致对他人的认知产生偏差和错觉，以致无法做出正确的评价。但刻板印象也有一定的积极作用，那就是简化了人的认知过程。

5. 投射效应

在日常生活中，人们常常不自觉地把自己的观点、态度和欲望投射到别人身上，以为别人也具有相同的态度和体验，即投射效应。"以小人之心度君子之腹"就是典型的投射效应。

苏轼是宋朝的大才子，佛印是个高僧，两人经常一起参禅、打坐。佛印老实，老被苏轼欺负。

一天，两人又在一起打坐。苏轼问："你看看我像什么啊？"佛印说："我看你像尊佛。"苏轼听后大笑，对佛印说："你知道我看你坐在那儿像什么？就活像一摊牛粪。"这一次，佛印又吃了哑巴亏。

苏轼回家就在苏小妹面前炫耀这件事。

苏小妹冷笑一下对哥哥说:"就你这个悟性还参禅呢?你知道参禅的人最讲究的是什么?是见心见性,你心中有眼中就有。佛印说看你像尊佛,那说明他心中有尊佛;你说佛印像牛粪,那么你心中有的就只是牛粪。"

苏东坡顿时满面羞愧,无言以对。

(资料来源:马毅. 苏东坡与佛印斗智 [J]. 文史月刊,2009 (6).)

投射效应也会对人际交往造成不良影响,有的同学自己喜欢某人并视为偶像,认为别人也喜欢,当发现周围朋友持不同意见的时候就生气;有的人猜疑心比较重,常常觉得大家在背后说自己的坏话,其实是因为自己常常在背后说三道四,所以认为别人也和自己一样。

以上这些效应都很常见,往往对人际交往产生影响。大学生在日常生活、学习过程中,如果觉得自己的人际交往有问题,反思是否在不知不觉中因受到这些效应的影响而出了问题,以避免对自己和他人造成更大的伤害。

三、掌握人际交往的艺术与方法

人际交往是一种能力,也是一门艺术,大学生可以通过学习,掌握必要的方法和技巧,从而提升自己的人际交往能力。

(一) 优化个性特征

人际交往中最大的心理障碍往往是个体自身不良的人格品质作用的结果,如自卑、羞怯、嫉妒等心理问题成为阻碍人们与其他人正常交往的拦路虎,而善于交往的人往往更多体现出良好的人格品质。

我国学者黄希庭采用社会测量、访问与观察等方法,研究了大学生的人际吸引问题,归纳出了"嫌弃型学生"与"人缘型学生"的人格特质,如表4-3所示。

表4-3 "嫌弃型学生"与"人缘型学生"的人格特质

"嫌弃型学生"的人格特质等级顺序	"人缘型学生"的人格特质等级顺序
(1) 自我中心,不考虑他人处境和利益,嫉妒心强 (2) 对集体工作缺乏责任感,敷衍、浮夸、不诚实 (3) 虚伪,固执,吹毛求疵 (4) 不尊重别人,操纵欲、支配欲强 (5) 淡漠,孤僻,不合群 (6) 敌意,猜疑,报复性格 (7) 行为古怪,喜怒无常,粗鲁、粗暴、神经质 (8) 狂妄自大,自命不凡	(1) 尊重他人,关心他人,富于同情心 (2) 热心集体活动,工作可靠、负责 (3) 持重,耐心,忠厚老实 (4) 热情、开朗,喜欢交往,待人真诚 (5) 聪颖,爱独立思考,成绩优良,乐于助人 (6) 独立,谦逊 (7) 兴趣和爱好广泛 (8) 温文尔雅,端庄,仪表美

(资料来源:黄希庭. 大学生心理健康教育 [M]. 上海:华东师范大学出版社,2008.)

(二) 学会倾听

许多人认为,在人际交往的过程中,一定要表达自己的想法、观点,这样才能达到沟通的目的。但事实上,有效的沟通往往是从倾听开始的。当一个好的听众,欣赏别人的表现,就是建立人际关系的一个好办法。有些人担心,别人说话自己不说话,表现的机会就给了别人,于是人人争当发言者,倾听者稀少了,反而更显珍贵了。

你是怎样的倾听者?看看下面的特征,你是否经常会出现这些情况?

(1) 不全神贯注,心不在焉。例如,一有其他的声音就转头去看。

(2) 与他人交谈时会想别的事情,因此常错过对方的谈话内容。

(3) 试着去简化一些听到的细节。

(4) 专注在谈话内容的某一细节上,而不是在对方所要表达的整体意义上。

(5) 允许自己产生对话题或对对方主题的看法,影响对信息的评估。

(6) 只听到我所期望听到的东西,而不是对方实际谈话的内容。

(7) 只被动地听对方讲述内容,而不积极响应。

(8) 只听对方讲,但不了解对方的感受。

(9) 在了解事情的全貌前,已对内容做出判断。

(10) 只注意表面的意义,而不去了解隐藏的意义。

对照上面的现象,可以判断出自己是否是一个有效的倾听者。

实际上,倾听是一种通过学习获得的能力,正确的倾听态度和有效的倾听技巧使人成为一名高效率的倾听者。

1. 倾听的态度

(1) 耐心地倾听。让对方能够完整表达他的想法、观点和情感;没有耐心地倾听,无法了解事实,容易造成各种误解。只有感受到彼此尊重的沟通才会真正达到沟通的目的。

(2) 专心地倾听。专心能让人很好地了解对方传递的信息,同时也表示了对对方的尊重。专心地倾听往往通过非语言行为表现出来,眼神接触、某种友好的脸部表情、某个放松的姿势等都能表达对对方的关注,增强对方的存在感,有助于建立亲密的人际关系。

(3) 同理心。同理心使人产生共鸣,设身处地地去理解别人的感觉、需要、情绪和想法。当朋友向倾听者倾诉失恋带来的痛苦心情时,人们通常会安慰对方:"别哭了,想开点,以后找个更好的就行了。"但实际上,失恋的朋友听到这样的话,并不会觉得被安抚了,甚至会觉得倾听者没有理解自己,是"站着说话不腰疼"。大道理人人都懂,但是目前失恋的朋友更想获得情感上的支持。这时,表达自己对对方的理解就显得尤为重要。

2. 倾听的技巧

(1) 说话时注视对方,保持目光接触,不要东张西望。

(2) 倾听的最佳时候是和朋友独处时,这样更容易让对方敞开心扉。

(3) 面部保持自然放松的微笑,表情随对方谈话内容有相应的变化,如在适当的机会点头表示理解。

(4) 不要中途打断对方的话,这样会让对方觉得你不够尊重他,从而影响信任。

(5) 适时而恰当地提出问题,可以通过表述自己的意见加深谈话。

(三)把握语言艺术

"良言一句三冬暖,恶语伤人六月寒。"人际交往过程中最常用到的沟通方式就是语言交流。语言包括有声语言和肢体语言,前者是人际交往最主要的形式,后者作为有效的补充在沟通中占有非常重要的地位。有时,肢体语言更能传达思想,交流情感。

社会心理学的一些研究发现,在信息传递的全部效果中,肢体语言达55%,声音为38%,词语仅为7%。这表明,个体的声音和肢体语言要比说话内容更能影响别人。研究还发现,当语言符号和肢体语言符号所代表的意义不一致时,人们比较相信的是肢体语言,正所谓"身教胜于言教",好的肢体语言可以强化沟通效果,丰富信息沟通的内容;反之,则会降低表达效果,削弱使用者的形象。

1. 学会说话

(1)学会用简练、流利、生动的语言,准确地表达自己的思想感情。

(2)言之有"礼"。大学生作为高学历、高素质的人,要学会礼貌用语,说话和气、谦逊,不恶语伤人,不强词夺理,不盛气凌人。

(3)学会说话的策略。根据时间、地点、场合、对象、事件等具体情况,以合适的方式如委婉、含蓄、模糊、幽默等达到一定的说话效果。

(4)根据不同情境,注意语音、语调、语速的变化,不千篇一律。如时而声若洪钟,时而窃窃私语,时而婉转动听,时而清脆悦耳,时而快速,时而缓慢等。

(5)学会赞美他人。"爱人者,人恒爱之。"真诚赞美他人,表达对他人的感恩和欣赏,更能收获他人的赞赏。特别是对于内心自卑的人,一句由衷的赞美能使他们内心充满阳光。同时也使赞美者的形象迅速得到提升,从而使相互之间的关系得到升华。

2. 善用肢体语言

(1)目光。眼睛是最有效地表露内在情绪的窗户,个体的态度、情绪、情感变化都可以从目光中反映出来。一般来说,目光大体在对方的嘴、头顶和脸颊两侧活动为宜,不能扫、瞟、盯、斜视等,而是自然地注视,且目光要随着谈话的内容恰当转换。

(2)面部表情。人的面部有数十块肌肉,可以做出上百种不同的表情,准确地传达出各种不同的情感状态,表现肯定与否定、接纳与拒绝、积极与消极、强烈与轻微等态度。所有表情中,微笑是最廉价也最宝贵的社交武器,几乎立于不败之地,人际交往中可以多多运用这个"法宝",促进双方关系。

(3)身体姿势。身体姿势是个体运用身体或肢体的动作表达情感和态度的身体语言,是非言语交往中最有表现力的途径。心理学家通过研究发现,身体姿势具有一定的文化差异性,在不同文化背景下,同一个姿势可以表达不同的意思,同一个意思也可以通过不同的姿势表现出来。图4-1中有些体态是全世界共同的身体语言。

(4)触摸。触摸被认为是人际交往最有力的方式,人在触摸或身体接触时对情感的体验最为深刻。适度的触摸可以让人感到放松、愉悦,同时会对触摸对象产生情感依赖。

图 4-1 肢体语言

(四) 把握适度原则

1. 适度的心理距离

心理学上有一种人际效应的法则叫作"刺猬法则"：冬天在一起取暖的刺猬因为靠得太近，会被对方身上的刺扎到；而离得太远，又觉得冷。于是刺猬会在反复多次尝试后，找到一个恰当的距离，这个距离既能让它们互相取暖，又不会被对方身上的刺扎疼。这个法则强调的就是交往中的"心理距离"。过犹不及，在实际的交往中，无论是建立亲密关系，还是自我表露，都要把握适度原则。

人际交往的四种心理距离

爱德华·霍尔（Edward Hall）博士在《无声的语言》一书中，将人际距离分为四类。

（1）亲密距离：在 0~45 厘米以内，属于私下情境。多用于情侣，也可以用于父母与子女之间或知心朋友间。亲密距离属于敏感的领域，交往时需特别注意，不能轻易采用这种距离。

（2）私人距离：在45~120厘米，表现为伸手可以握到对方的手，但不易接触到对方身体，这一距离很合适讨论个人问题，一般的朋友交谈多采用这一距离。

（3）社交距离：在120~360厘米，属于礼节上较为正式的交往关系。一般工作场合人们多采用这种距离交谈，在小型招待会上，与没有过多交往的人打招呼可采用此距离。

（4）公共距离：大于360厘米的空间距离，一般适用于讲演者与听众、陌生人的交谈以及非正式场合的交谈。

（资料来源：［美］霍尔．无声的语言［M］．何道宽，译．北京：北京大学出版社，2010．）

2. 适度的自我暴露

除了交往的距离要遵循适度原则，自我暴露也要遵循适度原则。自我暴露是指个体在交往中主动向对方展示自己真实的兴趣、爱好、价值观、态度以及隐私等，它是人际关系深度的标志，向他人自我暴露的程度越高，彼此关系就越亲密。

但是，无论关系多么亲密，人们都有不愿意暴露隐私的权利，这就需要互相尊重，不能随意侵犯他人的私密领域，即使是夫妻间、父母与子女间、好朋友间，也要给对方一定的空间。自我暴露必须适度，否则会弄巧成拙。自我暴露时，面对不同的对象和情境，说什么，说多少，说到什么程度，都需要适度。只有恰到好处的自我暴露，才能促进情感交流，亲密关系才能维持和发展。

自我暴露的四个层次

最浅层的是兴趣、爱好、饮食、日常情趣、消遣活动等。

第二层次主要是真实态度、看法等。

第三层次直接涉及自我人际关系和自我状况，如与父母、同学的关系状况，自己的担心、自卑等，这需建立在双方充分信任的基础上。

最深层次是个人隐私，如曾有过的偷窃念头、考试作弊等。

人们几乎不会向他人暴露自己的隐私。若向他人暴露，说明个体对他人的信任和依赖，或者个体内心不能承受，不得不宣泄。

（资料来源：社会心理学自我暴露．百度文库．https：//wenku.baidu.com/view/8d0f354010661ed9ad51f39d.html．）

资料库

1. 马斯洛的需要层次理论

1943年，美国心理学家亚伯拉罕·马斯洛在《人类激励理论》中提出了人的需要层次理论。他把人的需要分成五类，即生理需要、安全需要、归属与爱的需要、尊重需要、自我实现需要，并按从低到高依次排序。

第一层次为生理需要,包括呼吸、水、食物、睡眠、性等,是人最基本的需要。

第二层次为安全需要,包括人身安全、财产所有权、健康保障、工作职位保障、家庭安全等。

第三层次为归属与爱的需要,也称社交需要,指个人渴望得到家庭、团体、朋友、同事的关怀、爱护和理解,是对友情、信任、温暖、爱情的需要。

第四层次为尊重需要,包括自我尊重、受到他人尊重以及尊重别人。

第五层次为自我实现需要,指个人潜能得到最大限度开发,能力、理想、抱负得到最大限度实现,成为自己所期望的人。

其中,归属与爱的需要以及尊重需要,都必须通过人际交往才能实现。

(资料来源:[美] 马斯洛. 动机与人格 [M]. 许金声,译. 北京:中国人民大学出版社,2007.)

2. 应对社交恐惧症

社交恐惧症是一种病态恐惧,是人际交往的"克星"。那么,如何克服社交恐惧症?主要有以下两种应对方法。

(1) 系统脱敏法。该方法是先学会身体放松,然后在脑海中逼真地再现那些引起自己恐惧的社交场合,按照刺激由弱到强的顺序进行。每当恐惧来临,就让自己放松,然后再想象、再放松,如此循环,直至恐惧消失。

(2) 冲击疗法。该方法又称满灌疗法或暴露疗法,是将自己置于最恐惧的社交场合,体验极度恐惧。当预想中的危害并没有真正发生时,恐惧情绪就会逐渐消退,并坚持到使自己对此刺激习以为常时才结束。

通常,这两种方法需要在心理老师的指导下实施,尤其是冲击疗法。

除运用以上方法外,个体还要树立信心,多参加社交活动,相信只要努力、持之以恒,就一定会成功。

3. 人际关系法则

人际交往中有四条法则,从低到高依次为:

黑铁法则:他人怎样对待我,我亦这样对待他人;

白银法则:我不愿意他人加诸我的事情,我也不加诸他人;

黄金法则:想要人家怎样待你,你就怎样对待别人;

白金法则:别人希望你怎样对待他们,你就怎样对待他们。

这四条法则的境界不同,适用于日常生活中不同的交往对象。虽然白金法则是境界最高的法则,但事实上很少有人能让我们自愿以白金法则去和他交往。

4. 受人欢迎的"三A"法则

美国著名人际关系学家莱斯·布吉林经过多年研究实践,总结出受人欢迎的三大秘诀,即接纳(accept)他人、赞同(agree)他人和赞美(appreciate)他人,简称"三A"法则。

(1) 接纳他人,指乐于接受一个人的本来面目,包括他的缺点与错误,给予他一种改变自身的力量,而不是你去改变他。无条件尊重和接纳他人,是对别人的肯定和支持,本身就具有强大的改变力量。

（2）赞同他人，指坦率而真诚地赞同他人，而不是处处抬杠或反驳他。通过赞同，使对方拥有归属感与认同感，是一种因求同而产生的人际吸引。

（3）赞美他人，指真诚地赞美他人的优点、行为或性格，赏识他人，而不是批评和指责。人性中最深切的品质，是被人赏识的渴望。赞美是世界上最优美、动听的语言，能够激发人的潜能，创造出和美的人际关系。

（资料来源：金正昆. 人际交往中的3A法则［J］. 学习月刊，2008（7）.）

思考与讨论

1. 好朋友该有隐私吗？

大学生小A、小B是一对非常要好的朋友，学习、生活形影不离。但是最近，小A发现每到周末小B常常不在寝室，也不在教室，问她去哪里了，小B一方面吞吞吐吐不想说，另一方面又担心小A多心，影响两人关系。小A确实很不高兴，认为两个好朋友之间不该有个人隐私，若保留个人隐私就不是真正的友谊。

问题讨论：

你怎么看待这个案例？你觉得好朋友之间可以保留隐私吗？

2. 如何理解"自己成为自己"？

一位青年人拜访年长的智者。

青年问："我怎样才能成为一个自己愉快，也能使别人快乐的人呢？"

智者说："我送你四句话，第一句是把自己当成别人，即当你感到痛苦、忧伤的时候，就把自己当作别人，这样痛苦自然就减轻了；当你欣喜若狂时，把自己当作别人，那些狂喜也会变得平和些。第二句话是把别人当作自己，这样就可以真正同情别人的不幸，理解别人的需要，在别人需要帮助的时候给予恰当的帮助。第三句话是把别人当成别人，要充分尊重每个人的独立性，在任何情形下都不能侵犯他人的核心领地。第四句话是把自己当作自己。"

青年问道："如何理解把自己当自己？如何将四句话统一起来？"

智者说："用一生的时间，用心去理解。"

（资料来源：根据百度文库《人生四句话》一文整理）

问题讨论：

你认为智者的话有道理吗？谈谈你在处理自己与别人的关系上是怎么做的。

建议阅读书目

1. ［美］罗阿德勒，普罗克特. 沟通的艺术：看入人里，看出人外［M］. 黄素非，译. 北京：世界图书出版公司，2010.

2. 匈牙利YTL项目组. 人际交往：友谊，我与他人的关系［M］. ZDLBOOKS，编译.

北京：中国社会出版社，2006.

3. 匈牙利 YTL 项目组. 应对冲突：如何解决冲突［M］. ZDLBOOKS，编译. 北京：中国社会出版社，2006.

4. ［美］泰戈尔. 不必火星撞地球：避开交际中的性格陷阱［M］. 殷红姣，译. 北京：机械工业出版社，2006.

5. ［美］鲍温. 不抱怨的世界2——关系决定命运［M］. 裴卫芳，邢爽，译. 西安：陕西师范大学出版社，2010.

问题与作业

1. 大学生如何增强自身的人际吸引力？
2. 你在人际交往中存在哪些心理障碍？是如何进行自我调适的？
3. 从自身角度出发，谈谈大学生应该如何提高人际交往的技巧。

人性维度篇

开发性情：点燃生命的亮度

人的心理活动是精神生命的本源，现实生活中的每个人都是在与他人进行的交流互动中呈现出自己的人格状态，也彰显出生命的亮度。

人的生命是有亮度的，这亮度就是人的健康心理与道德情感的外在表达。也因为人的生命有了亮度，才照亮了别人，温暖了世界，同时也照亮了自己前行的路。

因为有了生命的亮度，我们会感受到它的绚烂多彩，那令人激动的生命情愫中发光发亮的东西就不仅仅是在梦想中，而是在现实的世界里，在自己脚下所踩的泥土上。

生命的亮度在于人本之性，却需要像《大学》里所说的"明明德"来开发人的真性情，需要用生命来教育生命，用生命的热情之火点燃生命的辉煌。

人性之爱，也有性爱，因有性的爱欲而延续了我们的生命，那是人性中持续生命所需要的最为耀眼的光芒。

在这个价值取向多元化，物欲横流到令人迷惘的时代里，带来了人性发展的种种可能性。我们每个人都来自不同的背景、环境，有着不同的际遇、不同的成就动机，但是，隐藏在内心深处的，依然是希望自己的生命闪烁着绚丽的彩虹。只要心存期望，而且永远持有一颗炽热的心、执着的毅力，就依然可以让平凡的生命开出美丽的花朵来。

用生命的亮度照亮他人，照亮世界，也就照亮了自己前行的路和生命的光彩。

第五章

两性之爱的心理与行为

内容提要

■ "饮食男女,人之大欲存焉。"性,人人都有。我们每个人都伴随着性的发育成熟而长大,性是人的生命重要组成部分,性爱是人的本能。

■ 适度的性有益健康,但不安全的性行为又是不健康的重要因素,大学生预防性传播疾病尤其是艾滋病的良方是不做。要做,就要保证安全地做。

■ 性本是很私人的行为,但若因此而带来传播疾病的风险且对他人健康构成了威胁,就会成为公共健康问题。青年男女应当树立性道德意识,承担起性爱安全的责任。

案例

2016年9月26日,中国计划生育协会发布了《大学生性与生殖健康现状调查报告》。报告中指出,20.3%的调查对象曾发生过性行为。已发生过性行为的调查对象中有45.6%在11~18岁发生第一次性行为。

在性行为安全知识上,大学生群体知晓的避孕途径有安全套(95.3%)、紧急避孕药(71.4%)、安全期避孕(54.3%);不足半数的调查对象知晓男(女)性绝育、体外射精等途径,宫内节育器的知晓率仅为32.1%。

在有过性行为的青少年中,女性中的10.1%有过怀孕经历,重复怀孕比例为3.2%;男性有11.8%曾造成对方怀孕。360人报告,自身或性伴侣有过人工流产经历,占发生性行为调查对象的9.9%,其中"重复人工流产"的占比超25%,近十分之一曾"超过3次人工流产"。

(资料来源:代丽丽. 大学生性健康调查报告:超两成大学生曾发生性行为[N]. 北京晚报,2016-09-26.)

第一节　性爱是人的本能

一、性爱与性行为

（一）性的内涵

人在性生命上，都是由生物、心理、社会三个层次复合而成的生命体，即性、性别和性角色。

作为生物学上的词汇，性（sex）是指男女两性在生物学上的差异，包括男女两性染色体不同，性腺和性激素不同，生殖道与外生殖器不同，形态发育、功能发育和第二性征发育不同；还指伴随着性生殖出现的人生来具有的性的欲望与本能，它是人类生存和繁衍的生理基础条件。人的基因与性器官的差异形成了雄性和雌性，性征便是两性性别特点的表达。

作为心理学上的词汇，性别（gender）是指男女两性在生理差别基础上，表现在需求、性格、气质、感觉、思维等方面的心理差异。如男性在性爱过程中喜欢处于支配地位，更主动进取；而女性则常常处于被动的地位，喜欢被爱的感觉。

作为社学上的词汇，性别角色（sex role）是指一个人在社会生活中的有关方面，因性别的差异而应处的位置或社会行为模式。人本是具有性别的自然存在的生命，但是人的这种生理差异，却因社会对其期望不同而为性别角色的分工提供了可能，由此打上了社会的烙印，成为社会学意义上的性别角色存在物。

（二）性行为的含义

人的性行为指为满足性欲和获得性快感而出现的动作和活动。通常，人们会狭隘地把性行为理解为性器官的交媾行为，或者是因为产生交媾行为所带来的感觉体验，其实它还包含更为复杂的内容。性行为中最具代表的是性交，性交是人的性行为的直接目的和最高体现，从人的生理需要的满足来说，通常人们在性交以后，就满足了性的体验需求。但是，从更为广泛的意义上进行分析，性行为其实具有复杂的含义。

性行为可以分为以下三种。

（1）自发性性行为。这是指以自身作为性行为的对象，即通过抚摸、摩擦自己的生殖器来获得快感的自慰或手淫行为，或者以虚幻的人作为与之发生性关系的对象以满足性欲望的意淫、白日梦、梦遗，还包括采用助性器具、性用品等边缘性性行为。

（2）两性性行为。这是指发生在男女之间的共同完成的一种性的心理和生理过程，是为满足双方的性欲和获得性快感而出现的包括性交在内的一系列性的活动，如亲吻与爱抚等动作。

（3）同性性行为。这是指相同性别的个体间发生的性活动，具体包括两种情形：一类是纯粹意义上的同性恋，即爱慕、追求的是同性性伴侣，对异性的性追求行为排斥和不能接受；另一类是双性恋，又称双性爱、双性向，即同时接受同性和异性性伴侣的性行为，属于特殊的性取向行为。

二、人的性爱特征与意义

（一）性爱是生命力的伟大表征

性是人的生命组成部分，又是人的生命原动力。人的性本能处于生命本能和生物欲望的核心地位，是人性中最原始动能的基础。著名的人类学家马林诺夫斯基说过："自亚当和夏娃以来，性冲动就一直是绝大多数烦恼的根源。"[①] 古希腊人将饮、食、色作为人生来具有的三大欲望或三种快感；中国文化中也有"食色性也"的命题。从人本主义的角度认知，人类的性与爱体现的是具有智慧的人的一种非常崇高的行为，原因就在于性与爱同人的自我有着极其重要的关系，如果一个社会、一种文化重视人的自我，它就必然会重视性与爱。

1. 弗洛伊德对人的性爱本能的发现

奥地利精神病医师、心理学家弗洛伊德从精神分析学的层面，发现"性本能"是人的精神活动的核心。他经过系统而深入的研究，得出的结论是，离开意识更远，处于心理结构深层的无意识系统就是人的生物本能、欲望的储藏库。这种本能、欲望具有强烈的心理能量，它服从于快乐原则，总是迫切地为自己寻找发泄的出路，力图渗透到意识中去得到满足。这种原始性欲的能量（即"力比多"）是人与生俱来的，它的对象和表现形式随着年龄的增长而变化。

2. 弗洛伊德有关性欲发展过程的观点

弗洛伊德认为，人生每一个性心理发展阶段，在身体上都有一个能使"力比多"兴奋满足的中心——动欲区。它包括五个阶段：第一阶段是口唇期（出生至一岁左右），这时婴儿通过吸乳动作使乳头摩擦口唇黏膜来获得快感，因此叫作口欲期性欲；第二阶段是肛门期（一岁半至三岁间），这时儿童通过肛门排便时粪便摩擦肛门黏膜所产生的快感作为刺激来源，因此叫作肛门期性欲；第三阶段是生殖器期（四岁左右），这时儿童以生殖器作为快感的主要来源，儿童开始恋慕父母中异性的一方，并通过对父母中同性一方来"认同"自己的性别，所形成的动欲区主要是生殖器官；第四阶段是潜伏期（从七八岁开始一直到青春期），此时儿童的兴趣转向外部，开始注意发展各种为应付环境所需要的知识与技能；第五阶段是生殖期（起于青春期贯穿整个成年期），此时的动欲区虽然仍然指向生殖区，但人们不只是寻求自我的满足，还会考虑对方的需要，在性爱的基础上建立起爱情关系。[②]

3. 弗洛伊德性爱理论中的泛欲主义倾向

弗洛伊德几乎把人的一切行为动机都归结为性本能的冲动。他认为，一个人从出生到衰老，其一切行为无不带性欲的色彩，而且性欲的决定作用不仅局限于个人，甚至对整个

[①] [英] 马林诺夫斯基. 两性社会学 [M]. 李安宅，译. 北京：中国民间文艺出版社，1986.
[②] [奥] 弗洛伊德. 性学三论与爱情心理学 [M]. 李伟霞，译. 武汉：武汉出版社，2013.

人类社会也起着极为重要的作用。弗洛伊德的这一学说显然有泛性欲主义的倾向，因为他忽视了社会因素对人所起的重要作用。但是，他所肯定的人作为生物所具有的本能和欲望，特别强调性爱在人性中的地位以及性爱在人的行动中的作用，这在突破性问题的神秘性方面，具有一定的积极意义。

（二）性爱打上了社会的烙印

不论是动物还是人类，其性行为的存在都是为了生殖和繁衍。动物和人类的生殖器都因为具有这一内容而形成快乐的体验，以刺激发生性行为来达成繁衍后代的目的。但不同物种的性行为所产生的快乐会有所不同，越是社会性强的动物，这种性快乐现象越明显，而那些简单的生物或其他社会化程度不高的生物则很少或几乎没有。

人类性行为的社会特性体现为以下几个方面。

1. 人的性活动及其关系是社会形成的前提

生儿育女作为性行为的基本目的，其实体现着一种社会关系。马克思认为，社会就其最本质的含义来说就是社会关系，而最初的社会关系形成于生命的生产和再生产。马克思说："生命的生产，无论是通过劳动而达到的自己生命的生产，或是通过生育而达到的他人生命的生产，就立即表现为双重关系：一方面是自然关系，另一方面是社会关系。""每日都在重新生产自己生命的人们开始生产另外一些人，即繁殖。这就是夫妻之间的关系，父母和子女之间的关系，也就是家庭。这种家庭起初是唯一的社会关系。"①恩格斯在《家庭、私有制和国家的起源》中进一步说明了马克思的观点，指出历史中的决定性因素，归根到底是直接生活的生产和再生产，但是，生产本身又有两种：一方面是生活资料、生产资料的生产；另一方面是人类自身的生产，即人种的繁衍。

2. 两性之间的爱情是表达性爱的最高内容

在人与人的爱中实现相互自我奉献并感受到幸福与快乐，使性行为的需求成为可能，而且人在性生活与爱情中，和人所存在的其他任何地方一样，是社会关系的一部分。瓦西列夫在《情爱论》中指出："爱情的根源在本能、在性欲，这种本能的欲望，不仅把男女的肉体，而且把男女的心理推向一种特殊的、亲昵的、深刻的相互结合，但是爱情又不仅仅是一种本能，爱情把人的自然本质和社会本质联结在一起，它是生物关系和社会关系、生理因素和心理因素的综合体，是物质和意识多方面的、深刻的、有生命力的辩证体。"②

人的情爱本来是性活动的派生物，但是在人类走向文明社会的过程中，它却逐渐成了人类最有价值的生命内容。男女的性活动变得不再是为了生孩子而发生，成为主要为满足情感需要的行动。

3. 性在私人领域追求隐蔽和含蓄

在西方文明中，人们往往认为婚姻内的生殖是道德的，而伴随的激发性器官的淫欲或情欲，则需要在黑暗和隐蔽中得到满足。但是在中世纪，性行为的隐蔽性发展成为性禁

---

① ［德］马克思，恩格斯. 德意志意识形态［M］. 北京：人民出版社，2003，24.
② ［保］瓦西列夫. 情爱论［M］. 赵永穆，范国恩，陈行慧，译. 北京：生活·读书·新知三联书店，1997：42.

忌，则是一种畸形的、不正常的性行为与性观念。禁欲主义的观点表述一定程度强化了人在性行为上的耻辱意识。而在东方社会文化背景下的性含蓄，则是西方性隐蔽文化在东方传统文化中的另一种情感上更细腻的表达。

第二节 性爱的体验与风险

我国虽然在公开领域有性禁锢的传统，但在实际的私生活领域从来都没有被禁锢过。但我国是存在着另一种情形，那就是对青年人缺乏正确的性价值观引领和性知识教育，以至于走到现代社会，大学生在性爱方面出现许多越格行为和认识盲区。如今在校大学生的性爱行为已相当普遍，他们中的大多数人能坦然接受性解放和性自由观念，而且有些大学生在恋爱中出现同居、婚前性行为、多角恋爱的现象。有些大学生由于缺乏自制力，为了满足一时的生理需要，或者把性放纵当成一种时尚来效仿，不加克制地盲目追求和草率从事，甚至进行"援交"和性交易，最终使自己陷入困境。

一、未婚先孕和人工流产

2004年，一项来自医务部门的统计显示：中国有些城市未婚育龄女性的人工流产率已高于已婚妇女，其中很大一部分是在校学生。另外有调查发现，北京青少年人流率为5%，上海达到7.2%，而未婚先孕则由1999年的25%上升到2004年的65%。

据《健康博览》2006年第9期报道：在南京市当时举办的"关爱女孩、行动起来"宣传活动周中，有关专家指出，现在未婚先孕者的年龄越来越小，分娩是造成15~19岁女性死亡及健康损害的重要原因之一。有一个单亲家庭的初中女孩，当家人带着她到医院时，已经妊娠7个月，只能做引产手术；还有一个女孩几个月内连续进行流产手术，医生手术时发现子宫很软，一问才知道已是第8次流产。一些女学生未婚先孕后，害怕被家人、老师、同学知道，不到正规医院去做人流，而去私人诊所甚至游医处手术，引发子宫穿孔、流产不全、大出血、感染等严重并发症。

（资料来源：朱建平. 未婚先孕者年龄趋小 [J]. 健康博览，2006（9）.）

众多医生对怀孕少女频繁做流产手术的现状表示忧虑。因为从保护健康的医学角度来说，由于青少年的性器官未发育完全，过早性生活不仅严重影响她们的身心健康，还会打乱身体的内分泌系统，极易引发宫颈癌、子宫内膜炎、阴道炎等疾病，甚至导致成年后无法怀孕。在心理上，发生意外怀孕又会导致孩子出现焦虑、烦躁、羞于见人的心理障碍，形成心理阴影，致使成年后无法进行正常的性生活。医生在临床上经常遇到女性由于婚前有人工流产史，造成术后输卵管炎症或粘连，结果影响了婚后的正常生育或导致频发流产。

二、性心理障碍与性传播疾病

（一）性心理障碍

性心理障碍也称性变态心理，一般泛指两性行为的心理和行为明显偏离正常，并以这类性偏离作为性兴奋、性满足的主要或唯一方式的精神障碍。最为常见的性心理障碍有性身份障碍、性偏好障碍和性指向障碍三种类型。性身份障碍又称性自认障碍，指的是从心理上不认同自己的生理性别和服饰，有强烈的转换成异性的愿望，即异性癖性心理倾向；性偏好障碍指的是性心理具有儿童性活动的特点，往往被某一特定类型的人、特定的动作刺激，或被特别的物品、特殊的情境所吸引，包括露阴癖、窥阴癖、恋物癖、易装癖等多种类型；性指向障碍又称性倾向障碍，指的是其性欲对象与常人相异，如恋童癖等。

上述性心理障碍的共同特点是：病人产生性兴奋、性冲动及性行为的对象和一般人不一样。以性别取向来说，我国著名的性学家刘临达教授在对全国大学生群体的调查中发现，有一定比例的学生并不喜欢自己的性别。其中，男大学生不喜欢自己性别的占2.6%，女大学生不喜欢自己性别的占15.6%，正好是男生的6倍。2010年的另一项关于大学生性心理的调查显示，90%以上的男生对自己的性别满意度较高，而有超过1/4的女生表示在可能的情况下愿意改变自己的性别。① 由于现实生活中这种心理倾向无法得到满足，他们会产生性别替代心理，如喜欢将自己打扮成异性或产生诸如异装癖、易性癖等行为，或者产生变性人的愿望并付诸行动，一旦这一愿望不能实现，或因自己的性向差异与社会的传统性别文化发生冲突，就会因此而形成精神压抑和心理困扰。

一般说来，具有一定程度性心理障碍的人绝对多数不是道德败坏的人，更不是性欲亢进的淫乱之徒。相反，他们中的大多数人性欲低下，甚至对正常的性行为方式不感兴趣。他们中有的人终生不结婚，有的即使结了婚，夫妻性生活也极少或很勉强，常常逃避。他们对一般社会生活的适应是正常的，许多人在工作中尽职尽责，工作态度认真，常受到好评；许多人内向、话少、不善交际、害羞、文静。他们的社会生活和道德伦理观念与一般人没有什么差别。一旦陷入这种性心理障碍状态而不能自拔，就会影响自己的学习、生活和今后的人生发展，所以这类人应当及时向有关专业人员进行咨询，必要时应予以治疗。

（二）性传播疾病

不当、不洁的性行为会染病并传播疾病。1975年，世界卫生组织决定用性传播疾病这一概念来取代过去的性病一词，把凡是通过性行为，包括生殖器的性行为和类似的接触行为而发生的传染疾病通称为"性传播疾病"，简称"STD"。

性传播疾病主要以性接触传播，但也常发生非性接触传播。性接触传播包括生殖器交媾、皮肤的接触和唇舌接触，其中生殖器交媾是传播性病的最主要方式。性交时生殖器处于高度充血状态，性交后复原时形成的负压对病原体有虹吸作用，由此成为病原体侵入的一种方式而直接感染。直接接触传播是因为直接接触病人的病变部位或分泌物而造成的感

---

① 蔺桂瑞，杨芷英. 大学生心理健康与人生发展：成长，从关爱心灵开始 [M]. 北京：高等教育出版社，2010.

染，间接接触传播是因为间接接触病人污染过的衣服、被褥、物品、用具、便器、浴池等引发的性病传染。血源传播主要见于二期梅毒、淋病菌血症、败血症患者以及艾滋病病毒感染者或艾滋病病人，他们的血液中有病原体，输入后即可发生直接感染。医源性传播包括医务人员无辜感染和医务人员传播给病人所发生的传染。此外，还有胎盘传播和产道传播，如淋病可引发新生儿淋菌性眼炎，尖锐湿疣和生殖器疱疹病毒也可以通过组织损伤侵入新生儿体内引发病变，梅毒也可通过产道传播使新生儿出现获得性梅毒病。

引起性传播疾病的病原体很多，有螺旋体、细菌、真菌、病毒、霉菌、衣原体、原虫、寄生虫等。就其性传播疾病的流行来说，还与很多社会因素有直接关系，因此可说是一种社会性疾病。随着20世纪70年代以来社会出现的所谓性放纵、性乱、性变态以及人群迁移率的激增，通过性接触传染的疾病种类开始增多。性传播疾病的危害在于不仅殃及本人，还会带来家庭解体和婚姻破坏、社会风气败坏等不良后果。

目前已确认由性接触传播的疾病有20多种，被列入我国重点防治的性病主要有8种，分别是：梅毒、淋病、软下疳、尖锐湿疣、非淋菌性尿道炎、生殖器疱疹、性病性淋巴肉芽肿和艾滋病。

性传播疾病会导致病人的皮肤溃烂、生殖器发炎，会造成骨骼疾病、眼科疾病、心血管病、神经系统疾病，还可并发肝炎、肾病，甚至会造成女性生育能力的丧失。

中国疾控中心性病艾滋病防治中心主任吴尊友表示，2011年到2015年，我国15~24岁大中学生艾滋病病毒感染者净年均增长率达35%（扣除检测增加的因素），且65%的学生感染发生在18~22岁的大学期间。北京在2015年1月至10月新增艾滋病病例3 000余例，青年学生感染人数上升较快。近两年，北京市大学生感染艾滋病每年新增100多例，以男男同性性行为传播为主；上海，2015年报告发现青年学生感染者92例，较2014年同期上升31.4%，其中88%为男男同性性传播；广州，从2002年开始发现学生感染艾滋病病例，截至2013年年底已累计117例，九成是经同性的性传播感染；湖南，大学生艾滋病患者8年竟上升37倍；河南，2016年新报告的80多例青年学生艾滋病感染者中，近60例是通过男男性交感染。从上数据显示不难发现，艾滋病入侵象牙塔八成源于"好基友"。根据国家卫健委公布的数据，性传播是感染艾滋病的主要途径，而在青年学生中通过男男性传播感染已达81.6%，形势非常严峻。

（资料来源：根据湖北疾控健康教育发布的《大学生感染艾滋病逐年上升》一文整理）

第三节 性爱健康与安全

在校大学生正处在青春期，整个身体的发育已基本完成，内分泌激素和神经作用强有力结合，使人的性本能成为内心世界最深层和最根本的部分。但是性心理的发展速度会滞后于生理成熟速度，或者说远未成熟，这就使在校大学生对性与爱存有神秘与好奇心理的同时，易受各种性心理问题的困扰。

一、性心理发展特点及困惑

性心理是指与性有关的一切心理现象,它不仅包括性交、性爱抚等直接的性行为,还包括对性的情感、态度、价值观和性方面的喜好等心理方面的体验。性心理大致包括:因性而生的性情感与性体验,人的性别意识,进入青年期后萌发的性意识和观念,围绕性问题而产生的性知识和经验。

(一)大学生性心理冲突

1. 性心理的本能性和朦胧性

我国大学生总体上性心理发展滞后。由于受传统文化观念的影响,性的问题一直被蒙上神秘的面纱,许多大学生并不真正了解性,特别是难以通过课堂获得系统、完整、科学的性生理、性心理、性道德等方面的知识。同时,由于性生理和性心理日趋成熟,许多大学生希望与异性交往,喜欢探索异性的心理秘密。正是这些客观存在的心理变化,使许多大学生走向独立、全面、成熟的性意识的时间被推迟了。由对性的好奇和无知而导致的性困惑及性过错行为等,都与这种矛盾现象的存在有关。

2. 性意识的强烈性与表现上的文饰性

大学生对性的关心程度明显强于中学生,因此会产生矛盾现象:一方面,他们十分重视自己在异性心目中的形象,十分看重来自异性的评价,并常按照异性的要求和希望进行自我评价和塑造自己的形象。从大学生宿舍中每晚的"卧谈会"中不难看出大学生对性的关心程度之高,表现出明显的对性的强烈渴求。如果这种需要不能得到满足,就会出现各种各样的烦恼和焦虑。另一方面,尽管大学生心理上对性问题和异性都很关注、很敏感,但在行为上却显得比较拘谨、羞涩和不太自然,具有明显的文饰性。

3. 性心理的需求与性压抑

处于青春期的大学生心理不够成熟,尚未形成稳固的道德感和恋爱观,自控和自制的能力有限。由于生理发育与性健康的认知得不到正确的指导,面临困惑又难以启齿,往往选择从不正当的途径探索两性知识,再加上受一些淫秽书刊、影像的不良影响,个别大学生会陷入心理误区而不能解脱,如女孩子来月经就被说成是"倒霉",男孩子出现遗精现象就被认为是"伤元气",一些大学生存在的性自慰行为也被认为属于"危害健康的不良行为"。有些大学生出现了这些行为和心理矛盾不能解决,长期处于紧张、焦虑状态之中,从而形成严重的性压抑和心因性性机能障碍,不仅有碍性心理的健康发展,严重的还会导致性变态或性过错。与此相反,有的大学生对性持放纵态度,性意识受到错误强化,沉湎于谈情说爱之中,甚至发生性过失、性犯罪。

4. 性心理的性别差异性

青少年在进入青春期后,生理上发生了一系列变化,这些变化将男性和女性区分开来,对异性感情的流露上和行为上出现差异:男生多半显得较为外显和热烈,女生则多表现得含蓄而内倾;在内心体验上,男生更多的是新奇、神秘和喜悦感,女生则羞涩、敏感和不知所措;在表达方式上,男生比较主动和直接,女生更喜欢采取隐晦、暗示的方式;

男生的性冲动易被性视觉刺激唤起，而女生则易在听觉、触觉刺激下引起性兴奋。不过，这种差异近年来有缩小的趋势，如在表达方式上，女生变得较为主动的情况越来越常见。

（二）性心理发展的困惑

大学生正处于性成熟的发展过程中，在性的认知方面常常会产生许多困扰。

1. **性体象认同困扰**

社会生活中的男人或女人，受社会文化的影响，在自己的心目中，总会有一个理想性别形象。因此，为了追求性吸引，进入青春期的男女会尽其努力朝着各自认同的生理性别的方向发展，这就是性体象。

进入青春期后，男生和女生的性体象发生了很大变化，此时的男生一般希望自己身材高大、体魄强壮、音调浑厚而能吸引女性；女性则普遍希望自己容貌美丽、体形苗条、乳房丰满、音调柔美，尽量显示自己的女性魅力以求吸引男性。当在现实比较中自感体征不如同性中的其他人时，就会产生精神烦恼和焦虑。如有的男性会因个子矮小而烦闷，一些女性也会因体态发胖而自卑，也有人因为对自己的阴茎或乳房等生理发育不满意而感到焦虑。

2. **遗精恐惧困扰**

遗精是指男性进入青春期后，在无性交状态下自然出现的射精现象，伴随着做梦的遗精则被称为"梦遗"，清醒时发生的遗精则称"滑精"。遗精是处于青春期的男子比较常见的生理现象，是男性性成熟的标志。然而，我国的传统观念把遗精现象看得很消极，认为精是人中宝，"一滴精，十滴血"，如果发生遗精现象就会大伤元气。受此观念影响，许多青年人为自己的遗精现象而深感不安。实际上，遗精排出的精液与性交时排出的精液完全相同，射精和遗精对健康是无害的。男性进入青春期后，睾丸就会源源不断地制造精子，平均每分钟生产 5 万个，每天 7 200 万个，但并不会长期保存下来，它们或在一个月左右被吸收分解掉，或精满自溢。精液的主要成分是精子黏液，人体每一次排放的数毫升精液中99%是水分，其余的才是蛋白质、果糖等，对于人体的消耗是微乎其微的。那种认为遗精就是"泄阳"的说法是没有什么科学依据的。当然，如果一个人遗精过于频繁，如一夜数次或一有性冲动甚至是无性冲动就精液外流，那就需要去医院进行检查治疗。

3. **月经困扰**

月经，又称作月经周期，成年女性每隔 28 天左右（一般在 25～32 天），子宫内膜会自主增厚、血管增生、腺体生长分泌以及子宫内膜崩溃脱落并伴随出血，这种周期性阴道排血或子宫出血现象，称为月经。现实生活中，确实存在一些少女在初潮来临时不知所措、大为惊恐的现象。

在月经周期中，整个女性的生殖系统乃至全身会发生一系列规律性的变化。月经期及来月经的前几天是女性生理曲线的低潮期，身体的耐受性、灵活性会明显下降，易有疲劳感。尽管这些都是正常的生理反应，但确实会给女性带来一些不适的感受，应当是一个需要加倍体贴的"特殊时期"。但在现实生活中，也有一些女性不能接受这些生理变化，往往认为来月经是件"倒霉"的事。有些女性则过于担心经期不舒服。这些消极的暗示会加重自身情绪的低落和躯体的不适感，造成恶性循环而影响月经的生理变化，如闭经和痛经。特别是经期前紧张综合征，更是心理因素影响人体激素水平的结果。

4. 性自慰困扰

性自慰即手淫，是指人在性欲冲动时通过用手或其他物品摩擦生殖器官以引起性快感，从而获得性满足的行为。现实社会生活中，性自慰是青少年和未婚成人的普遍现象，在已婚及老年人中也存在，以男性多见。国外有关资料调查表明，93%～96%的健康男性、60%的健康女性有过性自慰行为。性自慰对男性来说，往往伴随着精液排出；对女性来说，则会呈现出释放和缓解压力的体验。

在人们的传统观念里，往往认为性自慰行为是邪恶的和不道德的。其实性自慰行为是没有害的，近几十年来，许多性科学家研究了性自慰和健康的关系，结果发现性自慰和躯体病、心因病、神经衰弱或精神分裂症等毫无关联。实际上，性自慰行为就是性交的一种特殊方式，根本不是不道德的行为。从生理医学的角度看性自慰，性自慰是一种自然的性生活方式之一；从心理学的角度看，可说是一种性的自慰心理行为；从道德的角度看，它与人的道德品质是否败坏无关。

对于青春期男女来说，性自慰行为在一定程度上可以宣泄人的能量，缓解因为性生理成熟所产生的性冲动及其带来的紧张心理，会使人保持身心平衡，避免性犯罪和不轨行为，所以适应的、有节制的性自慰行为虽不是完美的性满足方式，却既无害于他人也无害于自己。对性自慰持"中庸之道"态度的性学家哈夫洛克·霭理士（Henry Havelock Ellis）早在 20 世纪 30 年代就认为："90% 以上的男人在一生之中总会有一个时期手淫……我们可以一笔勾销前一世纪手淫可怕的一切说法。但必须指出，即使对于健康的人，过度手淫，依然会产生虽然轻微但有害的结果的……我们必须永远记得，手淫虽可能有害，在没有正常的性生活时，它也可能是有利的。"①

性自慰本身虽然不至于引起疾病，但性自慰习惯对人的影响，譬如产生自责、犯罪感和恐惧心理，则是有害的。正像美国著名精神病学家西尔瓦诺·阿瑞教授在其主编的《美国精神病学手册》所说的那样："手淫是标准的性行为的一种。之所以成为问题，仅仅是因为手淫的时候伴有一种犯罪的感觉和内心的焦虑，因而造成了种种后果。"从心理与精神层面看，手淫的可怕、罪恶观念使许多青少年陷入痛苦之中，而且这种影响还可能延续到婚后。有些男女青年误认为手淫会影响性功能，因而充满担忧、紧张，由此引起性功能障碍。

对性自慰认识上的错误观念既是构成青少年不安、烦恼的真实原因，也是性自慰变得难以节制的心理原因，这是因为伴随着性自慰快感的消失，自慰者会产生悔恨、多疑、自责的心理。越是如此，就越有可能沉溺于性自慰之中，借性自慰行为来缓解自己紧张的情绪。因为"手淫的主要原因就在于禁止手淫"，有自慰习惯的人常会陷入恶性循环之中不能自拔。对此，心理学家和医生常常劝告那些有频繁性自慰行为的未婚男女，过多地沉溺于性自慰，不利于以后婚姻生活中的夫妻性行为，而且易造成男性的尿道感染和女性的月经失调、盆腔炎等疾病。

---

① [英] 哈夫洛克·霭理士. 性心理学 [M]. 冯明章, 译. 重庆：重庆文摘出版社, 1944.

5. 性幻想和性梦

性幻想是指在某种特定因素的诱导下，人们自编、自导、自演的与性交往内容有关的心理活动。

性幻想是青少年男女生活中非常普遍的现象，处于青春期的青年人对异性的爱慕和渴望会很强烈，但往往不能与所爱慕的异性发生性行为以满足自己的欲望。因而常常会把曾经在电影、电视、杂志、书籍中看到过的性爱镜头或描写，经过重新组合，在头脑中虚构出自己与爱慕的异性约会、接吻、拥抱、性交的情景，例如，幻想在影片中或实际生活中见到过的一位漂亮异性，或者是由搞不清楚的异性形象与自己发生性行为。有时，有的人会把这一想象中的情景用文字写出来，以达到自我安慰和满足性欲的目的。性幻想往往在入睡前及睡醒后卧床的那一段时间，以及闲暇时出现。

2005年，广东韩山师范学院的《韩师青年》编辑部组织了大学生"性观念与性行为"的调查，而向近500名学生发出调查表，对于"有没有出现过与性有关的性幻想"这一问题，表示没有出现过性幻想的占调查总数的13.6%（男生为1.2%，女生为23.2%）；偶尔有占56.3%（男生为82.4%，女生为37.5%）；经常有占7.0%（男生为11.8%，女生为1.8%）；说不清的占23.1%。

（资料来源：从"心"谈"性"：来自调查问卷的数字［N］. 韩师青年，2005-06-15.）

性幻想本身是一种独立的、较为安全的满足性欲的活动，它在一定程度上可以缓解性需求，也是在青年男女中存在的较为普遍的心理现象。性学专家阮芳赋说："任何一个人在幻想中都可以和多个女人、多个男人性交。性幻想是无罪的，无论你想什么，只要能增加你的性满足，便是正常、可取的……性幻想可能帮助你改善你的性功能，性幻想也是丰富性生活的一条途径。人们通过性幻想，探求性生活的新变化。"[1]

值得提出的是，尽管青年男女出现性幻想是正常的、自然的，但如果过分沉溺于其中，或者发生偏离，也可能会成为一种性异常现象，给人的身心带来不良后果，或者产生种种不利于夫妻关系的副作用。

性梦是指在梦中发生性行为，是性幻想的一种重要形式。现实生活中，人们通过做梦的方式达到自己被社会规范限制意识下的性冲动满足，从而缓解性紧张心理。一般说来，男性的性梦常伴有遗精，即梦遗。研究发现，性梦的发生主要与精囊中精液的积蓄有关，也与睡前身体上的刺激、心理上的兴奋和情绪上的激发有关，即"日有所思，夜有所梦"。

性梦是青少年性心理较为普遍的一种表现，其存在和发生是性生理和性心理综合活动的结果。然而，性梦毕竟是一种心理的无意想象过程，所以除了性的特征外，其他情节不免荒诞离奇，包括性梦者自己在梦中的所作所为。这意味着人在性梦中所出现的各种不合情理或不符合常规的性恋动作或性恋对象，既不表明性梦者的人格特征，也不能证明本人的伦理道德有什么问题。相反，有关研究表明，越是洁身自好，或者有一定程度禁欲观念的人，越不可避免地会有性梦发生。这是因为人的性欲或性冲动是自然的东西，人越是想用各种规矩束缚和压抑自己，在其潜意识中的性冲动或者反应更为强烈。因此，有过性梦

---

[1] 阮芳赋. 性的报告：21世纪版性知识手册［M］. 北京：中医古籍出版社，2002：173.

体验的大学生，完全不必为自己的性梦经历而焦虑不安，应顺应自然，以移情方式分散对性的注意力，把主要精力放在学习上，或者培养广泛的兴趣爱好，加强人际交往，在丰富多彩的现实生活中全面发展自己，以避免过多地接受性信息的刺激和干扰。

二、安全的性行为

人的性行为涉及健康与安全问题，和谐的性行为需要安全、私密、舒适的环境，然而大学生的性行为，多数是在准备不充分的隐蔽状态下进行的，因此常常伴着内心的焦虑、紧张、害怕、担心怀孕及不洁感、不道德感、羞愧感和罪恶感，容易引起性反应抑制和性焦虑，甚至导致男性阳痿、早泄和心因性性功能障碍疾病。女大学生还会因为性行为后过度和或反复吃应急性避孕药物而导致对身体的伤害，如果不慎怀孕而被迫流产，对自身的心理与身体伤害更大：一是身体不能得到很好恢复。手术后，没有恰当理由请假又面对集体住宿环境，害怕被同学发现而产生恐惧不安心理，这使自己的身体与心理恢复都比较困难；二是容易损伤外生殖器，发生意外事故。

不安全的性行为会引发性病和艾滋病。近些年来，性病特别是艾滋病已成为我国严重的公共卫生问题，而其传染途径之一就恰恰是不安全的性行为。不安全的性行为一方面给青年人的生命健康带来严重威胁，另一方面也使性爱所带来的欢愉大打折扣。因此，大学生应当重视性爱安全。

（一）增强性安全意识

大学生如果有性冲动，最好的克服办法是转移自己的注意力，比如参加一些文体活动，培养自己的业余爱好，多交朋友等。最好避免或尽量减少婚前的性接触。如果要选择非婚性行为，就一定要注意避孕和卫生，而且要忠诚于性伴侣。多个性伴侣是很危险的选择，从医学上说，和一个人有性行为，就等于和他（她）以往所有的性伴侣都有了间接的性接触，只要其中一个有性病，所有的人都会被传染。

性问题涉及公共安全。虽然性是很私人的行为，但是因性传播了疾病，对公众的健康造成了威胁，那就不是私人行为，而是社会行为了。因此，大学生应掌握性与性安全的相关知识。

（1）体象意识方面。了解男性或女性生殖系统的功能；对自己的身体有一个现实的和正确的体象意识；了解青少年性发育的过程和身体的变化；知道自己的生殖部位，为自己的身体功能感到满意。

（2）人际关系方面。能与他人交流感觉而不为此感到害羞；能向父母和其他成人询问性问题；对自己的行为负责。

（3）在做决定方面。能够做出对自己来说比较正确的决定，并能依此而行动。

（4）性的亲密关系方面。不去为了证实自己的性能力而进行过早的性行为；知道性绝不仅仅意味着性交；知道性行为的后果；有精确的控制生育方面的知识，在与性伴侣发生性交之前有能力与性伴侣讨论并应用计划生育知识；尊重他人；能够接受性拒绝，并不为此而感到受了伤害。

就艾滋病而言，性行为就不是单纯的医学问题，而是一个由吸毒、性自由和家庭解体派生而来的社会问题。在世界范围内，普遍认为性接触是艾滋病最主要的传播途径，因此，性安全意识是遏制艾滋病流行的一道重要防线。性病和艾滋病的易染人群主要是那些性放纵或性变态行为的人，包括过早开始性生活，与不相识或不了解的人发生性接触，婚外性生活关系，同性恋、酗酒或用兴奋剂和迷幻药等激发性欲等。性交过激、时间过长容易造成损伤，也易受感染。性活动愈频繁、性伴侣愈多，被感染的机会愈高。

在各种危险性行为中，最危险的是男性同性恋肛门性交，因为肛门易发生皲裂，HIV易从创口处进入，亦易从被交者创口处释放出来而感染主交者。

携手抗艾，重在预防，大学生应掌握这些预防知识。

（1）不使用未经检验的血液制品，减少不必要的输血，同时避免在日常学习、生活中沾上伤者血液。

（2）不去无行医执照或无消毒措施的街头诊所、美容所等场所打针、输液、拔牙、针灸、穿耳、文身、美容或手术等。

（3）不与他人共用牙刷、牙签、剃须刀等极可能刺破皮肤、黏膜的日常生活用品。

（4）不吸毒，不涉足色情场所。

（5）树立正确的性道德、性观念，在与他人交往时自尊、自爱，对自己负责、对他人负责，正确使用安全套，增强自我保护意识，自觉抵制艾滋病。

（6）如不慎有过不安全的血液、性接触，及时向各级疾控中心寻求帮助。

（二）学会调节性冲动

青年学生处于性活跃年龄段的"性待业期"，容易出现性冲动以及由性冲动所带来的非婚性行为、多性伴、不洁性行为等。如果对这些行为不加以控制或处理不当，就会带来健康方面的隐患，对当事人今后的婚姻生活产生不良影响。

2003年，对浙江省两所综合性大学的大学生性行为状况调查显示：67.9%有性经历的学生认为自己通过性行为感染性病"不可能、可能性非常低和可能性较低"。其原因（可多选，8个选项）按照复选次数占总人数的比例最多的前3项依次为：我信赖我的性伴侣64.9%、因为我实施安全性行为58.4%、因为我忠实于我的性伴侣53.9%。调查结果也显示，13.1%的大学生发生过性行为，结果与其他报道的数据基本一致。大学生首次发生性行为的平均年龄为（19.51±1.762）岁。多数大学生首次性行为是在自愿的情况下发生的，34.2%的女学生虽然自己开始不愿意，但最后还是同意或没有拒绝。首次性行为使用安全套的只有29%，而在性行为从不使用安全套的有19.7%，每次使用的只有16%。在过去一年使用过安全套的学生中，使用安全套的主要原因是防止怀孕，其次是预防性病，第3位是卫生，第4位才是预防艾滋病。

（资料来源：马瞧勤，丛黎明，等. 大学生性病艾滋病关联性行为研究 [J]. 中国公共卫生，2005：2）

大学生只有掌握了预防性病、艾滋病的知识，学会调节性冲动，才能避免卷入危险性活动，给自己和他人造成危害。一方面，大学生应知道，性冲动是一个健康、正常人自然和本能的反应，本身并不存在不纯洁、不道德问题，因此不必为自己产生的性冲动羞愧、苦恼和自责；另一方面，也应当明白性冲动并不一定产生性行为。因此，对性的冲动首先应当接受其自然性与合理性，其次可以通过学习、社会交往等活动使性冲动的能量得到释放或者转移。对于婚前性行为，最好的选择是尽量避免，如果发生性行为，就必须坚持采取使用安全套等卫生措施。

对于如何实现性安全，预防性病和艾滋病，应当坚持公共卫生的ABC原则。

（1）禁欲（abstinence）。不与任何人发生性关系，这是一条最可靠的途径。但现实生活中绝对禁欲的可能性不大，因为人类不仅要繁衍后代，还希望享受性活动带来的快乐，极少有人能一辈子禁欲。

（2）忠诚（be faithful）。这是指一辈子只与一个没有被HIV感染的配偶发生性关系，而本人也未被HIV感染，这一条最关键。洁身自爱，遵守性道德是预防HIV的最根本措施。为此，应避免婚前和婚外性行为，避免多个性伴侣。

（3）使用安全套（condom）。坚持正确地全程使用安全套，是保护性行为双方减少HIV感染机会的重要手段。

（三）培养性道德

人作为个体的性感觉并不是从青春发育后才有的，而是与生俱来的，但是性道德的形成，却需要通过教育。所谓性道德，是指男女两性关系中应遵循的有关性行为的准则和规范。自然的性道德是这样一种道德：它受自然的法则控制，可以长期地拥有健康性活动规范。文明的性道德则是这样一种道德：遵从它就能激发人们从事富有成效的文化活动。那么，什么样的性道德才是应当坚持的呢？对于社会而言，性道德必须有利于维护婚姻的稳定和家庭作为社会细胞的完整性；对于个人而言，性道德必须有利于人的自然生理需要、情感需要与心理满足。有良好性道德观念的人，能够理解和遵从两性交往的性道德规范以及对他人的义务和责任，具有使自己的性行为自觉地服从于社会规范的能力。

（1）行为的生育目的和非娱乐性。传统性道德观认为，男女性行为的唯一合理性就在于它的生殖功能，在于它传宗接代的目的。如若超出生育的目的，出于生理欲望追求感官享乐、满足感情需要的性行为是不被认可的。

（2）审慎的婚姻观、忠贞的爱情观。首先，婚姻是人生的一件大事，反对轻率随便的做法，主张以严肃慎重的态度来对待，认为"慎于始""善于终"。其次，对爱情忠贞。一夫一妻制使人们在共同的劳动和生活中有可能培育出男女双方互敬互爱、心心相印、生死与共、忠贞专一的爱情来。

（3）对女性贞操的珍视。传统性道德赋予女性贞操以独特的伦理规定，成为专指女子性道德的一种特殊道德规范。归纳起来有两方面的内涵。一是需要妇女从一而终。传统贞操观源于丈夫对自己子嗣血统纯正的要求，因此妻子从一而终，不得与丈夫之外的任何男子发生性行为。二是女子不失身。传统贞操观认为，婚姻是上承祖先下继后世的宗族之事，并非个人的私事。因此女子不失身的道德规定性成为普遍的要求，在婚前女子为了保证某一男子对自己的独占权利，必须保持自己的"童贞"。

这种性保守观对于遏制性乱和规范性行为具有一定的价值作用。当前，部分青年大学生性观念开放，性道德意识与性安全意识薄弱，如果剔除传统性道德中的糟粕部分，提取其中积极的成分作为性教育内容走进课堂，对于抑制大学生中存在的性冲动，从而保护他们的性行为安全，预防艾滋病的感染，具有积极的意义。

传统性道德强调相对的禁欲主义，把性活动主要与生殖联系在一起，这有助于青年人学会控制自己的性冲动和规范自己的性行为，从而减少 HIV 感染的可能性。性作为人类的生物性功能，应当以符合自然规律、符合人类健康发展为前提，其性行为必须符合人类作为一个生物种类得以更好地繁衍发展的要求。传统的贞操观要求个体在结婚之前要保持童贞状态或者配偶专一的情感，这对于培养大学生的人格力量，使其认识到保持贞洁的价值，防止商业性性活动，保护他们的性行为安全非常有意义。

（四）选择避孕药与安全套

1. 合理选择避孕药

避孕药一般指口服避孕药，按使用者的性别分类，有女性口服避孕药和男性口服避孕药。女性避孕药的避孕原理主要是通过抑制排卵，并改变子宫颈黏液，使精子不易穿透，或使子宫腺体减少肝糖的制造，让囊胚不易存活，或是改变子宫和输卵管的活动方式，阻碍受精卵的运送，使精卵无法结合形成受精卵，从而达到避孕目的。

避孕药分为短期口服避孕药、长效口服避孕药、速效口服避孕药、紧急避孕药等，针对不同的避孕需求，当事人可以有针对性地选择服用。对女性来说，口服避孕药是人类迄今为止研究得最广泛和透彻，也是最安全的药物之一。服用常规短效口服避孕药进行避孕，是一种安全、有效的避孕方法，适用于除哺乳期外的正常健康的女性，其优点是成功率比较高，坚持使用，能有99%以上的避孕率。

紧急避孕药则是一种发生性行为后的补救性质的避孕药物，特别适用于女性遭受意外伤害、进行了无防护性生活或其他避孕方式失败（如避孕套意外破裂）等情况，发生性行为的女性可在事后72小时内服用以避免意外怀孕，但不适合作为日常避孕手段。因为这类药物只能对本次无保护性生活起作用，且一个月经周期中只能服药一次，本周期服药后性生活仍应采取其他可靠的避孕措施。

2. 正确使用安全套

安全套是一种橡胶薄膜套，用时套在勃起的阴茎上，射精后可把精液滞留在套内。它好比外加一层皮肤，可以阻止精液进入阴道，起到防止怀孕的作用。安全套在我国长期被用作避孕工具，避孕套的名称也由此而来。

在使用安全套的情况下，可减少高危性行为时受艾滋病病毒感染的机会，但是也有失败率。新英格兰医学杂志报告的安全套预防艾滋病的失败率为16.7%，英国社会科学医学杂志的报告则为31%。失败原因主要是安全套的质量不佳和使用不当引起破裂、滑落等。

正确使用避孕套

①注意有效使用日期，过期了的避孕套不能用。每次性交都要用新的避孕套。
②撕开包装时，注意不要损坏，不要用牙咬。
③在阴茎勃起后接触对方性器官之前戴上避孕套。
④戴避孕套时，捏着避孕套顶端的乳头状部分，将避孕套套在阴茎龟头上，然后将避孕套向根部逐渐展开。不要让避孕套紧贴在阴茎头上；要在避孕套顶端留下一点点空间以保存精液。避孕套顶端乳头状部分的空间就是用于装精液的。
⑤如果在戴避孕套或使用过程中，发现小孔或感到可能有损坏，应立即更换一个新的

避孕套。

⑥射精后，在阴茎还未松软的情况下，用手捏住避孕套的根部，小心地从对方的体内退出，注意避免滑落在对方的体内，或让精液从套中溢出。

⑦将避孕套取下时，要避免避孕套外层的阴道液被带到阴茎头上。使用后将避孕套口打结防止精液流出，然后扔到密闭的垃圾箱内，不要重复使用。

⑧如果要用润滑剂，请用水剂，不能使用油性物质，如凡士林、雪花膏做润滑剂，也不要用唾液润滑，因为它们会损坏避孕套。

⑨不要将避孕套置于过热光照和潮湿的地方，因为这些可使避孕套老化，并可致破裂。

⑩如果避孕套粘住了，或较脆，或已损坏，就不能使用。

（五）应对性骚扰

性骚扰一词最早源于1974年在美国发生的性骚扰事件，主要是指男上司或男雇员用淫秽的语言或者下流的动作挑逗、侵扰女雇员，甚至强行要求与其发生性关系的行为。后引申为社会上以各种非礼的性信息侮辱异性或向异性提出性要求的违背对方意愿的不道德或违法行为。

一般说来，性骚扰有三种方式：一是口头性骚扰，表现为以下流语言讲述个人性经历；二是行为性骚扰，表现为故意碰撞或触摸异性敏感部位，诱导或强迫异性观看黄色录像或刊物、照片等；三是环境性骚扰，如在学习、工作等集体活动的环境中设计、展示淫秽图片、广告等。

对于性骚扰现象，国外有专家做过调查统计，21%的法国女性、58%的荷兰女性和74%的英国女性曾经在工作中被上司利用工作之便进行性骚扰，27%的西班牙女性则有过被异性强行触摸或污言秽语逗弄的经历。

性骚扰具有一定的人身伤害性，它不仅对人权构成侵犯，而且破坏社会风气及社会公共秩序，甚至助长犯罪倾向。对受骚扰的对象来说，因被侵害而形成的恐惧和罪恶感、不信任感、不适感等心理，会构成严重的精神损害或心理障碍。对此，一些国家，如美国、澳大利亚、加拿大、法国、比利时、西班牙等在法律上明确规定，性骚扰属于非法行为，严重的则将其定以"妨碍风化罪"或"侵犯性自由罪"依法处罚。我国将其归入流氓罪的一种，或是归入强奸妇女罪来处罚。

性骚扰的行为会给被骚扰者带来心理上的不适和伤害，那么大学生如何防范性骚扰呢？专家建议，对性骚扰应有如下应对策略。

（1）积极参加学校举行各种性安全教育活动，及时了解青春期卫生知识，树立正确的性道德和性安全意识；单身女性尽量避免一个人在隐蔽、狭窄、灯光昏暗的场所活动和在行人稀少的街巷行走，最好结伴而行，提高性防范意识。

（2）注意不同场合自己的穿着，在缺乏安全感的地方，尽可能不穿暴露的衣服。尽量不出入各种娱乐性场所，这些场所受到性骚扰的危险系数较大，大学生则是更易受到侵害的群体。

（3）注意接触陌生人的安全性，对于不相识、不了解的陌生异性，不可随便向他说出自己的真实情况，不能轻易留下自己的姓名和地址。如遇陌生人问路，尽量不要带路；向陌生人问路，尽量不让其带路。不要单身搭乘陌生男子的机动车，有必要乘车时不要打瞌睡。不要单身上偏僻处的公共厕所，不要玩那些不健康的类似"征友"类游戏或网聊。

（4）提高住所安全防范意识，周末或节假日，最好不要独自一人住宿。回宿舍就寝时要留心门窗是否关好。夜间如有人敲门，要问清楚后再开门。如发现有人想撬门或砸窗进来，要大声呼救以吓跑侵害者，同时准备可供搏斗的东西，以防不测。

（5）处事要行为端正和态度明朗，运用自身的机智来脱离侵害。如遇同事、朋友在自己面前说出或做出具有性暗示的语言或动作，可直接表达你的感受，表明你不喜欢对方的言行，可直接说"请自重，你这样做令我感到不舒服"。如情况没有好转或受到对方威胁，需要向他人寻求支持和帮助，如遭遇露体狂，最好的处理技巧是视而不见，因为尖叫和惊慌失措会令骚扰者更加兴奋。被好色之徒纠缠，可以上洗手间为名或回复朋友电话而"金蝉脱壳"。又如男士抓住女士的手长时间不放，越抓越紧，女方可运用"声东击西"之术，向对方说："先别动，看你什么东西丢了？"男方中计松手，女方随即快速逃离困境。

（6）发现对方不怀好意或有越轨行为，应当采取主动应对的态度，严词斥责，不可保持沉默与退缩，否则对方会得寸进尺。如在公共场所被他人用暧昧的眼光上下打量或予以性方面的评价时，可以的话立刻抽身离开现场，如果不行，就要稳住对方，用眼神表达你的愤怒，或直截了当地说"你看什么"，也可找人协助帮忙。在公共汽车上遭遇到故意抚摸或擦撞的性骚扰，你可大声喊"你放尊重些""请将你的手拿开"等，以引起公众注意并给对方以威慑力，使侵犯者知难而退。在家里接到男性骚扰电话可找男士代听，或者用严正的语气警示对方："你打错了电话！"如若对方是一个经常骚扰的陌生人，还有一种技巧不妨一试，只要他打进电话，你就拿个哨子对着话筒猛吹。

（7）平时学点防身术，提高自我防范的有效性。一般女性的体力弱于男性，但因骚扰者多半是做贼心虚的人，在心理上也往往是脆弱者。所以遇到性侵害的危险时不要慌张，重要的是寻找机会进行自卫，当受到对方攻击时，灵活使用身边携带的钥匙，将其夹在拳头缝里，露出尖锐部位；或者握紧拳头，狠准猛击其要害部位，使对方疼痛难忍，然后乘机逃脱。

（8）如果遭暴力强奸，应想办法保留犯罪证。对于暴力强奸犯罪，法律一般是根据事发当时的环境、双方平时的关系及现有的证据来推断是否发生了强奸。其证据是：第一，精液和体液，如沾有精液的衣物；第二，要有其他的物证，如女方反抗时留在指甲缝里的男方皮肤组织、血迹，被强暴时的床被罩，被撕破的衣物，醉酒、药物迷奸使用过的容器等；第三，女方在反抗时身体受到伤害所留下的证据，等等。无力反抗时也要记清性侵者的体貌特征，或在其身上留下抓痕。事后也不要马上淋浴冲洗、洗手换衣服等，保护现场和物证，以便于破案。

资料库

1. 同伴教育

同伴教育（PeerEducation）是在英美等发达国家较为流行的一种教育方式。它先对有影响力的个体进行有目的的培训,通过他们与自己年龄相仿、知识背景和兴趣爱好相近的人分享信息、观念或者行为技能,以实现某种教育目标。1973年在明尼苏达州圣保罗市的中心中学设立了有关孩子们性行为的咨询室,与众不同的是,主持回答咨询的也是孩子。其内容对教师和父母都保密。结果这所中学的怀孕率比过去减少了50%,而且为已怀孕的姑娘提供帮助,使已怀孕的80%姑娘不用退学,一直上学到临产前。这样的性咨询室,到21世纪初,全美已在14个城市中的32所公立学校中建立起来。把性教育课还给孩子,这正是同伴教育所追求的目标。

(资料来源:根据百度百科《经验姐姐(怀孕应急手册)》整理)

2. 性待业期

性待业期是指人从性成熟到结婚这一段时间,也有专家称之为"待婚期"。根据人口学研究表明,在20世纪,每过25年,少男少女的性成熟期就会提前一年。在20个世纪初期,性成熟期一般是在十六七岁,而到了20个世纪末,已经提前到十二三岁。随着人类受教育程度的普遍提高,年轻人结婚的年龄正日益推迟,20世纪初婚龄一般在20岁左右,而到了20世纪末,却推迟到26岁以上。而且,有相当部分观念"新锐"者当婚不婚、当嫁不嫁。这样的变化使青年的性待业期延长。经验表明,性待业期的时间越长,不稳定因素越多。非婚同居增多就是伴随着性待业期延长而出现的社会现象之一。

3. 同性恋

同性恋是指以同性为满足性欲的对象的现象。同性恋一词,是由一名匈牙利医生本克尔特于1869年创用的,其词义所描述的是:对异性不能做出性反应,却被自己同性别的人吸引。同性恋大致可分三种类型。

(1) 真性同性恋,也称素质性同性恋,他们的性活动不仅仅是感性之间的相互吸引和依恋,还包括肉体上的性行为。

(2) 假性同性恋,也称境遇性同性恋,是指由于长期生活在与异性隔离的生活环境,如军营、监狱等地,由于没有合适的异性伙伴,而把同性作为满足自己性欲的对象的同性恋者。这类同性恋一旦生活情境改变,就会改变自己的性欲对象,与异性相恋。

(3) 精神性同性恋,也称同性爱慕,是表现在个人精神上把对同性的欲望存于心底或幻想、梦想中的一种精神恋爱现象。

如何评价同性恋?我国著名社会学家李银河的观点是:"同性恋是一种属于人类中的一小部分人的自然和正常的性取向。人有自由选择性生活方式的权利,只要不伤害他人,他人就无权干涉。"在社会实践上,如今由中华精神病学会主编的《中国精神障碍分类和诊断标准》第三版中,同性恋不再划归到性变态的范畴。

1935年,著名精神分学家弗洛伊德曾写给一位同性恋者的母亲的一封加信,可说是对同性恋行为的经典认知。

亲爱的夫人:

从来信猜想您的儿子是同性恋者。

您在谈到他的情况时没有使用"同性恋"一词,使我印象极深。

我想请教夫人,您为何要避开这个词呢?

的确,搞同性恋毫无好处,但并非恶习和堕落,也算不得是一种疾病,用不着为此害羞。

古往今来,有许多极可尊敬的人物是同性恋者,其中有些是伟人如柏拉图、米开朗基罗、达·芬奇,等等。

将同性恋视为犯罪而加以迫害是极不公正和残酷的。如果您对我还信不过,就请读H·霭理士的著作吧!

您问我能否帮助您,我想,尊意是要我消除令郎的同性恋并代之以正常的异性恋。一般说来,我们无法保证办到。我们曾经成功地使一些同性恋者身上本来存在然而受到压抑的异性恋倾向重新萌芽生长,然而多数的情况是再无更好的办法。

每个同性恋者性质不同,年龄有别。治疗的结果不能预测。

精神分析对令郎的帮助其效果又不相同。如果他郁郁寡欢,神经质,受情绪的折磨,社会生活受到妨碍,分析可能使他恢复和谐及心理上的宁静,提高生活效率。至于同性恋则可能依然故我,或有所改变。如果您下了决心,他可以来接受我的分析。但是我不希望您这样做,因为他必须得到维也纳来,我不想离开此地。无论怎样,别忘了给我一个答复。

忠实并怀有善意的弗洛伊德
1935 年 4 月 9 日

(资料来源:根据好大夫在线的范新刚《心理大师写给同性恋母亲的信》一文整理)

思考与讨论

1. 安全套走进大学校园的讨论

大学明令禁止大学生发生性行为,然而在宿舍周边打扫出用过的安全套早已不是新闻,在校女大学生未婚先孕的事情也时有发生。今天,安全套已经公开走进了大学校园,曾有记者就"如何看待安全套进入大学校园这一现象"对武汉各大高校师生进行过采访。共有 35 名大学生接受采访,男生 15 名,女生 20 名。

其中 50% 的学生反对在校园内出售安全套,25% 的学生赞成,10% 的学生对此无所谓,15% 的学生不愿对此问题发表看法。男女学生在"赞成"和"反对"上比例相当。

反对者:大学生之间的爱情应该是最纯洁的。学校内卖安全套是变相同意、怂恿大学生的性行为。店主为了少数人的需要损害了我们绝大多数人的清白。应该取消这种商品的出售。

赞成者:大学生心理、生理都比较成熟,恋爱、做爱都是平常的,何必拼命压抑自己的欲望呢?有所节制就行了。安全套是恋爱生活的必需品,有利于学生自我保护,可以预防许多疾病。安全套进入校园很有必要,是时代进步的表现。使用安全套可以避免未婚先孕,而且经济实惠又方便。有了自动售卖机,就可以避免尴尬。

中立者:大学校园内有没有安全套卖都无所谓,影响不了什么。不需要的不会因此去买,需要的不会因为校园内没有卖而不进行性行为。从道德观念上看,安全套不应该进入高校;从保护上看,则是可以理解的,既然大学生性行为客观存在,杜绝不了,不如正视它,顺其自然,提供方便,防止出事。

（资料来源：新闻调查：安全套走进大学校园［N］.长江日报，1999-11-19.）

问题讨论：

你对此持何种态度？为什么？

2. "大学无处女"的网络新闻

在网络上流传甚广的帖子《北京高校毕业女生——非处女排行榜》上近似开玩笑的几个数据，造成了"大学无处女"的说法。在该"排行榜"上，有"北外女生处女率15.86%"的条目。按照媒体盛行的说法，北京外国语大学女生在看了这个"排行榜"后，为了抗击网络对她们的"妖魔化"，进行了一次调查：6名女生从回收的459份问卷上，得出了不同的结论，并刊登在北京外国语大学一份新闻系所属的学生报纸《107调查》上：北京外国语大学女生发生性行为的比例仅为11.5%。由此，"大学女生性调查报告回击网络传言"成了媒体津津乐道的一个大学女生直面流言的事件。

（资料来源：处女比例的统计学交锋［N］.新世纪周刊，2005-12-21.）

问题讨论：

你怎样看待媒体的宣传？大学校园里是否存在着像社会上所传的"过度性行为"？如何认识大学生的性自由、性崇拜等现象？

建议阅读书目

1. 李银河.中国女性的感情与性［M］.北京：今日中国出版社，1998.
2. ［美］马尔库塞.爱欲与文明——对弗洛伊德思想的哲学探讨［M］.黄勇，薛民，译.上海：上海译文出版社，1987.
3. ［英］哈夫洛克·霭理士.性心理学［M］.李光荣，译.重庆：重庆出版社，2006.
4. 蔺桂瑞，杨芷英.大学生心理健康与人生发展［M］.北京：高等教育出版社，2010.

第六章

拥抱生命的情感与幸福

内容提要

■情感生命具有强大的能量。一个具有丰富情感的人，他的精神世界和生活空间一定充满了生机；一个被人间之爱滋养和维护着的人，一定有对生活的满足感、强烈的幸福感和勇于担当的责任感。

■感恩是一种处世哲学，是生活中一种深刻的能愉悦自我的大智慧，懂得生命赐予的美好，可以最大限度享受当下的生活。哲学家尼采说过："感恩即是灵魂上的健康。"

■爱情，一个亘古常新的话题，使人性中最温柔与最热烈、最细腻与最豪放、最微妙与最诗意的部分得以充分体现与施展，从而使世界更加色彩斑斓，使人生更加瑰丽动人。

■生命教育的目标是为人生的幸福奠基，而金钱、权力、名望不过是人获得幸福的手段而非人所追求的最终目的。幸福感其实是我们自己的主观体验。提升幸福感就是享受当下的快乐、感恩过去的美好、笑迎未来的挑战。

案 例

2003年5月，当代科学大师斯蒂芬·威廉·霍金在北京科学会堂做学术报告，听众们沉浸在闪耀思想火花的报告当中。报告会结束后，一名女记者登上讲坛，在表达了敬仰之情后，问了一个尖锐问题："霍金先生，卢伽雷病将你永远地固定在了轮椅上，难道你不觉得命运让你失去了很多东西吗？"全场一片寂静。霍金微笑依旧，他缓缓地抬起手臂，用那不大灵便的手指，艰难地敲击着胸前的键盘。宽大的投影屏上出现了几行文字："我的手指还能够活动，我的大脑还能思考，我有我始终追求的理想，有我爱和爱我的亲人和朋友，最重要的，我还有一颗感恩的心。"

骤然间，会场上响起如潮的掌声，人们纷纷拥上台前，对这位坦然面对磨难并不断铸就辉煌的人生壮士致敬。

（资料来源：根据百度文库中《请记得感恩》一文整理）

人的生理生命需要物质资料提供能量来维持系统运行,人的精神生命却需要情感的联系和支持。"人非草木,孰能无情?"人与自然界中其他生物生命的本质区别,在于人是有情感的高级生命,有人格、自我、自尊、爱情、情绪等心理世界。而且人的精神生命是存在于人生命中的最高级和最重要部分,它能指引和界定人的"身",即人的身体活动中体现出来的有形生活,也能指引和界定人的"心",即由知、情、意心理结构建立起来的无形生活。大学生在生命成长过程中,应当学会在敬畏生命、热爱生命的前提下,丰富和充实自己的生命情感,学会感恩,彰显仁爱精神,体验幸福感,促进自我实现。

第一节 生命需求中的情感因素

情感是人的生命的重要表征,是一种以自我体验的形式反映客体与主体需求关系的心理生命现象。情感是人类的生命精神和自由精神的体现,是人性的本质反映和人生创造、人生享用的一种生存方式。

一、人的情感成长是生命最美的内涵

(一)情感生命的内涵

所谓情感,是指人对客观事物是否符合自己的需求而产生的情绪、态度和体验,体现为生命个体对客观感受对象的一种主观反映,属于人的主观意识范畴。在对人的生命认知上,具有丰富而复杂的情感是人所特有的品质,是人的生命在适应生存过程中所需要的心理工具。人在生存过程中,总要利用情感来激发人的心理活动和行为动机。作为人的精神生命存在部分,情感发挥着心理活动组织者的功能,特别是在人际关系中起着心理联系的重要作用。

人的情感在其活动过程中具有动力特性,其中的强度性和稳定性是情感中最为突出的动力指标,它集中体现了人的情感个性。由于情感是人对外部环境价值的主观反映,情感的动力特性主要取决于主客观价值关系的变化特性。

通常情况下,一个人具有什么样的价值关系的变化特性,就会产生什么样的情感动力特性。在职业、年龄、性别、遗传因素、家庭环境、生理特性等价值关系方面变化特性不同的人,形成的情感动力特性也不同。情感动力特性具有相对独立性,总是或多或少地偏离价值关系的变化特性。有些人的情感个性一旦形成,终身都难以改变,有些人的情感则极易受环境影响,遇有不同的刺激,就会出现波动。

(二)人的情感生命具有强大的能量

在人的精神生命中,情感是最为重要的组成部分,人的生命历程中通过社会实践活动所生成的情感需求,特别是对爱与融入社会群体的情感需求,事实上成为人生存的动力和人需要坚持某种行为的重要依据。人的生命中可以拥有许多好东西,真正属于自己并值得一生珍惜和珍藏的,只有通过大脑反复回忆所呈现出来的精神世界的情感。无论生命中所获得的物质财富多么充裕，在社会中的地位多么显赫，这些东西其实不过是作为生命的衍生物而存在，生可以拥有，死却带不去。而情感是植根于人的心灵世界的主观意象，生命个体存在时与人融为一体，形影相随，从中影响甚至决定着人的快乐与不快乐，纵然是死后也会成为生者牵挂和思念的动力之源、思念之根，从中实现着人的社会生命的长存甚至永恒。

一个具有丰富情感的人，其精神世界和生活空间一定充满了生机；一个被人间之爱滋养和维护着的人，一定有对生活的满足感、强烈的幸福感和勇于担当的责任感；一个一生都被人所爱同时也爱着别人的人，无疑对生活和生命充满了热爱；一个爱别人胜过爱自己的人，会把一生的幸福托付给情感。不管人生怎样艰辛、路途多么艰险，这种人的内心都会充满力量，因为爱和被爱的责任会驱使他在生命历程中不能停歇、不可怠慢，只能快步向前。

在偌大的人类生活空间里，人的情感质量由个体的感情定位和客观环境所决定。或高尚、或卑劣，或纯洁、或荒唐，或沮丧、或兴奋，或焦灼、或恬静，或沉溺、或升华，无论情感以何种方式体现，都是一种有血有肉的生命之舞，从不同层面和角度表达人的精神生命中情感的丰富、复杂、多元和舒张。

情感是每个生命个体成长中应当认真对待并十分珍惜的重要课题，决定着人的自然生存质量和社会生命精神的愉悦程度，串联着人一生的快乐和幸福。

（三）生命内在的情感需要

情感作为人的生命存在的一种本能活动，在人的一生中占据时间最长并决定着人精神世界的快乐、幸福、健康和完美。美国的人本主义理论家亚伯拉罕·马斯洛在其所著的《人类激励理论》中明确指出，人是有着情感需要的高级动物，并用令人信服的理论阐释了人的生命有情感需求的理由。

在马斯洛的需要层次理论研究中，把人的生命存在需要划分为生理、安全、情感和归属（社交）、尊重和自我实现需求五类。五类需要中，除了生理需要主要指向物质，其余四类重点指向人的精神需要，特别是人的情感与归属需要，人人都希望得到关心和照顾，甚至这种感情上的需要比生理上的需要来得更为细致和强烈。马斯洛认为，人人都希望自己有稳定的社会地位，要求个人的能力和成就得到社会的承认。而一个人的尊重需要得到满足，便能对自己充满信心，对社会充满热情，体验到自己活着的用处和价值。

从马斯洛的需要层次理论可以看出，人的情感世界，包括安全感、爱与被爱的认同感、归属感和接受感、受人尊重和自尊感、自我实现的成就感等，是十分丰富且具有强烈需求的特点。情感需要对人的生命存在与青年人的成长十分重要，它支持着人的生命的完整性和生命存在的意义。①

二、感恩生命中的所有遇见

（一）生命情感中的感恩

感恩（gratitude），源于拉丁语字根"gratia"，意思是感激、高尚、使高兴。英国《牛

---

① ［美］马斯洛. 动机与人格［M］. 许金声，译. 北京：中国人民大学出版社，2007.

津字典》中的解释是：乐于把得到好处的感激呈现出来并回馈给他人。《现代汉语词典》对感恩的定义是：对别人所给的帮助表示感激。《说文解字》对感恩的定义简单而深刻："恩，惠也，从心，因声。"感恩就是受恩者对施恩者的感激之情，并能够自然回报的一种认识、情感和行为。

感恩有多重理解。从道德层面来说，感恩是受恩者对他人施恩的道德回应，体现的是受恩者的基本道义和责任感，张扬着人类本体应该具有的最基本的契约规则和道德准则。从心理角度来看，感恩包含了人的认知过程、情感体验过程和意志行为过程。总体上来说，感恩就是对自身、他人、社会、自然的恩惠予以回报，因此而承担责任和尽其义务。感恩还可说是一种为人处世的哲学，是人应当追求的一种高尚的生活态度。

（二）感恩对生命的价值和意义

1. 感恩可以带来积极的生活态度

感恩是人的一种为人处世的哲学，是人在生活中的一种深刻的能愉悦自我的大智慧，懂得感恩生命赐予的美好，可以最大限度地享受当下的生活。哲学家尼采说过："感恩即是灵魂上的健康。"一个人带着一颗感恩的心，就能够发现生活的美好，无论是阳光明媚还是阴雨绵绵，都能从中发现大自然所赋予的慷慨与美好。心存感激的人，整个世界都是光明的。

感恩使人在失败时看到人与人之间存在的差距；在不幸时得到慰藉，获得温暖，激发起继续挑战困难的勇气，进而获取前进的动力。爱因斯坦说过："每天我都要无数次地提醒自己，我的内心和外在的生活，都建立在其他人劳动的基础上。我必须竭尽全力，像我曾经得到的和正在得到的那样，做出同样的贡献。"[①]

2. 感恩能增强抗挫折能力

感恩是一种生活方式，它来自生命个体对生活中克服挫折的爱与希望，心理学上的认知疗法认为，生命个体摆脱不幸之苦的最有效方法是积极改变对不幸遭遇的看法。当很多人在抱怨命运的不公，遗憾自己失去得太多时，有的人却能够看到自己拥有的好的方面，由此放下不满与抱怨，沉淀浮躁与不安，并感恩自己所拥有的，结果获得了精神解放，增强了抵抗挫折的能力。

心理学家发现，一个人有了感恩心理，可以有效地激发感激、满足、愉悦等积极心情，积极情绪可以促进脑部加速释放出包括多巴胺和5-羟色胺在内的让人"愉悦"的化学物质，让人感到快乐。大脑同时还会大量地分泌一种激素——催产素。催产素有放松神经系统的作用，能缓解焦虑、紧张、沮丧等心理压力，进一步使感恩者长时间地保持心境平和，而这种积极心态，不仅有利于增强人体免疫功能，还能刺激病体更快康复。

3. 感恩可以激发人的道德情感

感恩就是从心底里记得别人对自己的好，这是一种幸福和善的情感体验，是一种形成人的道德良性循环的心态。在人的情感世界里，道德的基本功能就在于"向善"。追求善行是人类精神的永恒主题，它反映着人与人、人与社会、人与自然价值追求的有序性。感

---

① 爱因斯坦. 我的信仰：爱因斯坦文集（第三卷）[M]. 许良英，等. 北京：商务印书馆，2010.

恩作为道德情感的组成部分，几乎总是孕育着慷慨和付出，而慷慨和付出则孕育着感激，感激能产生一种相互的爱和一种爱的热情。良心、爱心、诚心、责任感等非强制性的救助性活动，都是感恩的道德延伸。

（三）大学生要学会感恩

感恩是一种能力、一种人生态度，也是一个人社会责任的体现。对大学生来说，应学会感恩。

1. 对父母养育的感恩

母爱似海，父爱如山，从襁褓中的婴儿到蹒跚学步的孩童，再到长大成人，每一个孩子都是父母的心头肉，无论伤到哪一处，父母都会觉得心疼。而那痛，正是最亲最爱的骨肉亲情。俄罗斯有句谚语说："父母之恩，水不能溺，火不能灭。"中国的老话是"鸦有反哺之义，羊有跪乳之恩"。以血缘为基础的亲情是人一生的感情基础，决定了人应具有的最基本的感恩意识。

感恩父母是感恩教育的起点，不爱自己父母之人，不可能去爱他人。大学生唯有从孝敬父母开始，才能推己及人，善待所有老人，共同构建"老吾老以及人之老"的和谐社会。

2. 对学校和老师培育的感恩

一个人从儿童时期开始，就辗转于各个学校，直至走进大学校园过上集体生活。可以说，学校是除了家以外，学生在人生成长时期最熟悉的场所了。在学校里，学生从最初的懵懂无知到后来的收获知识、掌握技能和专长，是老师们教授知识、培育技能的结果。老师还会为受到人生困惑的学生答疑解难，教会为人处世的道理，因此要对老师感恩。中国儒家传统崇奉"天地君亲师"，《荀子·礼论篇》中就把师长和天地、先祖置于一起，认为三者缺一不可，否则人们无法得到安宁，并把三者作为礼仪的根本。"明师之恩，诚为过于天地，重于父母多矣。"

3. 对社会和他人帮助的感恩

人是社会动物，不能离开前人和他人所造就的社会环境而独立生存，任何生命个体的发展都离不开他人的帮助和社会环境，从这一意义上说，一个没有爱他人与社会的生命意识不是完全的生命意识。现实生活中的任何人都没有理由对社会与他人给予自己的有形与无形的帮助无动于衷。大学生感恩社会和他人，可以积极参与公益事业和慈善活动，因为在施恩与报恩的氛围中，施恩者从慈善中获得快乐，受恩者感恩于心，回报社会，在感激与报答中同样能够获得愉悦的体验，形成爱的接力与循环，如此，人人心中保持一份善意，社会就会多一份温暖与友爱。

4. 对大自然慷慨赐予的感恩

鲜花感谢雨露，因为雨露让它茁壮成长；雄鹰感谢蓝天，因为蓝天让它自由翱翔；高山感谢大地，因为大地让它顶天立地。人类无时无刻不在大自然的恩赐下生存，大自然像父母一样给予万物以生命，生命所需要的一切皆来源于自然，没有大自然就没有人的生命本身。因此，人们应当感激自然环境的给予之恩。对大学生来说，感恩自然的最好方式就是身体力行地保护环境，合理利用有限的自然资源。作为生命个体应当节制自己的物质追求欲望，约束自己的行为，保护环境，爱护家园，与大自然和谐共处。

三、丰盈感恩的心和自觉行动

（一）写下体会的感恩日记

大学生应当养成习惯，每天里抽出一些时间，静静地回顾自己的生活，认真思考3~5件因感恩而感到快乐的事。它可以是日常琐事（如修好了抽水马桶、赶上最后一班公交车等），也可以是对自己来说感觉很美妙的事情（如表白成功、旅行风景很美丽等）。关注自己的优势和特长，记录自己在生活中实现的每一个小目标。不要忘了身边的人——给予关心和照顾的人，给予温暖和安慰的人，每天相处的亲密友人，远在外地的亲人以及所有与自己生命相关的人。在每一次写下日记的同时，回想一下当时的体验和感受。

感恩的快乐是持久而有意义的，可以帮助大学生增加自我生命存在的价值感。

（二）向帮助自己的人传达感恩信息

将感恩之情直接传达给当事人，写信、发短信、发微信、打电话、面对面表达，都可以。说出自己的感恩之情，表达对方为自己做过什么，具体给过自己什么帮助和带来了怎样的影响。告诉对方，这些获会使自己永远铭记于心。有研究发现，一个人即便写信给那些不认识但给自己带来积极影响的人（偶像、作家、政治家等），或给自己提供过帮助的陌生人（快递员、公交车司机等），也会在行动中感受到愉悦和快乐。

（三）利用纪念节日参与感恩行动

漫长的人类历史孕育了繁荣的文化，传统节日作为民族社会生活的缩影，是人类物质文明和精神文明传承的重要载体。很多节日都蕴含感恩的元素，如西方社会流行的父亲节、母亲节，就是子女感恩父母的节日。我国清明节的文化内涵即为孝道，祭奠先辈，铭记父母恩情。"十一"国庆节、"八一"建军节、"九月十日"教师节，都含有感恩祖国、感恩人民军队、感恩人民教师的内涵。还有"七夕"节感恩爱人的相伴与付出，"中秋节"感谢上苍风调雨顺、五谷丰登……

感恩节（Thanksgiving Day）是美国人、加拿大人用以表示感恩的法定节日。时间是每年11月最后一个星期四。

感恩节的由来要一直追溯到美国历史的发端。1620年，著名的"五月花"号船满载不堪忍受英国国内宗教迫害的清教徒102人到达美洲。1620年和1621年之交的冬天，他们遇到了难以想象的困难，处在饥寒交迫之中，冬天过去时，活下来的移民只有50来人。这时，心地善良的印第安人给移民送来了生活必需品，还特地派人教他们狩猎、捕鱼和种植玉米、南瓜。在印第安人的帮助下，移民们终于获得了丰收，在欢庆丰收的日子，按照宗教传统习俗，移民规定了感谢上帝的日子，并决定为感谢印第安人的真诚帮助，邀请他们一同庆祝节日。如今，感恩的含义已更加广泛，除了感恩土地带来丰收，还要感谢上帝赐予的恩惠，感谢父母的关怀照料，感谢老师的辛勤教导，感谢朋友的帮助。

（资料来源：感恩. 百度文库. https：//wenku.baidu.com/view/e6479c8102d276a200292e71.html.）

（四）投身志愿者活动的感恩实践

关于志愿者（volunteer），联合国将其定义为"自愿进行社会公共利益服务而不获取任何利益、金钱、名利的活动者"，具体是指能够主动承担社会责任而不获取报酬，奉献个人时间和行动的人。志愿者行动是一个社会人文精神的最高级表现形式。我国当下志愿服务的范围主要包括扶贫开发、社区建设、环境保护、大型赛会、应急救助、海外服务等。

开展奉献、友爱、互助、进步的志愿者活动，是联合国组织和我国社会公益组织倡导、发动的施恩不图报的大爱精神的具体体现。就志愿者个人而言，参与志愿活动，有机会为社会出力，尽一份公民责任和爱心，可以丰富自己的生活体验，扩大生活圈子，加深对社会的认识。志愿者在参与志愿活动的过程中，除了可以帮助他人外，还能培养自己的组织及领导能力，学习新知识，增强自信心及学会与人相处，其言行所展现出来的博爱情怀和奉献精神还会感染和鼓舞后来的志愿者，使感恩之情得以传递。

第二节 理解两性爱恋的情感

在人所独有的高级情感中，最为激动人心的是社会属性与自然属性相结合而成的两性之爱。尽管这种情感可以给人带来巨大的快乐、醉人的幸福和无穷的创造力，也可能带来痛苦、不安、烦恼，甚至是无穷的伤痛。但无论如何，它都是人类的生命世界中不可缺少和至关重要的情感。

新浪教育网站在2016年所进行的中国大学生恋爱调查显示，在读大学期间经历恋爱过程的大学生有50%以上，而多多少少受到恋爱问题的影响或困扰的人数多达85%，如果把谈恋爱的概念扩大到广义理解的"爱上异性"，则有93.2%的大学生经历过爱上异性的现象；如果狭义地理解为"有恋人"，则比例为47.5%。由此可见，谈恋爱在大学生中已是一种十分普遍的现象。

一、大学生爱情与心理结构

正值青春妙龄的大学生对爱情充满了浪漫的幻想和憧憬。随着社会观念和生活方式的变化，恋爱问题已渗透到大学生的学习、生活、人生态度、理想等各个方面。

（一）什么是爱情

爱情是一种情感，比较传统的关于爱情的定义是指一对男女基于一定的客观物质基础和共同的生活理想，在各自内心形成的对对方最真挚的倾心爱慕，并且渴望对方成为自己终身伴侣的一种最强烈、最稳定、最专一的感情。爱情还离不开性，甚至可以认为，性是其中最为重要的内容。但是，如果没有作为限定词的"渴望成为对方终身伴侣"的倾慕，如果不是想组成一个家庭终身在一起，那就只属于性的吸引、性的需要，或者是性的欲望，那就不是真正的爱情。

爱情是在男女性爱的基础上形成的人类特有的现象，是人类高度文明的体现，是人的生物因素、精神因素和社会因素的统一。其中，生物因素是指爱情产生于男女之间，异性相吸的生物本能使人产生性欲需求，具有与之相结合的强烈愿望；精神因素是指爱情是人的一种高级情感，健康的爱情会愉悦人的身心，使人产生美好的心理体验；社会因素是指爱情体现为一种社会现象，一方面受社会道德、法律规范的制约，另一方面爱情还涉及生儿育女、传宗接代的生命延续的社会功能。

人类的爱情现象是丰富而复杂的，但从本质上说，爱情是基于一定的自然基础并受制于社会物质和文化因素的互相爱慕的精神和情感。爱情蕴含着丰富的社会属性，包括一系列思想、文化、道德等因素。

在现实的社会生活中，两性之间可以存在友谊，但表现为无私性的友谊并不等同于具有自私性的爱情。两性之间也可以组成婚姻中的合法夫妻关系，但婚姻关系的存在也不等于一定有爱情。爱情所体现出来的基本特征主要有四个方面。

（1）平等互爱性。爱情中的男女双方彼此以完全平等的人格相处，是基于独立和平等基础而建立起来的两个人之间的感情。如果在爱情中把自己的出身、金钱、社会地位等当作交易的筹码，那爱情就一定会大打折扣。

（2）专一排他性。爱情是一个男人和一个女人之间的相互吸引、相互倾慕，不涉及第三者。如果有第三者插足或者是一夫多妻制的婚姻事实发生，这种畸形的爱就不属于真正意义上的爱情。

（3）强烈持久性。两性之间所产生的相互依恋的情感能否长久地维持是检验爱情是否存在的重要指标，朝秦暮楚的露水夫妻很难说他们之间存在爱情。

（4）纯洁严肃性。爱情容不得感情之外的其他东西，陶行知先生说："爱之酒，甜而苦。两人喝，是甘露；三人喝，是酸醋；随便喝，要中毒。"① 爱情是纯洁而高尚的，需要男女双方真诚地呵护和严肃地对待。

（二）真心相爱的情感成分

爱情是人类生命情感中最具生命力量的表征，一般而言，美好的爱情总要经历一个萌芽、开花和结果的过程，男女双方培育爱情的过程即是恋爱。

1. 美好的爱情

从古至今，人们试图寻找其中隐藏的规律和奥秘，以求开启爱情的幸福之门。爱情是一种情感，在情感方面理解爱情的内在动力，可做如下诠释。

（1）美好的感觉。俗话说"情人眼里出西施"，人在心里有爱的时候，一定会觉得对方最好看，即使有别的异性比自己爱的对象好看，但他（她）才是心中最美的一个，而且是别人根本无法相比的。

（2）亲爱的感觉。当爱上一个人时，他（她）会有一种很亲切的感觉，跟他（她）在一起，就会觉得很舒服、很和谐，可以信任并依赖他（她）。他（她）像是一个亲密的家人，甚至可以说，比有血缘关系的家人更亲密，而且在这亲密里，内心会体会到温馨的

---

① 陶行知. 陶行知文集［M］. 南京：江苏教育出版社，2008.

感觉。

（3）相互倾慕之情。健康的爱情关系，应当有以对方为荣的感觉，相爱者会欣赏对方所有的一切，包括内在与外在的条件和优点，并且处处以自己成为他（她）爱的人为荣。如果这种感觉存在的话，不论他（她）做一件事是成功或失败，相爱者都会欣赏他（她）的才华，而不是只重视结果。喜欢夸奖对方，这不仅只是欣赏或敷衍了事，还会喜欢在他（她）不在的时候向其他人讲述他（她）的种种优点。

（4）受到尊重。爱情关系可以提高一个人的自尊心，可以让相爱者感到生活更有意义，能使人发现自己无人可比的独特性和存在的价值。

（5）渴望对方属于自己的占有欲。处于爱恋中的男女常会戒备对方被别人抢走，都有独占对方的欲望。特别是在爱恋关系已从不确定走向稳定，开始需要以婚约来持续的日子里，这一情感状态表现得尤其明显。

（6）为对方负责。恋人会在日常的一举一动里表达对对方的关心，做事常会为对方考虑，如果对方受到挫折，会非常愿意为他（她）分担痛苦与挫折，把对方所受的苦难当作自己所遭遇的苦难，或者更多于自己的苦难，因为在爱情里，爱恋者往往从心里愿意为对方而牺牲自己的利益。

2. 斯腾伯格的爱情三因素论

20世纪90年代，美国耶鲁大学心理学教授罗伯特·斯腾伯格（Robert J. Sternberg）提出了爱情三因素理论。① 这是目前关于人类爱情最有影响的观点。爱情三因素理论认为：人类的爱情虽然复杂多变，但基本成分都是三个，即亲密（intimacy）、激情（passion）、承诺（commitment），如图6-1所示。亲密是以彼此的信任为基础的情感表现，激情则必然伴随有彼此之间性的吸引，承诺是内化为个体心灵需求的一种责任和约定。

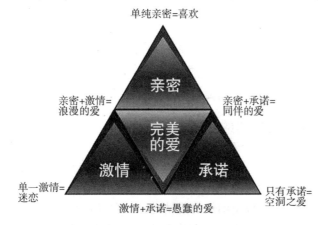

如6-1 罗伯特·斯腾伯格爱情三角形理论

斯腾伯格根据爱情的三种基本因素，将人类的两性关系划分为七种。

（1）喜欢。当两性之间在爱情上只有亲密因素时，相处的双方在交往中会感觉亲切、轻松，有很强的信赖感，表现在生活中就是两性之间真诚的友谊。严格地说，此种关系还

---

① [美] 斯腾伯格. 爱情心理学 [M]. 李朝旭，译. 北京：世界图书出版公司，2010：196.

不能纳入爱情之中。喜欢和爱的区别在现实中已被男女严格地区分。他们在相处过程中常常固执地要求对方明确地答复：你究竟是喜欢我还是爱我？当然，这种关系的稳定会因为两者中任何一方情感因素微妙的变化而发生改变，这也是人们常常怀疑男女之间是否有真正友情的原因。

（2）迷恋。当两性之间的关系只有激情因素时，双方有强烈的性的吸引，但缺乏对彼此的了解和信任，当然，更没有发展到承诺的阶段。处于迷恋中的个体相信爱不需要理由，也常常无奈地吟唱为何偏偏爱上你。迷恋开始于生活中的一见钟情，这种刹那间绚烂如夏花的情绪是否有生命力，是否能够发展为稳定的情感，取决于是否会有亲密和承诺因素的形成。

（3）空洞的爱。当两性之间的关系只有承诺，没有亲密和激情时，二者只有责任和义务，是高度道德化的或高度价值异化的两性伙伴关系，是没有爱情成分的空洞的爱。

（4）浪漫的爱。两性之间的关系具有亲密和激情两个因素，双方的关系不需要承诺来维系，被认为是一种最轻松、最享受、最唯美的浪漫的爱。浪漫的爱若是缺乏承诺的意愿或能力，则与婚姻无缘。"相爱容易相处难"，所表达的就是这个意思。

（5）伴侣的爱。当两性之间的关系有亲密也有承诺而缺乏性爱吸引时，彼此的关系已经升华为亲情式的信任和依赖，仿佛携手走过漫漫人生的银发夫妇，虽没有青春时的激情，却有难以描述的情感深度，是不离不弃的黄金伴侣。

（6）愚蠢的爱。这是激情和承诺两因素的结合。当爱情没有以信任为基础的亲密因素时，仿佛大厦没有坚实的地基，是虚幻的空中楼阁，随时有倒塌的可能。

（7）完美的爱。这是亲密、热情和承诺三因素的结合。真正完美的爱情应该以信任为基石，以性的吸引和欣赏为催化剂，以承诺为约束。这样的爱既具有相对的稳定性，又充满热情和活力。

根据斯腾伯格的理论，爱情是人类心理的色彩世界，亲密（信任）、激情（性爱）、承诺（责任）是爱情的三原色，爱情的色彩之所以如此丰富，差异如此之大，完全在于个体所选择的三原色的比例。每一个人，都是自己爱情色彩的调配师，调出的色彩或淡雅，或灿烂，斑斓多彩，千姿百态，只需要自己评判和欣赏，当然也只有自己为其负责。

二、大学生如何获得成功的爱情

（一）大学生活中的爱恋

大学校园注定是滋生爱情的地方，少男钟情、少女怀春的青春期，一旦遇到合适的土壤，就会播下爱情的种子，绽放出绚烂的爱情之花。象牙塔里的爱情故事，虽然多少有一点纯洁和青涩，有一点诗意和朦胧，却也美丽动人、浪漫精彩。校园、朋友、爱情，这些悸动的元素变成了青春的符号，成就了最具自由、活力、纯真的爱情。可以哭，可以笑，可以无拘无束，有相思的酸楚、相恋的幸福、相伴的温馨、相爱的甜蜜，还有曾经受过的伤、无法忘却的痛……

爱情的意义可以理解为：它是世界上最奇妙的东西，它带给爱恋者最简单的快乐，也带来了最痛苦的哭泣。爱情帮助爱恋者更清晰地看待自己，认识到自己身上的各种优缺点。即便最后可能没有结果，也会留下一段美好的回忆。在大学校园，爱情主题被朝气蓬勃的大学生演绎得淋漓尽致。

（二）大学生获得成功爱情的要素

1. 处理好学业与爱情的关系

大学生应该摆正恋爱与学习的关系。学业与爱情并不一定是对立矛盾的关系，相反，处理好爱情问题，对大学生的学业以及各方面的发展还会带来促进作用。摆正两者的位置最为重要。大学生处在学习阶段，应当以学业为主，如果因为陷入爱情的漩涡不能自拔，甚至因此忽视或偏废了学业，那就是本末倒置，由此产生的后果可能是荒废学业、失去爱情。

2. 学会相互欣赏和赞美对方

赞美是让人心动的最有效方法，人们通常对赞美自己的人会产生好感，尤其是异性。在恋爱期间，恋人之间相互欣赏和赞美是爱情保鲜的秘诀。要善于发现和寻找恋人的优点，始终以欣赏的眼光看待恋人，真情实意地表达出来，享受在一起的美好时光。

3. 学会互相体谅

美国心理学家弗洛姆在《爱的艺术》中强调："爱是主动的给予，而不是被动的接受。"大学生谈恋爱，一定要学会互相体谅和安慰，互相支持和帮助。人在任何时候都会有爱的需要，而爱的满足可以带来愉快、积极的情绪体验。

4. 对恋人的期望值要恰当

俗话说"金无足赤，人无完人"，人作为生命个体的不完整性，决定了爱情的不完美性。处于热恋中的大学生对恋人的期望值不要太高，不能期望从恋人那里得到自己想要的一切，如果把爱情、把恋人想得过于完美，一旦对方暴露了缺点和不足，或者没有满足自己的期望，就会产生失望的感受，从而丧失将爱情坚持下去的信心。

5. 坚持自我才会收到好的结果

大学生应当明白，爱情中一个重要的真谛就是处于热恋中的人不要失去自我。爱情有一个基本的、核心的倾向是为所爱的人奉献和付出。往往爱得越深，付出也就越多。但是，恋人不能在热恋中失去自我，失去自我的爱是一种依附，这种依附往往会使爱情变成束缚，从而使人失去在爱情中的平等地位和自我更新的能力，最终容易使爱情逐渐枯萎和死亡。其实，真正的爱情是有张力、有弹性的，彼此之间既非强硬的占有关系，也非失去独立性的人身依附关系。相爱的人给予对方最好的礼物就是充分信任的自由。

三、大学生恋爱中的困惑与心理调适

（一）爱的错觉与单恋

好感与爱情是大学生异性交往中经常遇到又难以区分的两种感情。青年在性发育成熟时，便开始被异性所吸引，对异性产生好感，开始有寻求恋人的需要，这是生理上的本能。但在生活中，一些大学生容易将这种男女之间的相互吸引、好感等同于爱情，对方给予自己一个亲切的微笑、一句关心的话语、一个小小的礼物，就误以为是爱的表示，由此像唐伯虎追秋香那样产生爱的错觉。有的人对异性会产生好感，如觉得与某一异性在一起很舒服，喜欢与其在一起，于是觉得爱情来了。

其实，这可能是爱情，也可能只是好感。好感与爱情是有区别的，好感有可能成为爱情的基础，但不一定就是爱情。比如，异性之间的好感可能属于友谊，它一般来讲是广泛的、无排他性的；而爱情则表现为是专一的、排他的并具有性爱的因素存在。好感则常常表现为人一时相遇所出现的情绪感受，纵使其中有那份爱的向往，可能还来不及行动就烟消云散，等不得升华为爱就无疾而终了；而爱情却很复杂，它在折磨一个人的心灵，会体现为人的一种发自内心的要与所爱的人在一起、唯恐失去的强烈感情。

人所产生的爱情错觉发展下去，就会形成单恋。恋爱应是两人之间感情与心灵的交流，如果只是一方投入感情、倾心于另一方，而另一方或者是毫不知情，或者是知情却根本不想与之进行这种交流，就会形成单恋。单恋还包括另一种情形，就是在对方毫无表示甚至还不认识自己的情形下爱上对方，或者没有表白而暗暗追求对方，这是一种单向的暗恋。

大学生应当明白的是，无论是被回绝的单恋，还是易出现误会的暗恋，都属于错误的恋爱范畴。单恋不过是一厢情愿的单相思，并不属于真正的恋爱，但是单恋者也会体验到如同爱恋者分手一样的关于爱恋情感的痛苦，也可能因产生强烈的倾慕异性的心理感受而倍受折磨和煎熬，给人带来心灵上的烦躁不安与苦恼。一些心理学研究表明，单相思其实是少男少女在生命情感成长中的驿站，几乎所有的青年男女在爱情到来之前都不会那么自信，都需要沉浸在单相思的痛苦中慢慢地觉察自己，形成爱的投射效应，这实际上等于一个人在自我恋爱。现实中的青年总想在相爱的人身上找到自己的影子，通过单恋来认同和接受自己。这其实也是实现自己在爱情上逐渐走向成熟，和情感生命成长的一条重要途径，那个被单相思的人其实就是镜子中的自我。

（二）失恋产生的挫折与调适

爱情的实质意义是爱恋的双方相互选择和接受对方，所有的恋爱都有两种结果：携手走进婚姻的殿堂或者结束彼此的浪漫之旅，留下一个破碎的梦和散落的故事。在恋爱中，恋爱与失恋相伴而生，因为恋爱的过程就是双方互相适应、选择的过程。因此，恋爱失败是极为正常的事情。曾经有研究者对我国 1 000 对自认为组成了美满家庭的已婚者进行过抽样调查，发现只有不到10%的人的配偶是初恋恋人。反过来说，90%的恩爱夫妻都经历过失恋的痛苦，或者说是经历了爱情上的重新选择。

失恋是指一个人被自己依然痴情的爱恋对象抛弃。失恋意味着已有的恋爱关系的终结，也可以说是青年男女在经营爱情的进程中的受挫。与单恋相比，失恋归属于爱情，只不过属于不完整的、失败的爱情。因为曾经有爱的情感被如今分手的现实所粉碎，失恋会给曾经相恋的男女带来心理挫折和痛苦。有的人失恋后的挫折感十分强烈，往往在认知方面形成某些错误的意识。有的失恋者抱着已经消逝的爱情回忆来度日，或者对对方抱着不死心的希望，幻想破镜重圆，为此而穷追不舍。有的失恋者因为失恋而陷入长期的苦闷当中而不能自拔，由此而心灰意冷，愤世嫉俗，自认为看破红尘而痛不欲生，甚至因此恼羞成怒而对拒绝自己爱的对方伺机报复。有些失恋者因为经受失恋的打击而诱发轻重不一的精神障碍和躯体不适或疾病。

人所具有的爱的情感，其实是人所特有的一种能力，心理学家弗洛姆在《爱的艺术》

说过:"爱是人的一种主动的能力,是一种突破使人与人分离的那些屏障的能力,一种把他和他人联合起来并克服孤独感的能力。"① 爱是一种能力,意味着处于恋爱境遇中的男女在选择与接纳对方的恋爱过程中,应具有拒绝爱的能力和承受失去爱的能力。

1. 提出中断恋情的方式选择

在恋爱过程中,自己不愿意或认为双方不适合继续在一起将爱情进行到底时,就要有勇气说"不",发出中断恋爱的信息并拒绝继续交往。因为爱情作为人的高尚情感是不允许勉强和将就的,如果不愿发展爱情的一方优柔寡断或屈从于对方的穷追不舍、死缠烂打,发展下去对双方都会产生情感伤害。

爱情既然是人的一种高级情感,意味着最高洁、最敏感,也最易受伤害。这就决定了想要提出中断恋爱的一方即使有足够的理由说"不",也要讲究方式方法:既要态度坚决明确,也要会说"不",这其中,需要有拒绝爱的能力。

大学生提出中断恋爱的能力是一种为人处世智慧与技巧,提出者在明确表示这样的信息时,应当做到:首先表现为对他人的尊重,要感谢对方对自己的欣赏和厚爱;其次要态度明确,表达清楚,即和对方只能成为什么关系,如同学关系、一般朋友关系;最后,行动与语言要一致。有些同学深知拒绝会对对方造成伤害,便采取语言上拒绝而行动上还与对方有亲密接触的方式来处理,其实这等于给对方一个错误的信号,结果不仅给对方带来更大的伤害,也使自己受伤。

大学生拒绝恋爱有许多方式可以选择。

(1) 直言相告,说出自己的真情实感。这样有助于对方明确意识到这种恋爱关系存在的不理想性,从而重新认识和反思恋爱关系,以便接受现实。这样做,虽然一时可能会刺伤对方的心,但随着时间的延续,对方会理解并予以认可。

(2) 用暗示的语言或行为,让对方意识到你的意图。对方从你的言谈举止、话里话外中得到一种暗示,从中领悟到你的真实想法。这样做,既可避免直接刺伤对方,给对方留有面子,也可使你避免因直言相告,感觉难以开口。但对方是否领悟,是此方法是否合适的关键所在。

(3) 不宜为了中断恋爱关系而向对方提出过分的利益要求,以此来激怒对方,让对方主动提出断绝关系。这样做既会伤害对方,也会伤害自己。这样做一种可能是对方在忍无可忍时被迫提出断绝关系,间接达到想要中断恋爱关系者的目的。另一种可能是对方想方设法满足提出者过分的要求,使自己反倒骑虎难下,越来越无法拒绝对方,越陷越深,种下爱的苦果。

(4) 中断关系,应有自己的主见,不可因受外界因素的干扰。要明确停止恋爱关系,既是为自己也是为了对方的爱情和幸福,不要当他人观点或利益的牺牲品。

(5) 如果在恋爱过程中涉及双方的经济利益,提出中止恋爱关系的一方应当主动以恰当的方式给对方以补偿,尽可能弥补对方的一些经济损失,使对方心理平衡。

---

① [美] 弗洛姆. 爱的艺术 [M]. 李健鸣,译. 上海:上海译文出版社,2008.

2. 培养承受失恋的能力

恋爱问题已渗透大学生的学习、生活、人生态度、理想等各个方面，恋爱的普遍性也自然会使失恋现象增多。基于此，大学生要学会培养自己爱的能力，也要学会对失恋进行调适，学会从认识上接受失恋，做到失恋不失理智、失恋不失心志、失恋不灰心、失恋不失德，同时要学会从情绪上进行自我调节。

（1）在心理上要治疗失恋挫折。失恋的人往往心理比较脆弱，会觉得自己被对方回绝很丢面子，把失恋看作自己人生的一个巨大失败和打击，认为失恋意味着自己的无能，因此自尊心受到打击，负面情绪体验强烈。其实，失恋只是一种爱情选择的结果，对方不认同自己，不等于自己就一无是处。如果多从对方的角度考虑，既然对方没有与你走到一起的原因是他（她）觉得不幸福，那就让他（她）离开你吧。不然，有一个人觉得不幸福，今后两个人在一起生活也就难以幸福。

（2）在认知上要接受失恋的现实。爱情是一所伟大的学校，大学生在失恋过程中会通过学习和接受经验教训而收获更多的东西。失恋给人带来的强烈的内心情感冲击是人生其他事件所不能替代的，在这个过程中所体会到的那份痛苦的挣扎，实为人生一笔重要财富。失恋的苦果是酸涩的，但失恋也会使人收获思想的谷粒，在摆脱失恋痛苦中变得更加成熟。如果失恋者认真分析自己失恋的原因而重树下一步生活的信心，寻找终身伴侣的爱情结局一定会比这次失去对方的情形好。

（3）在情绪上把握自我调节的方式。失恋并不意味着失去一切，大学生应及时选择合适的方式把自己从失恋挫折的心境中挣脱出来，比如及时采用倾诉宣泄法来克服自己的沮丧心情，不要过分地隐藏或压抑自己失恋的痛苦，要寻找适当的方式进行宣泄，将自己的烦恼向值得信任的亲人或朋友倾诉。如果不善言谈，也可以选择奋笔疾书的方式，让情感在笔端发泄；或者主动寻求情境转移，如有可能就暂时离开曾经熟悉的环境，把自己置身于较为轻松的环境中去。多交一些新朋友和参加一些集体活动，努力使自己的情感得以升华，把一些负面情绪转移到比较高尚的情趣上来，使之有利于社会，也有助于个人人格的发展。

第三节　生命的幸福感与追求

人的生命中最为重要的高级情感应当属于人的幸福感。大学生生命教育的最高目标就是为大学生的人生幸福奠基。

幸福是每个人所向往和追求的，是人生的终极目的。英国哲学家大卫·休谟（David Hume）说过："人类努力奋斗的最终目的就是获得幸福，因此才有了艺术创作、科学发明、法律规定，以及社会的变革。"人的一切行为，包括对财富、名誉、权力的追求最终都是成就幸福的手段，而非目标。

那么多的人都在追求幸福，然而，幸福到底是什么呢？人们如何才能获得真正长久的幸福？时至今日，幸福仍然是一个每人都知道但无人能精确定义的概念。而且，不同的人对幸福的理解和诠释是不同的。

一、幸福的内涵

对于幸福，其含义是不确定的，这个不确定来自每个人对生活的不同感受，因而也就有了各种各样的关于幸福的定义。有的人觉得生活圆满、工作顺利、家人健康就是一种幸福；有的人把自己的修养、收获平静的生活当成一种幸福；有的人把自己对财富与权力的占有与满足当成幸福。对于幸福的解释，古今中外的研究者都有各自的理论，虽然各家理论有所不同，但是概括起来，可以划分出两大派别，一种是快乐主义论，另一种是完善主义论。

1. 快乐主义论

快乐主义论是一种具有主观主义倾向的幸福论，它以心理学家埃德·迪纳为代表，重点关注和强调的是生命存在的意义。快乐主义论以"快乐就是幸福"作为核心命题，认为"人的幸福感的存在就是人的主观所具有的快乐的积极情绪体验，幸福意味着痛苦的远离，不幸福则代表着痛苦，或者说是快乐的缺失"。① 而追求快乐和避免痛苦是人类的本性。不论人们对幸福如何理解，所追求的都是在心理感受到的快乐的东西。

坚持快乐主义论的心理学家主要研究人们如何评价他们的生活状况，重点关注其中三个组成部分：生活满意、令人愉快的感情和低水平不愉快的情感。这个领域研究不仅涉及人处于临床的病理状态，也涉及人们长期在头脑里形成的幸福感水平上的差异。

主观幸福感具有如下特点。

（1）主观性。它依赖于评价者本人的标准而不是他人的标准。

（2）整体性。它是一种综合评价，包括积极情感、消极情感、对生活的满意度三个维度。

（3）相对稳定性。尽管每次测量都会受到当时情绪和情境的影响，但从长期看，主观幸福感是一个相对稳定的量值。

2. 完善主义

完善主义论主要关注人们与生俱来的潜能、才华的开发与自我实现，代表人物是莱能和得西。他们把人的心理幸福与主观幸福感进行了区分，并证明了心理幸福感存在的六个不同的维度，即自主、个人成长、自我接受、生活目的、控制和良好友谊，还从理论和操作两个方面定义了幸福感。

强调心理幸福感的学者特别强调健康心理能促进感情的丰富和人的生理健康。古希腊时期的智者亚里士多德说过："幸福是灵魂的某种合乎完满德性的实现活动，是生命的意义和使命，是我们的最高目标和方向。"② 我国学者周国平认为，我们理解的幸福可以分为生命的幸福和精神的幸福两个层面：生命的幸福是满足生存本身永恒的需要，如亲情、

---

① ［美］埃德·迪纳，罗伯特·迪纳. 改变人生的快乐体验［M］. 江舒，译. 北京：中国人民大学出版社，2010.

② ［古希腊］亚里士多德. 尼各马可伦理学［M］. 邓安庆，译. 北京：人民出版社，2014.

爱情、家庭，生而为人，能够呼吸空气、享受阳光、欣赏大自然就是一种幸福；精神的幸福则是另一种高层次的幸福，它重点追求道德和信仰上真善美的满足。这两种幸福都包含了多层次的、长久的、可持续的快乐。因此，幸福感可以概括为可持续的快乐和生命意义的结合，是人们各层次需求获得满足后的生命状态。①

综合而论，幸福或幸福感其实就是每个人对所遇到的人与事在心理上产生的一种愉悦心态和感受，是处在一定社会环境中的人们在社会生活实践中所产生的一种积极心理体验，它既是对生活的客观条件和所处状态的一种事实判断，又是对生活的主观意义和满足程度的一种价值判断。

马斯洛的需要层次理论就认为，当一个人在达到精神需要的最高层次——自我实现时，其自我的潜能就会得到充分的发挥，由此产生的幸福感就是人在精神上的最大的幸福感，这种幸福感被马斯洛称为"高峰体验"。由于人的潜能发挥是没有止境的，所以人对幸福的追求也是没有终点的。

二、幸福感的源泉

人的幸福或幸福感是从哪里产生的呢？

体内生化论的观点认为，人的任何生理现象都由体内的生物物质和化学变化所决定，幸福和快乐也不例外，也有其物质基础。例如，美国的戴维·伯恩斯（David Burns）等行为研究专家通过研究发现，人要想获得满足感，需要两个精神要素：创意和挑战，同时也需要来自生理的物质多巴胺和内啡肽支持。这两种物质使人大脑的纹状体产生变化，从而产生满足感。

内啡肽

生理学家找到了人的大脑里面一个产生快感的部位，叫作吗啡中枢，吗啡中枢需要一种叫作"内啡肽"的人体化学物质去填充，在填充的过程中就会有欣快感。因而，内啡肽也被称为"快感荷尔蒙"或者"年轻荷尔蒙"。

所有的生物，从最简单的病毒到最高级的人类，它们千变万化的蛋白质都是由相同的20种氨基酸组成，而"内啡肽"正是这种重要的多肽。目前已经发现的内啡肽有亮基酸——脑啡肽、甲硫氨酸——脑啡肽等。这些肽类除具有镇痛、愉悦功能外，还具有许多其他的生理功能，如调节体温、心血管、呼吸功能。

（资料来源：[美] 伯恩斯. 伯恩斯新情绪疗法 [M]. 李安龙，译. 北京：北方文艺出版社，2007.）

有人认为幸福的源泉是人发自内心的感恩之心，因为感恩是一种对恩惠心存感激的表示，是每一位不忘他人恩情的人萦绕在心间的情愫。同时，它也是一种人的生活态度，因为人生活在这个世界上，一切事物都对人类的存在有恩情，所以常怀感恩之心的人也就成了最幸福的人，因为他们的心中时刻充满甜美和幸福。

---

① 周国平. 幸福的哲学：周国平人文讲演录 [M]. 武汉：长江文艺出版社，2014.

由于幸福是人所具有的情感体验，不同的人会有不同的感觉。因此，学者们从各自的研究角度，开列出幸福公式。

1. 皮特·科恩的幸福公式

英国心理学家皮特·科恩（Pete Cohen）经过长时间的研究后认为，人的真正幸福可以用一个公式来表示：①

$$Feli-cidad（幸福指数）= P+5\times E+3\times H$$

其中：P 代表个人性格，包括个性、应变能力、适应能力、人生观、世界观、忍耐力等；E 代表生存需求，包括健康、交友状况、财富等；H 代表人的自我评价、对生活抱有的期望值，包括自尊心、雄心和幽默感等。

计算公式中，个体得到的分数越高，幸福感就越强。

运用该幸福方程式时，首先需要请被询问者平心静气地回答以下问题：

（1）你是否充满活力，以灵活开放的心态面对变化？

（2）你是否以积极心态面对未来，从所遇到的挫折中迅速恢复到原来状态？

（3）你的个人安全感、选择的自由等基本生活需求是否实现？

（4）亲密朋友有需要的时候，自己是否选择主动有力地提供支持？

上面第（1）、第（2）问所对应的是 P，第（3）问所对应的是 E，第（4）问所对应的是 H。假设每题满分 10 分，总分 100 分。如果有人答题结果依次为 7、7、6、7，那么，幸福指数 $=14+5\times 6+3\times 7=65$。

2. 塞利格曼的幸福公式

美国著名的积极心理学家塞利格曼列出的有关幸福的公式如下：②

$$H(幸福感) = S(幸福定位点) + C(环境因素) + V(自我可控因素)$$

塞利格曼的幸福要素观点可做这样的解释，即通过实证研究表明，人的心中幸福感的存在，源于一个人先天遗传因素（幸福定位点）、环境因素和自我可控的心理力量。

（1）一个人的先天遗传因素（幸福定位点）。心理学研究表明，幸福感有 50% 是由遗传基因所决定的。每个人从出生开始，就有了一个特定的幸福定位点，这与人的体重定位点很相似：就像有些人天生就很苗条，她们无须任何运动或节食，永远都吃不胖；相反，有些人若想保持美好的体型，就必须永不松懈地锻炼和节食，稍有放松，就会立刻反弹。通过一系列同卵和异卵双胞胎的研究发现，拥有完全相同的基因的同卵双胞胎之间的幸福水平非常相似，即便他们的生长环境、抚养方式、社会文化截然不同，这意味着现实生活中人的幸福感不完全和财富成正比，人只要有一个健康的心态，生活在贫穷环境中也会觉得幸福。

（2）环境因素：影响平均值。人们在生活中常常遇到的谎言是：如果生活环境改变

---

① ［英］科恩. 拯救生活 [M]. 李金慧，周子健，译. 哈尔滨：黑龙江教育出版社，2010.

② ［美］塞利格曼. 真实的幸福 [M]. 洪兰，译. 沈阳：万卷出版公司，2010.

了，我一定会变得更幸福；如果我离开了这里，我一定会变得更幸福；如果我可以赚更多的钱，我一定会变得更幸福；……这种想法被称为"当……时，我就会获得幸福"。事实上，积极心理学研究调查显示，环境对人的幸福程度影响的平均值仅为10%。因此，无论是生活在春暖花开的南方还是冰天雪地的北方，无论是开豪车上班还是开二手车上班，人们获得幸福的机会其实并没有显著的差别。

相对于财富，婚姻与幸福的关系更为密切。美国民意研究中心曾用30年的时间调查了35 000名美国人，结果发现，40%的已婚者表示他们"非常幸福"，而只有24%的未婚者、离婚者、分居者或丧偶者说他们是幸福的。

（3）自我可控因素：幸福指数。即便基因决定了一个生命个体幸福指数的先天差异，因后天纷繁复杂的生长环境，幸福指数依然存在着40%的不可解释的差异。因此，除了基因以及不可改变的生存条件（如父母、长相等），40%的幸福潜能可以通过自己的行动来创造，这才是人们认为幸福的关键指数，而且这是自己可以掌控的，如人们在追求快乐又有意义的工作、学业时，在帮助他人时，在美妙的恋爱中时。而另一些调查发现，自认为最幸福的人普遍愿意与人分享生活中幸福的感受。他们虽然形形色色，但是其社交很广泛，朋友很多，这样的人无疑是快乐的。因为他们的痛苦和欢乐都有人分享，心理负担就不那么重了。这一研究表明，人如果想幸福就选择：拥有美满的婚姻、丰富的社交和有一个好的信仰。

塞利格曼的幸福公式说明，人所感受的幸福秘诀在于自己的精神状态，而不在于自己所处的物质生活状态。

三、幸福的心态与选择

所谓的人生幸福，并不仅仅是其外在的东西，也不仅仅是改善一个人生活的物质条件就能实现。幸福的产生和建立，离不开人类生存所必需的最基本的物质条件，但更重要的是一个人所拥有的健康心态和对幸福的正确认识。

心理学家罗伯特·诺奇克描述了一个假想实验，假设有一台"幸福体验机器"，任何时候只要喜欢，它就可以刺激大脑让人感受到幸福，而且体验者也察觉不到这是机器的作用。问题是如果可以的话，人会不会一生选择使用这部机器呢？如果人的一生都在使用这部机器获得幸福，那么这种幸福是真实的幸福吗？绝大部分人回答宁可不要。因为谁都知道暂时的快乐并不能等同于幸福，除了想要快乐的人以外，人还希望周围的客观环境能够与自己的感受一致，这意味着作为主观性很强的幸福感必须来自生命个体有意识的努力。

当今社会，人类已发明了许多类似的刺激工具和制造神经系统暂时快乐的"幸福机器"，酒精、购物、电视剧以及网络游戏等均有这样的及时行乐、逃避压力和焦虑的性质。但人们沉溺其中，短期有刺激，却无法长久维持。因为这样的享乐本身是与负面情绪共生的，这其实就是"幸福的假象"，如有人坐拥万贯家财却衍生出许多空虚和绝望。

塞利格曼认为，人们追求的幸福其实包含了三个方面的内容：快乐、投入和意义。人要想得到幸福，需要在享受当下快乐的同时，将自己投入能够发挥自我潜能或优势的事业中去寻找生命的意义，这也暗合了人的生命三重属性。就人类的需要而言，可以分为物质性需要、精神性需要和社会性需要，幸福与人的需要直接相关，满足生命的三层需要即珍爱自然生命、丰富精神生命、发展社会生命价值，从而获得生命的幸福感、精神的幸福感和社会幸福感。

1. 生理性幸福：享受快乐，满足自然生命

人的生命只有一次，因为非常短暂和不可逆转，所以要懂得享受生命和生命存在的价值意义。但在现实的社会生活领域，追求享受生命的人并不一定明确生命存在的价值。现在在大学生群体里中有一部分人崇尚拜金主义幸福观、功利主义幸福观、享乐主义幸福观、极端个人主义幸福观等低级庸俗的幸福观，这实际上是把人的生命价值需要与物质欲望的满足相混淆了。

那么，什么才是真正的幸福呢？古希腊哲学家伊壁鸠鲁说："快乐就是幸福，快乐就是身体的无痛苦和灵魂的无纷扰。"也就是说，一个人拥有健康的身体和宁静的灵魂，就可以说自己是一个幸福的人。人生于自然，能够享受大自然的阳光、空气和美妙的景色，这就是生命本身需求的一种满足，可以从中获得快乐和安宁。还有一些生命本能中所产生的需要，如性本能，包括性欲和繁衍。像那些处在热恋情境中的人就容易体会到极其强烈的幸福感，因为高质量的恋爱体验会帮助热恋中的人彼此共同成长与发展；为人父母的幸福也是更深层次的快乐感受，人一旦有了自己的孩子，延续生命的本能就会从心灵深处苏醒过来，从而获得幸福感。

2. 精神性幸福：投入的生活，丰富精神生命

人不但应该享受当下生活的快乐，还要追求更高层次的快乐，即满足自身的精神需求。精神需求包括智、情、德三个方面，智是求知需求，情是情感需求，德是道德需求。

人有头脑，有思维意识，所以对世界充满了好奇心，能够进行独立思考，这是人类最为宝贵的禀赋，运用和发展这种禀赋本身就是莫大的享受。特别是人的好奇心，对其满足和思考的过程本身就充满了快乐，这种快乐是任何物质的满足都无法比拟的。有些人只沉浸于浅层的物欲享受，而从来没有体会过精神满足的快乐，就会把金钱看得高于一切，甚至认为获得金钱是唯一的快乐。

人的好奇心和独立思考能力具体到学习中，进行学习活动就是好奇心和求知欲的满足手段，所以学习本身应该是一件快乐的事情。大学生努力培养自己对学习的兴趣，而兴趣又会成为才能的可靠补充，充分发挥才能便是自我实现的"心流"体验。正如英国哲学家罗素所言："真正令人满意的幸福总是伴随着充分发挥自身的才能来改变世界。"比如，当我们沉迷于阅读或写作的情境时，自成世界，听不到周围人群的说话声，有时连别人叫我们的名字都听不见；在画画、弹琴、烹饪、跳舞时，因为全神贯注而感到时间转瞬即逝，这些都是幸福的"心流"体验。

人不仅要充实知识储备，还应该丰富情感生活，情感是指对世界和人生的审美体验。审美由人的内在生命力所激发，正如尼采所说，你对生命的爱是美感的根源。功利即便得

到再多，最终也只会被消费掉，但用审美来感受生活，则是内心积累和丰富的过程。一方面，珍惜自己的经历，记录经历，从经历中领悟人生，获得精神财富；另一方面，多读书，读好书，读经典书籍，通过阅读分享他人的精神财富，美好与幸福会自然地被唤醒。

道德需求涉及意志即实践，康德认为实践指人能够用道德和信仰来指导自己的行为。积极心理学认为，美德是人们感受幸福的素质基础。塞利格曼说过，幸福感来自自己的优势与美德，通过自己努力获得的幸福才会有真正幸福的感受。

3. 社会性幸福：生活的意义，扩展生命

个人的幸福不可能脱离于社会而独立存在，而是与社会发展一致，并为社会所认可，与社会幸福相统一。根据马斯洛需要层次理论，人在满足基本物质需求和精神需求之后，人的社会属性会促使人渴望归属于某一团体，与其他成员一起分享共同利益，表现为相信自己作为社会重要一员并为社会创造价值，关心社会发展并投身于社会建设中，在奉献社会的过程中体验自己的社会价值。

印度有句谚语："真正的幸福在于让他人也获得幸福。"比如乐于助人本身就是一项非常行之有效的收获幸福的好品行。献血、到敬老院做志愿者、扶老人过马路等善举，都可以有效提升自己的幸福感。因为人在帮助他人时，会使自我认知提升，自信心增强。助人者，可以得到他人的微笑、感谢甚或友谊，这种自我存在的内心充足感是所有收获物质的心情无法比拟的。比尔·盖茨就是这样，他曾连续13年蝉联全球首富，却早在2008年就留下遗嘱，宣布将自己98%的资产捐给慈善基金会，后来又宣布退出微软公司董事会，全心全意经营慈善事业，并且做到了身体力行，经常奔波于非洲最贫穷地区，进行防治艾滋病和疟疾的努力，并为世界贫穷国家提供援助。"慈善事业让我快乐，但同时也意味着巨大的责任。"比尔·盖茨曾解释说，"当然，我在微软的工作也很快乐，也需要承担责任。为人父母亦是如此，生命中很多重要的事情都是一样，为了让自己的生活更有意义，不然我们每天早晨起床是为了什么。"[①] 世界第二富豪、股神巴菲特也将自己财产的85%捐给各个基金会，其中绝大部分捐给比尔·盖茨基金会。他向人表示说，我自己不设基金会，原因是比尔·盖茨已经干得非常好了。有人提到他留给子女的财产问题时，巴菲特曾表示："我想给儿女的财富，是足够他们一展抱负的，而不是多到他们一事无成。"这些富豪们在赚钱时锱铢必较，是最精明的资本家，花钱的时候又大都成了慈善家。财富本身并不能赋予人生以意义，让财富造福人类才是意义的源泉，而获得道德感和社会价值感的满足才是人生追求的真正幸福。

四、大学生应有的幸福观

幸福作为一个古老而常新的话题，在不同的历史时期会有不同的内涵。作为新时代大学生群体，应当树立一种合乎时代发展要求的幸福观。

---

① 于成龙. 比尔·盖茨：从世界首富到世界首捐［M］. 北京：清华大学出版社，2012.

1. 物质充裕和精神超越的统一

幸福是一种心态，大学生在现实的生活中，要正确处理物质需求和精神需求的关系。生命的存在需要一定的物质条件，以此来保证人的基本生存和生命质量，这也是生命成长与发展的必要基础。以此而言，对当下大学生的物欲追求心态，不能一概而论和全盘否定。人的物欲追求本没有错，但是不能过度物欲化和过度地追求财富，否则就会被物欲所惑、所累、所苦。满足物欲容易使人沦为物的奴隶。一个人如果只为满足财富积累的欲望而生存，就会陷入为物丧生的境地，那就意味着财富给个人带来的多半不是幸福，而是灾难。

2. 个体拥有和社会分享的统一

幸福是属于生命个体的主观感受，体现在生命个体所从事的社会生活实践中。对于个人而言，体验自身的幸福也是做自己主人的一种表现，因此，社会应该采取包容的态度，为其提供个体自由追求的空间。然而从另一角度看，如果社会中的每个成员都将幸福狭隘地看成自己的私有财富，这样的幸福意识也是不正常的。因为人的幸福是不能脱离社会而独立存在的，它需要社会提供的条件，特别是需要社会成员的广泛认可。人的真正幸福其实就是个人幸福与社会幸福的和谐统一。幸福不会因为分享而被削弱，幸福是无限的主观世界的拓展与延伸，这决定了社会成员在追求自我幸福的过程中，需要自觉承担一定的社会义务，以便与人共同分享幸福。

3. 幸福追求和挑战不幸的统一

人生旅途中，总是欢乐与悲伤交融、顺利与挫折更迭、称心与失意并存。人生所感受的幸福就在于一定程度上对不幸的感受，从心理感受的幸福中认识不幸，幸福与不幸的现实生活其实都是人生感受幸福的最好老师。事实上，在人的经历中，消极的感觉总比积极的感觉强烈得多，不愉快的情绪也比较不容易摆脱。可是，不是人的所有幸福感觉内容都是愉快的，有些幸福感甚至是建立在人所遭遇到的悲痛、苦难、愤怒等负面情绪之上的。不幸虽给人带来黑暗，却可以从中发出希望的光明。正所谓"不经历风雨，哪得见彩虹"，从苦难中可能获得真正人生的意义和幸福感。

资料库

1. 幸福指数

幸福指数衡量是人们对自身生存和发展状况的感受和体验，即对人们通常所说的幸福感的量化，是人们根据一定价值标准对自身生活状态进行的满意度方面的评价。幸福指数作为评价社会发展的一个重要指标，不仅体现了人民群众对社会发展的满意度，而且越来越成为各级政府决策的重要依据。

2. 享乐适应

享乐适应是人的情绪的适应过程，它客观存在，正如人类适应气味、温度及阳光一样,与人类日常生活休戚相关。当环境的改变给人带来快乐时,人们通常会很快习惯环境的改变,恢复到平常的快乐程度。每个人内心都有一个"感观温度计",还有一个"快乐温度计",记录着我们的情绪变化,从不快乐到平和,再到快乐。当我们经历开心的事情时,快乐"温度"就会升高;反之,则会降低。但是这个过程我们也会逐渐适应。20 世纪 50 年代,美国人均 GDP 大幅增长,但国民的幸福感却停滞不前;1960—2000 年,日本人均收入增长近 80 倍,但幸福指数增长却不足 1%。收入增加、职位提升确实会给人带来快乐,但往往难以持久,这就是"享乐适应"的过程。

思考与讨论

1. 被压缩了的世界村庄

美国斯坦福大学医学研究所的菲利普·马特(Phillip Marter)在网上发表了一篇文章,引起许多网友共鸣,纷纷转载。

如果我们把全世界的人口按现有比率压缩为一个 100 人的村子,情况就会如同以下:

这个村子有:57 个亚洲人,21 个欧洲人,14 个人来自西半球的南、北美洲,8 人是非洲人;52 人是女性,48 人是男性;70 人是有色人种,30 人是白人;70 人是非基督徒,30 人是基督徒;6 人拥有全世界 50% 的财富,而且全是美国人;80 人的居住环境达不到标准,70 人是文盲,50 人苦于营养不良,1 人濒临死亡边缘,1 人正要出生,1 人接受大学教育、1 人拥有电脑。

透过这个压缩图来放眼世界就会明白,作为人,接纳他人、谅解以及教育是何等重要。

再从以下的数据来想想看:

如果你早上醒来的时候健康无恙,那么比起活不过这一周的百万人来说,你真是幸运多了。

如果你未经历过战争的危险、入狱的孤独、严刑的苦楚、饥饿的痛苦,那么,比起在饥饿线上挣扎的 5 亿人来讲,你真是幸运多了。

如果你冰箱里边有食物,身上有衣服可穿,有地方可以睡觉,那么比起世界上 75% 的人来说,你真是富足多了。

如果你银行中有存款、钱包中有钱,还能到某处消费、点菜,你便跻身世界上最富有的 8% 人当中了。

如果你的父母依然健在,并在一起生活的话,这可是非常难得的事情。

如果你能读到此文,那意味着与世界上超过 20 亿的文盲来说,你真是幸运多了。

(资料来源:根据菲利普·马特的《压缩后的地球百人村庄》整理)

问题讨论:

幸福是什么?通过以上叙述,你是否体会到幸福其实是在比较中产生的一种主观感受?由此,你对今天的世界有什么样的看法?

2. 富翁和渔夫的故事

一天，在海滩上，大富翁看见渔夫躺着晒太阳，便责备他说："大好时光，你怎么不多打点鱼呢？"

渔夫反问到："打那么多鱼干吗？"

富翁说："卖钱啊？"

渔夫再反问："卖那么多钱干吗？"

富翁说："有了钱，就能像我这样，有自由，有快乐，悠闲地在这片美丽的海滩上散步。"

渔夫说："我现在不正快快乐乐地躺在沙滩上吗？"

问题讨论：

你如何看待富翁和渔夫所理解的幸福？

建议阅读书目

1. [英] 罗素. 幸福之路 [M]. 刘勃，译. 北京：华夏出版社，2016.
2. [美] 马丁·塞利格曼. 持续的幸福 [M]. 赵昱鲲，译. 杭州：浙江人民出版社，2012.
3. [美] 索尼娅·柳博米尔斯基. 幸福有方法 [M]. 周芳芳，译. 北京：中信出版社，2014.

问题与作业

1. 自我感恩测验

请用下面的数字表达出你对每一个句子的赞同程度。1=非常不同意；2=不同意；3=有一点不同意；4=中立；5=有一点同意；6=同意；7=非常同意。

①我生命中有很多值得感谢的事情。

②如果要我列出值得感谢的每件事，这张单子会很长。

③我看不到这世界有什么值得感谢的事情。

④我对很多人都很感激。

⑤我年纪越大，越感到生命中有很多人、事、物对我有帮助，他们都成为我生命历程的一部分。

⑥要经历过很长一段时间，我才会对某人或某事产生感激之情。

计分方式

（1）请将第①②④⑤题的分数加起来。

（2）颠倒第③题和第⑥题的分数，也就是如果你填"7"则得1分，如果你填"6"则得2分，以此类推。

（3）把改后的第③题和第⑥题的分数加到第（1）步的总数中，这就是你的感恩测验分数。

分数在 35 分以下，感恩指数在后四分之一；分数为 36～38 分，感恩指数在后二分之一；分数为 39～41 分，感恩指数在前四分之一以内；分数为 42 分，感恩指数在前八分之一。

2. 哲学家蒙田说："一个有使命感的生命是人类最伟大的作品。"请问，你的人生使命是什么？

3. 什么样的目标曾经给你带来幸福？你认为什么样的目标可以在未来带给你幸福？

人生维度篇

创造价值：延展生命的长度

一个人从呱呱坠地来到人世间，至走到生命的尽头告别人世，其过程长不过百十年。生命是有长度的。

生命的长度是一条线段，它由无数个点构成。如果把生命的长度定格在一个个点，生命就再也不是无法用尺度衡量的过程，它的概念再也不是一个抽象的解释，而是形象地再现了人的生命瞬间。生命的瞬间性突出了生命的可贵。

把生命停留在一个点上，意味着过去的那一个点的生命已经死了，后面那一个点的生命还没有到来。这告诉我们，生命中的每个年龄段都是时间长河中的片段，它长也罢，短也罢，痛苦也罢，快乐也罢，人只能活在当下，好好把握每个片段要做的事，做好每件事，过好每一天。

毕淑敏说："人的生命是一根链条，永远有比你年轻的孩子和比你年迈的老人。我们每个人都有自己的位置，它是一宗谁也掠夺不去的财宝。不要计较何时年轻，何时年老。只要我们生存一天，青春的财富就闪闪发光。能够遮蔽它光芒的暗夜只有一种，那就是你自以为已经衰老。"

第七章

生命风险的预防与救护

内容提要

■ 在人生旅程中,各种矛盾、冲突甚至危险无处不在、无时不在,时时刻刻威胁着人的生命安全与健康。面对自然灾难,人类要掌握一些基本的应对危机和消除灾祸的知识与技能。

■ 吸毒是为人所不齿的恶行,吸毒成瘾,会使人成为毒品的奴隶。吸毒也容易导致艾滋病的传播,毒品、艾滋病是当代社会的"国际公害"。

■ 人生没有彩排,每天都是现场直播。一个小小的忽视,一个漫不经心的"没关系",一句不屑一顾的"没问题",都是刺向生命的利剑。

■ 人的生命是值得尊敬的,大学生应具有拒绝暴力的理性,在与他人发生矛盾和冲突时不应失去理性,更不要走向极端,应学会对人宽容和化解矛盾之道。

案 例

1987年6月12日至26日,联合国在维也纳召开由138个国家的3 000多名代表参加的麻醉品滥用和非法贩运问题部长级会议,会议提出了"爱生命,不吸毒"的口号。与会代表一致同意将6月26日定为"国际禁毒日",以引起世界各国对毒品问题的重视,同时号召全球人民共同解决毒品问题。

每年的"6.26"国际禁毒日前后,各级政府都会通过报刊、广播、电视等新闻媒介及其他各种形式集中开展禁毒宣传活动。

第一节 生命历程中的健康与伤害

生命的成长是一个漫长而艰辛的复杂历程，安全对个体生命成长至关重要，直接关系生命的存在与延续。在现实生活中，有些风险是能预防的，只是因为疏忽大意而酿成灾祸；有些风险平时不常遇到，只是因为经验不足而发生。为此，不断地学习防范风险的知识，努力克服和消除生活中各种不安全因素，培养对风险的防范意识与保护生命的技能，就显得十分重要。

对人类社会和生命财产造成损失的灾难有多种形式，大体可分为四类：第一类是瘟疫，即大规模流行的具有高致死性的传染病；第二类属于天文地理因素使然的自然灾害；第三类是由人为因素引发的技术性事故；第四类是意外事故，如暴力伤害、溺水、非自杀原因的坠落、食物中毒等。这些灾难可能是群体性的，也可能是个体性的。灾难的本质在于它以对生命毁灭的方式影响着人的正常生死过程，从中昭示人的生死无常、命运叵测。

一、自然环境灾害与防灾自救

重大的突发性自然环境灾害是指由于自然环境异常变化造成的人员伤亡、财产损失、社会失稳、资源破坏等现象或一系列事件，包括旱灾、洪涝、台风、风暴潮、冻害、雹灾、海啸、地震、火山喷发、滑坡、泥石流、森林火灾、农林病虫害等气象灾害、地质灾害、海洋灾害和森林草原火灾以及重大生物灾害等。

自然灾害发生时，由于其巨大的破坏性，不仅会给人造成死亡、伤残等生理伤害，还能造成断水断电、粮食缺乏、房屋倒塌等后果，由此引发恐惧等心理或精神伤害。世界上每年有数亿人遭遇自然灾害的袭击，成千上万人因此失去生命。

2008年5月12日，四川汶川发生8.0级特大地震，给灾区人民的生命财产造成了巨大损失。地震确认69 227人遇难，374 643人受伤，17 923人失踪，直接经济损失达8 452亿元人民币。这是中华人民共和国成立以来破坏力最大的地震，也是唐山大地震后伤亡最严重的一次。受此影响，自2009年起，每年的5月12日为全国防灾减灾日，意在从宣传角度提高全民应对自然灾害的意识。

（资料来源：陈海汶. 5·12中国汶川大地震［M］. 上海：上海文化出版社，2008.）

当今时代，人类面临着诸多发展中的矛盾，其中就包括自然环境恶化对人的生命的伤害。所以，了解自然灾害的特点，学会应对自然灾害的方法至关重要。大学生应当增强自救意识，提高自己的生存技能，同时也要对他人的生命承担起救护责任。

下面介绍几种常见的对人类生存威胁较大的自然灾害及其应对方法。

（一）地震（地质灾害）的常识与自救

地震是破坏力最大的地质灾害。地震一旦发生，除了会造成房倒屋塌、山崩地裂、砂土液化、喷砂冒水等直接灾害，还会引起火灾、爆炸、毒气蔓延、水灾、滑坡、泥石流、瘟疫等次生灾害。

（1）地震发生时，要沉着冷静，不要惊慌失措。应立即切断电源，防止火灾发生。将人的活动范围限制在周围某个安全地点，最好躲在体积小的房间，如卫生间、厨房等。

（2）如果人在室内，正在晃动时，可以立即蹲下，寻找掩护，利用写字台、桌子或者长凳下的空间，或者身子紧贴内部承重墙作为掩护，然后双手抓牢固定物体。如果附近没有写字台或桌子，用双臂护住头部、脸部，蹲伏在房间的角落。远离玻璃制品、建筑物外墙、门窗以及其他可能坠落的物体，例如灯具和家具。

（3）在大地抖动一阵短暂平息后，要迅速拉断电闸、浇灭炉火、关闭煤气阀门，待确认安全后再离开。要带上震前准备好的提袋，尽快向户外安全的地方转移。夜间地震时，不要因为寻找衣物和穿衣而耽误时间，要争分夺秒地躲避到安全地点，切勿使用电梯逃生。

（4）如果已在室外，应待在原地不要动，远离建筑区、大树、街灯和电线电缆。如果正在开动的汽车上，应当在确保安全的情况下，尽快靠边停车，留在车内。不要把车停在建筑物下、大树旁、立交桥或者电线电缆下。不要试图穿越已经损坏的桥梁。地震停止后小心前进，注意道路和桥梁的损坏情况。

（5）如果被困在废墟下，压埋较轻的人，要判断自己所处的位置和具体情况，寻找可以自救脱险的房屋薄弱部位。为避免扬起灰尘，可用手帕或布遮住口部。如果不能自我逃脱，要设法把呼吸部位（口、鼻、胸部附近）的压埋物松动一下，或扒开一定的空间，以利呼吸，等待救援。尽量在可能呼叫有效的地方敲击管道或墙壁，以便救援人员发现你。在其他方式都不奏效的情况下再选择呼叫求助。

（二）台风（气象灾害）的常识与自救

台风和飓风都是产生于热带洋面上的一种强烈的热带气旋，只是发生地点不同，叫法不同：在北太平洋西部、国际日期变更线以西范围内发生的热带气旋被称为台风；而在大西洋或北太平洋东部的热带气旋则称飓风。也就是说，在美国一带称飓风，在菲律宾、中国、日本一带则叫作台风。台风给广大的地区带来了充足的雨水，是与人类生活和生产关系密切的降雨系统。但是，台风也会带来破坏，它具有突发性强、破坏力大的特点，是世界上最严重的自然灾害之一。

（1）台风来临前，应准备好手电筒、收音机、食物、饮用水及常用药品，及时加固危房，防止屋塌伤人，把阳台上的花盆等物品搬进室内，取下悬挂物品，查看电路、煤气等设施是否安全。

（2）台风来时，尽量不要外出，要随时注意收听、收看气象预报等信息，做好防范工作。必须外出的话，一定要穿上轻便防水的鞋子和紧身衣裤，穿好雨衣，戴好雨帽，系紧帽带，或者戴上头盔。如果在外面，千万不要在临时建筑物、广告牌、铁塔、大树等附近避风避雨。

（3）如果你正在开车，应立即将车开到地下停车场或隐蔽处。如果人已经在结实的房屋里，则应小心关好窗户，不要在玻璃门窗附近逗留，不要在台风经过的地区游玩或游泳，更不要驾船出海。

（4）遇到生命危险时，应打电话、发信息紧急求救。

(三) 洪灾与海啸（气象灾害）常识与自救

洪灾是指一个流域内因集中大暴雨或长时间降雨，汇入河道的水流量超过其泄洪能力而漫溢两岸或造成堤坝决口导致泛滥的灾害。海啸是由海底地震、火山爆发或海底塌陷、滑坡所激起的巨大的具有破坏性的波浪。

海啸发生时形成的巨浪会越过海岸线，摧毁岸边的城市和村庄，给人类生命和财产造成极大的损失。如2004年的印度洋海啸，遇难者总人数超过29万人。2011年3月11日，日本东北部海域发生9.0级地震并引发海啸，导致15 894人遇难。

面对洪水和海啸，所采取的自救措施有：

（1）洪水来时，来不及转移的人员，要就近迅速向山坡、高地、楼房、避洪台等地转移，或者立即爬上屋顶、楼房高层、大树、高墙等高的地方暂避。

（2）千万不要游泳逃生，不可攀爬带电的电线杆、铁塔，也不要爬到泥坯房的屋顶。

（3）发现高压线铁塔倾斜或者电线断头下垂时，一定要迅速远避，防止直接触电或因地面"跨步电压"触电。

（4）如果洪水继续上涨，暂避的地方已难自保，则要充分利用准备好的救生器材逃生，或者迅速找一些门板、桌椅、木床、大块的泡沫塑料等能漂浮的材料扎成筏逃生。

（5）如果已被洪水包围，要设法尽快与当地政府和防汛部门取得联系，报告自己的方位和险情，积极寻求救援。

（6）如果已被卷入洪水中，一定要尽可能抓住固定的或能漂浮的东西，寻找机会逃生。

二、技术性事故的防护自救

灾难违背人的意愿，以极大的破坏力对人的生命造成伤害和财产损失。技术性事故，如矿难、空难、海难、车祸及各种工程事故等，也属于灾难。

（一）预防火灾的常识与救护

火灾，是指由于物体燃烧现象而引起的灾害。火灾事故具有相当大的破坏作用，它可以毁灭大量的物质财富并直接威胁人的生命安全。1923年，日本东京大地震引发的大火曾燃烧数日，光烧死的人就有达10万人以上。

1. 防火常识

（1）家庭防火常识：不要躺在床上吸烟、乱扔烟蒂，点燃的蚊香远离床沿、蚊帐、窗帘等易燃物品；使用煤炉、煤油炉、液化气等灶具时，人不能离开，定期检查燃气灶具；家用电器使用完毕，应及时拔掉电源插座；不要把油漆等易燃易爆物品堆放在阳台上，避免阳光直射引发火灾。

家用液化气瓶应该置于通风良好的地方，在一定距离范围内不能有明火和热源。气瓶阀门和管路接头等处应保证不漏气。严禁用明火试漏，气瓶内剩余残液不得自行倾倒，防止残液流散和蒸发而燃烧起火。如果家中煤气、液化气泄漏，首先关掉煤气总开关、液化气总阀，打开门窗，让空气自然流通。千万不能开灯，不能在室内打电话或手机，不能开启或关闭家用电器，以免产生电火花，引起爆炸。赶快疏散老人、儿童，到安全处打电话报警,并通知周围邻居做好防范准备。

（2）学校等环境防火常识：在寝室不要乱拉临时线、乱设临时插座，不使用热得快等不安全电器；寝室熄灯后不要点蜡烛，不能将灯泡装在蚊帐边及用纸篓灯罩；学校组织外出活动时，要自觉遵守公共场所的防火安全规定，不携带易燃易爆品进入林区、草原、自然保护区、风景名胜区等地；组织野炊活动，要选择安全的地点和时间，用火完毕熄灭火种。

当处在陌生的环境时，务必留心疏散通道、安全出口及楼梯方位等，以便关键时刻能尽快逃离现场。楼梯、通道、安全出口等是发生火灾时最重要的逃生之路。

2. 火灾自救

（1）火灾初起时，如果火势不大，尚未对人造成威胁，若周围有足够的消防器材，如灭火器、消防栓等，应奋力将小火扑灭。同时大声呼喊，或敲打脸盆、铝锅等能发出响声的东西，呼唤更多的人参与灭火，并迅速拨打"119"报警。如果是学校等场所火灾初起，要紧急呼救和组织人员自救，如果已打"119"报警，要说清火灾发生地点并派人到路口等候消防车，无关人员远离火场，以便消防车辆进入。

火灾报警119

1992年，公安部发出通知，将每年的11月9日定为"119消防宣传日"。因为从11月9日以后，我国大部分地区开始进入冬季，冬季是火灾多发期，所以，"119消防宣传日"拉开了我国冬季防火的序幕。其实，火警电话之所以是"119"，也是汉语"要要救"的谐音。我国的119报警台不仅是一部电话，而且是一套通信系统。它可以同国土上任何一个地方互通重大火灾情报，还可以通过卫星调集防灾救援力量，随时向消防最高指挥部提供火情信息。119报警台实际上是一个防灾指挥中心。

（资料来源：119消防日来历. 百度文库. https：//wenku. baidu. com/view/5fb8da8e178884868762caaedd3383c4ba4cb4c8. html. ）

（2）在火灾初起灭火同时，要尽可能把着火点附近的物品搬到屋外，及时转移液化气罐，防止火势蔓延。油锅着火，不能泼水灭火，而应关闭炉灶阀门，直接盖上锅盖或用湿抹布覆盖，或向锅内放入切好的蔬菜使油冷却。电器着火，应先切断电源，不可用水灭火，救火时不要贸然开窗，以免空气对流加速火势蔓延。

（3）火势控制不住逃生时，切勿乘坐电梯。撤离时要朝明亮处或外面空旷地方跑，要尽量往楼层下面跑。切勿盲目跟从人流相互拥挤、乱冲乱窜。为防浓烟呛入，可用毛巾、口罩蒙鼻，匍匐撤离，可向头部、身上浇冷水或用湿毛巾、湿棉被、湿毯子等将头、身裹好，再冲出去。假如用手摸房门已感到烫手，或无法开门，应关紧迎火的门窗，打开背火门窗，用湿毛巾湿布塞堵门缝或用水浸湿棉被蒙上门窗，不停用水淋透房间，等待救援。被烟火围困暂时无法逃离的人员，应尽量待在阳台、窗口等易于被人发现和能避免烟火近身的地方，及时发出有效的求救信号，引起救援者的注意。如果发现身上着了火，千万不可惊跑或用手拍打，应赶紧脱掉衣服或就地打滚，压灭火苗；能及时跳进水中或让人向身上浇水、喷灭火剂更有效。

（4）高层建筑发生火灾安全，安全通道被火封堵时，可将上半身探出窗外，呼吸新鲜空气，等待救援。如果需要逃生，可以用建筑物内部设施，根据不同条件、不同部位选择不同逃生方法。应听从指挥人员指挥，必要时也可以选择跳楼逃生，但应该注意的是：只有消防队员准备好救生气垫并指挥跳楼或楼层不高（3层以下），不跳楼即被烧死的情况下，才可采取跳楼的方法逃生。

（二）道路交通事故的隐患与自我保护

道路交通事故是现代社会最为严重的技术性事故。车祸是人非正常死亡的首因。据统计，自1886年人类造出第一辆汽车开始，到1979年的93年间，全世界已有2 000万人以上死于交通事故，比第一次大战死亡人数还多400万人。这一问题的严重性在我国也十分突出，1986年以前，每年死于车祸的人在4万人以内，1987年上升到5万人以上。随着汽车在家庭的普及，车祸死亡人数也迅速上升，到21世纪初，已是年均死亡在10万人以上，伤50万人左右。如果仅以每位死者直系亲属3人计，一年中有30万人遭到家破人亡的灭顶之灾；如果以10位亲属计，死者牵连到的亲属约为100万人。

（资料来源：根据新浪网的张花琪《中国历年交通事故死亡人数官方统计》一文整理）

1. 高校内外的交通事故

随着高校改革的不断深入，大学生因扩招而数额急剧增加，交通事故死亡数量也在逐年增加。同时，高校与社会的交流越来越频繁，校园内人流量、车流量急剧增加。高校教师拥有私家车、摩托车更是普遍，学生开车上学也已不再是新闻。然而许多校园道路建设、校园交通管理滞后于社会的发展速度和规模，一般校园道路都比较狭窄，交叉路口没有信号灯管制，也没有专职交通管理人员管理。校园内人员居住集中，上、下课时容易形成人流高峰，致使高校的交通环境日益复杂，统计数据表明，高等学校学生非正常死亡人数中，因交通事故死亡的占有一定的比例。

2. 道路交通事故的预防

（1）提高交通风险意识。不管是校内还是校外，发生交通事故最主要的原因是当事人思想麻痹、安全意识淡薄。作为一名大学生，遵守交通法规是最起码的要求。若没有交通安全意识，很容易带来生命危险。

（2）遵守交通规则。在道路上行走，应走人行道，无人行道时靠右行走。走路时要集中精力，"眼观六路，耳听八方"，不与机动车抢道，不突然横穿马路、翻越护栏，过街走人行横道，不闯红灯，不进入标有"禁止行人通行""危险"等标志的地方。

（3）乘坐市内公交车要等车停稳后依次上车，不挤不抢；车辆行驶中不把身体伸出窗外；乘坐长途客车、中巴车时不贪图便宜乘坐车况不好的车；不要乘坐"黑巴""摩的"，因为这些车辆没有安全保障。

3. 道路交通事故的自救

（1）乘坐车辆发生险情或事故时，乘客头脑要保持清醒，迅速判明情况、采取适当措施，切忌惊慌失措。应双手紧紧抓住前排座位或扶杆、把手，低下头，两腿微微弯曲，用力向前蹬地，利用前排座椅靠背或双臂保护好头面部。若遇翻车或坠车时，应迅速蹲下，紧紧抓住前排座位的椅脚，身体尽量固定在两排座位之间，随车翻转；没有抓住什么东西，抱头缩身也是上策。

（2）车辆行驶时切忌盲目跳车，应在车辆停下后再陆续撤离。若在车中感到将被抛出车外时，应在被抛出车外的瞬间，猛蹬双腿，增加向外抛出的力量，以增大离开危险区的距离。落地时，应双手抱头顺势向惯性的方向滚动或跑开一段距离，避免遭受二次损伤。

（3）当交通事故发生后，应迅速向消防（119）、交通（122）、急救中心（120）求救，并向就近单位、村镇紧急寻求救助，也可拦截过往车辆求援。

（4）遇伤员被挤压、夹嵌在事故车内时，要尽量避免生拉硬拖等暴力方法，应等待专业救援人员到达现场后使用机械拉开或切开车辆等合理方法；伤员救出后，应立即对其进行现场急救，再转送医院。

（5）如行车途中汽车突然起火，驾驶员应立即熄火、切断油和电源，组织车内人员离开车体。若因车辆碰撞变形、车门无法打开时，可使用车内安全锤击碎前后挡风玻璃或车窗脱身。

（6）当乘客衣物已经着火时，应采取向水源处滚动的姿势，边滚动边脱去身上的衣服，注意保护好露在外面的皮肤和头发。不要张嘴深呼吸或高声呼喊，以免烟火灼伤上呼吸道。

（7）当身上的火势扑灭后，不要着急脱掉粘在烧伤皮肤上的衣服，大面积的烧伤可用干净的布单或毛巾包扎，如有可能，尽量多喝水或饮料。与此同时，没受伤的人员要尽快用灭火器、沙土、衣物或篷布蒙盖等方式灭火。

三、人身伤害与寻求安全庇护

学会生存是实现人的全面发展的基本要求。大学生要学会生存的知识和技能，特别是要培养识别危险和在危急关头进行自我保护、智慧逃生的能力。

（一）人身安全的含义及意义

学会生存的首要内容是人的生命安全，个体防护是保护人身安全的最后一道防线。它所提出的基本要求，就是任何时刻都不要轻易把自己置于危险的境地。

大学生从学校到学校，一直是在家长的监护和学校的保护下生活和学习，人身自我保护意识和自我安全防范能力不强，许多学生在思想上重视不够，警惕性不高。大学生作为特殊的社会群体，其生活方式也是社会青年群体中所特有的。特定的年龄结构、生活环境和文化背景，决定了大学生所面临的危险问题也是特殊的，它涉及大学生日常学习和生活的方方面面。大学生有必要获得一些人身安全知识和掌握自我保护的技能，其中包括：要有防护意识，保持良好的防护习惯；要留心观察身边的人和事，及时规避可能针对自己的侵害；当发生案件、发现危险时，要快速、准确、实事求是地报警求助；还应主动积极维护校园及周边治安秩序，创造和谐有序的环境。

（二）大学生的人身安全及自救

1. 盗窃抢劫风险的防范与自救

（1）预防外出时被飞车抢夺：外出时少带现钞，走路和等车时尽量与陌生人保持一定的距离，提高警惕；避免在一些人迹稀少的地方行走，独自走偏僻之地一定要注意避开结伙接近的可疑人员；走路时和朋友一起聊天也不要过于投入；走路要走人行横道，不要离马路太近，更不要走车行道；拎包要放在胸前，背包最好靠左侧斜背，对于周围可疑车辆、人员要提高警惕，特别是对摩托车行驶速度慢，骑车人东张西望，故意遮盖车牌等异常情况，要加强防范，以免遭到骑车歹徒袭击。

（2）手机最好不要挂在腰上和胸前，或随意放入衣服口袋里，打电话时要注意身边是否有可疑的陌生人；夜晚行走时不要一边走路一边打电话，以防被不法分子列为目标；不要把钱夹放在身后的裤袋里，乘公共汽车不要把钱或贵重物品置于包的底部或边缘，以免被窃走；不管是吃饭、购物还是拍照，包都不能离身，至少不能脱离视线，以免被人拎走。

（3）外出购物或者游玩时尽量不要携带大量现金和贵重物品，如带则最好分散放置，外衣只放少量现金以便购买车票或零星物品时使用。

（4）公共娱乐的服务场所出入人员往往鱼龙混杂，充斥着各种不安全因素，随时都会发生危险。例如，高校周边往往是网吧聚集的地方，治安环境不好，一些窃贼喜欢在这类网吧里偷盗钱物。对这样的公共场所要进行正确的选择，特别注意不要进入没有正规营业执照的黑网吧。

（5）大学生在学习阶段，尽量着装朴素，不宜过分张扬自己的个性；不要在自己身上装饰大量贵重的金银首饰，或穿着过分暴露并驻留在过于偏僻的地方；携带或提取较大数额的钱物时应有人陪同，不能显露，不能随意乱放。

（6）发现自己被人注意后，要有摆脱危险的意识和做出解脱的努力。如在路上被人尾随，可以向行人集中、灯光较亮的地方行走，尽快到繁华热闹的街道、商场，设法向附近单位或身边人多的地方靠近，或者立刻给家人、朋友、同学打电话或发信息进行求救。

（7）路遇抢劫时最基本的原则是保全自己的生命，如果认为力量对比悬殊，反抗凶多吉少，就不要轻易进行自卫反击，保持沉着冷静。如果你感觉到自己势单力薄，就应以确保自己的生命安全为原则，可适当舍财，按作案人要求交出部分财物，但不可表现得过于软弱、顺从；应当尽可能地用巧妙的语言与其周旋，使作案人感到你没有反抗的意图而放松警惕，然后看准时机反抗或逃脱控制；应向有人、有灯光的区域奔跑并大声呼救，犯罪分子由于心虚，一般不会穷追不舍。

（8）遭遇抢劫、行凶时，如果具备反抗能力和时机，应及时发动进攻，将其制服或使作案人丧失作案的心理和能力。例如，选择从心理上压倒对方，一定要鼓足勇气，壮起胆子，观察周围地势，大声呵斥歹徒；以力抗衡时可借助有利地形，利用身边的砖头、木棒等足以自卫的武器与作案人相持，使作案人短时间内无法近身，然后看准时机逃离。

（9）为以后破案创造条件，尽量记住作案人的特征，如身高、年龄、体态、发型、衣着、胡须、伤疤、语言、行为等。或者趁其不注意时在作案人身上留下暗记，如在其衣服上擦点泥土、血迹，偷偷在其口袋中装点有标记的小物件。

（10）案件发生后，一定要及时报警，报警不一定能挽回自己的财物损失，却可以使盗窃、抢劫犯受到法律惩罚；如果不报警，会让犯罪分子逍遥法外而继续危害他人。报警时要准确说出案发时间、地点、案犯人数，尽可能说出犯罪分子的特征、逃跑方向等。可就近向保安人员报警，也可电话向"110"报警中心或学校保卫部门报警。

需要报警、求助时，不用拨区号，直接拨"110"三个号码，即可接通当地公安机关110报警电话。拨打110电话，电讯部门免收报警人的电话费，投币、磁卡电话不用投币或插磁卡，直接拿起话筒即可拨通110报警电话。

110报警服务台主要受理紧急报警事项。所有现行发生、正在发生的刑事案件、治安案件、突发事件、治安灾害事故、车（船）祸，以及市民遇险需要公安机关帮助的事情都受理。同时对有关社会治安上的一些问题，或对公安机关和民警有意见，都可以打110反映。

使用110电话报警的注意事项有：

（1）报警要快。遇到需报警的事情，要迅速就近拨打110，向值班人员讲清楚事情经过，发生的时间、地点，以及现在的状况。

（2）报警时要实事求是，如实反映情况，以便值班人员做出准确的判断，采取适当的紧急措施。

（3）报警人要报出自己的姓名、住址或工作单位，说明报警时所使用的电话号码，便于报警台与报警人联系。需要报警台为报警人保密的，报警台会采取保密措施，切实做好保护报警人安全的工作。

2. 诈骗风险的防范与自我保护

诈骗是指以非法占有为目的，用虚构事实或隐瞒真相的方法骗取款额较大的公私财物的行为。高校频发的诈骗作案的主要手段有：收集资料，行骗家长；中断通信，谎称行骗；求助为名，骗取信任；套取密码，偷梁换柱；假冒身份，借钱行骗；冒充学生，推销诈骗等。提防和惩治诈骗分子，除需要依靠社会的力量和法律制度外，更重要的是大学生要提高自身的谨慎防范，认清诈骗分子的惯用伎俩，以防止上当受骗。

（1）提高防范意识，学会自我保护。当今社会，环境千变万化，青年大学生必须尽快适应环境，学会保护自我。在人与人的交往中，特别是陌生人，不可盲目随从，遇事要多分析，考虑事务要周全。要积极参加学校组织的法制和安全防范教育活动，多知道、多了解、多掌握一些防范知识，对自己有百利而无一害。在日常生活中要做到不贪图便宜、不谋取私利；在提倡助人为乐、奉献爱心的同时，要提高警惕性，不能轻信花言巧语；不要把自己的家庭地址等情况随便告诉陌生人，以免上当受骗；不能用不正当的手段谋求择业和出国；发现可疑人员要及时报告，上当受骗后要及时报案、大胆揭发，以使犯罪分子受到应有的法律制裁。

（2）交友要谨慎，避免以感情代替理智。人的感情是主体与客体的交流，既是主观体验，也是对外界的反映，本身应该包含合理的理智成分。如果只凭感情用事，往往容易上当受骗。交友最基本的原则有两条：一是择其善者而从之，真正的朋友应该建立在志同道合、高尚的道德情操基础之上，是真诚的感情交流而不是简单的利益关系，要学会了解、理解和谅解；二是严格做到"四戒"，即戒交低级下流之辈，戒交挥金如土之流，戒交吃喝嫖赌之徒，戒交游手好闲之人。与人交往要区别对待，要保持应有的理智。对于熟人或朋友介绍的人，要学会"听其言、察其色、辨其行"，而不能"一是朋友，都是朋友"。对于"初相识的朋友"，不要轻易"掏心窝子"，露出自己的底细，更不能言听计从，受其利用。对于那些"来如风雨，去如微尘"的上门客，态度要热情，相处要小心，尽量不为他们提供单独行动的时间和空间,以避免给犯罪分子创造作案条件。

(3) 同学之间要互相沟通、互相帮助。在大学里,无论哪个学院、哪个专业,班集体总是校园中一个最基本的组织形式。在这个集体中,大家有同一个学习目标,生活和学习是统一的、同步的,因此相互间应该加强沟通、互相帮助。大学生还应根据自己的兴趣、爱好、性格,加入不同的社团组织或者结成一个个交际圈,如学习圈、娱乐圈、老乡圈等,这些交际圈都是很好的人际沟通平台,对于大学生之间的互相学习与帮助大有好处。有些同学习惯于把个人之间的交往看作个人隐私,但必须了解,既然是交往就不存在绝对保密。有些交往关系,在合适的范围内适当透漏或公开,更有利于安全需要,特别是在自己觉得可能会吃亏上当时,与同学有所沟通或许就会得到一些帮助并避免受害。

(4) 远离不健康的环境。大学生经常出入一些不健康的场所,尤其是女大学生为了赚钱而从事陪酒、陪舞活动,就会涉及安全问题,极易受到一些不法分子的伤害。由于经验不足和认识上的偏差,有些大学生不能够正确地甄别社会上一些事物的良善与邪恶,再加上自制力和抵抗力低,就会"近墨者黑",逐渐被那些不健康的信息和习惯影响,心理有可能被扭曲,用一些错误的理念来指导自己的行为,最后做出违法乱纪的事情。

(5) 防止误入传销组织。传销是我国法律严格禁止并实施坚决打击的行为,他们往往打着直销的招牌进行招摇撞骗,通过怂恿被游说的对象交纳高额的入会费或者认购一些价格高昂的假冒伪劣商品的手法来行骗,从而形成越做越大的、有严格的纪律约束和经济控制的传销组织。在这个传销网络组织中,真正受益的只是那些处在传销网络"金字塔"顶端的极少数人,绝大多数传销人员不仅不能挣到钱,还会血本无归,有的甚至走到倾家荡产、妻离子散的地步。

非法的传销活动发展到今天,花样不断翻新,手段更加隐蔽和富有欺骗性,极易诱人上当,其编织的链条程序包括:揣摩人的心理,将容易上当受骗的人列入名单;通过写信或打电话等方式,找一些理由,或者给出一些诱惑,邀请诱骗对象加入其组织;当诱骗对象进入组织无法脱身时,便摊牌翻脸胁迫并进行跟进式的关于发财梦的洗脑;当受骗上当的人走投无路时,就被迫加入传销队伍,再对他人进行欺骗,开始下一个恶性循环。

大学生对传销要加强防范意识,转变错误的就业心理,学习相关知识,加强对传销欺诈的预防,特别是不能感情用事,因为传销组织一般的骗人手段是熟人找熟人、设计就业和高薪的陷阱,所以不要因为顾忌朋友和熟人的感情而上当。

(6) 服从集体生活要求和遵守校规。为了加强校园管理,学校制定了一系列管理制度和规定,用来约束大学生的行为,在执行过程中可能会带来一些不便,但是制度是必不可少的,绝大多数校园管理制度是为了控制闲杂人员和犯罪分子混入校园作案,以维护学生正当权益和校园秩序而制定的。因此,大学生一定要认真执行有关规定,自觉遵守校纪校规,积极支持学校履行管理职能。

第二节　远离毒品与预防艾滋病

　　毒品、艾滋病像瘟疫一样，成为当代社会的"国际公害"。让生命远离毒品，关键是全民要树立禁毒意识，拒绝毒品的侵蚀。与毒品一样令人恐惧的是艾滋病，艾滋病在全世界特别是在发展中国家迅速蔓延。我国艾滋病流行已进入快速增长期，如不能及时、有效地加以控制，将会对社会秩序和经济发展造成严重影响。

　　如今的大学校园也处在毒品的威胁和艾滋病的漩涡之中。拒绝毒品、预防艾滋病、关爱生命，永远是大学生需要时时警醒的生命防线。

一、远离毒品

　　根据《中华人民共和国刑法》第三百五十七条的规定：毒品是指鸦片、海洛因、甲基苯丙胺（冰毒）、吗啡、大麻、可卡因以及国家规定管制的其他能够使人形成瘾癖的麻醉药品和精神药品。

　　我国刑法规定的毒品共计121种麻醉品和130种精神药品。这意味着毒品以成瘾性和法律管制性为特征，国家不进行严格管制的药品，即使具有成瘾性特征，在法律上也不认为是毒品。

　　毒品的种类很多，其来源也很广，新型的毒品样式更是五花八门。根据毒品形成的途径，可以分为以鸦片为代表的天然毒品、以海洛因为代表的半合成毒品、以冰毒为代表的合成毒品；根据毒品对人体中的作用，可分为麻醉剂、抑制剂、兴奋剂、镇静剂和致幻剂；根据毒品对人的危害程度，可分为软性毒品和硬性毒品。

　　毒品严重威胁人的生命安全，被认为是白色瘟疫，与战争一起被列为威胁人类生存的两大杀手。据统计，全世界每年有两亿多人在吸毒，有10万人每年因吸毒而死亡。

　　吸毒指采取各种方式，反复大量地使用一些具有依赖性潜力的物质，这种使用与医疗目的无关，其结果是滥用者对该物质产生依赖性，迫使自己不可控制地追求使用，由此造成健康损害并带来严重的社会、经济甚至政治问题。

（一）毒品的成瘾性及其机制

　　每个吸毒人员对毒品成瘾时间的快慢，往往与其所使用毒品的性质、类别、毒性的强弱、吸毒的方式、吸食的剂量、次数，吸毒者个人的心理素质、身体耐受程度以及文化素质、社会环境等诸多因素有关。

　　吸毒成瘾是毒品与人体相互作用的结果。一方面毒品有一个共同的特性，就是进入人体后作用于人的脑内与学习、记忆有关的神经系统，逐渐产生精神依赖（心瘾），进而形成追求应用该药物的行为；另一方面，毒品进入人体后，破坏人体正常的平衡，产生在毒品作用下新的平衡状态（身体依赖），一旦停止吸毒，就会感到不适，出现戒断反应。只有连续不断地吸入更大剂量的毒品，才能保持人体新的平衡。

(二) 吸毒对社会及身心的危害

吸毒和犯罪是一对孪生兄弟。吸毒者在耗尽个人和家庭钱财后就会铤而走险，走上违法犯罪的道路，进行以贩养吸、贪污、诈骗、盗窃、抢劫、凶杀等犯罪活动。美国政府调查表明，吸毒者用于购买海洛因的钱款中20%是抢劫获得的，45%来源于贩毒，17%来自卖淫，12%来自盗窃，即总计约94%的毒资来自刑事犯罪活动。吸毒对社会和个人身心都有巨大的危害。①

1. 对社会的危害

（1）对家庭的危害。家庭中一旦出现了吸毒者，吸毒者在自我毁灭的同时，也迫害自己的家庭，使家庭陷入经济破产、亲属离散，甚至家破人亡的境地。

（2）对社会生产力的巨大破坏。吸毒首先导致身体疾病，影响正常生活，其次是造成社会财富的巨大损失和浪费，同时毒品活动还造成环境恶化，缩小了人类的生存空间。

（3）扰乱社会治安。毒品活动加剧诱发了各种违法犯罪活动，给社会安定带来巨大威胁。

2. 对人身心的危害

（1）生理依赖性。无论用什么方式吸毒，对人的肌体都会造成极大的损害。毒品作用于人体，使人体产生适应性改变，形成在药物作用下的新的平衡状态。一旦停掉药物，生理功能就会发生紊乱，出现一系列严重反应，称为戒断反应，使人感到非常痛苦。用药者为了避免戒断反应，就必须定时用药，并且不断加大剂量，最后终日离不开毒品。

（2）精神依赖性。毒品进入人体后作用于人的神经系统，使人出现一种渴求用药的强烈欲望，驱使吸毒者不顾一切地寻求和使用毒品。即使经过脱毒治疗，在急性期戒断反应基本控制后，要完全恢复到原有生理机能往往需要数月甚至数年的时间。更为严重的是，对毒品的依赖性难以根本消除，这是许多吸毒者一而再，再而三复吸毒的原因，也是世界医药学界亟待解决的课题。

（3）毒品危害人体的机理。我国目前流行最广、危害最严重的毒品是海洛因，海洛因属于阿片类药物。在正常人的脑内和体内一些器官，存在着内源性阿片肽和阿片受体。正常情况下，内源性阿片肽作用于阿片受体，调节着人的情绪和行为。人在吸食海洛因后，抑制了内源性阿片肽的生成，逐渐形成在海洛因作用下的平衡状态，一旦停用就会出现不安、焦虑、忽冷忽热、起鸡皮疙瘩、流泪、流涕、出汗、恶心、呕吐、腹痛、腹泻等症状。这种戒断反应的痛苦，反过来又促使吸毒者为避免这种痛苦而千方百计地维持吸毒状态。冰毒和摇头丸在药理作用上属中枢兴奋药，破坏人的神经中枢。

(三) 吸毒者是需要社会救治的病人

吸毒者是社会中的一类特殊群体，他们既是违法者，又是受害者，从医学的角度看，吸毒者也是病人。因此，吸毒者具有双重身份，既是应当严格管理的对象，又是需要社会救治的病人。

---

① [美] 布儒瓦. 生命的尊严：透析哈莱姆东区的快克买卖 [M]. 焦小婷，译. 北京：北京大学出版社，2009.

染上毒瘾的人一般有以下迹象。

(1) 无故旷工、旷课，学业成绩、纪律或工作表现突然变坏。
(2) 在家中或单位偷窃钱财、物品，或突然频频向父母或朋友索要或借钱。
(3) 长时间躲在自己房间内，或远离家人、他人，不愿见人。
(4) 外出行动表现神秘鬼祟。
(5) 藏有毒品及吸毒工具（如注射器、锡纸、切断的吸管、勺子、烟斗等）。
(6) 遮掩收缩的瞳孔，在不适当的场所佩戴太阳镜。
(7) 为掩盖手臂上的注射针孔，长期穿长袖衬衣。
(8) 面色灰暗，眼睛无神，食欲不振，身体消瘦。
(9) 情绪不稳定，异常地发怒、发脾气，坐立不安，睡眠差。
(10) 经常无故出入偏僻的地方，与吸毒者交往。

（四）拒绝毒品销蚀人的灵魂

吸进的是白净粉末，吐出来的却是自己的生命。毒品无时无刻不在摧残人的肉体，销蚀人的灵魂，践踏人类的文明和尊严，它像白色瘟疫一样，对人的生命健康贻害无穷。因此，大学生应当接受毒品基本知识和禁毒法律法规教育，了解毒品的危害，懂得"吸毒一口，掉入虎口"的道理，拒绝毒品对自己生命的摧残和侵蚀。

1. 树立正确的人生观

坚决抵制和消灭一切腐朽的东西，不玩物丧志，不贪图享受，不盲目寻求刺激、赶时髦；要把时间和精力用在勤奋学习上，积极参加有益于健康的文体活动，培养自己高尚的情操和道德观念，用健康的生活方式充实自己的业余时间。

2. 充分了解毒品的危害性

做到四个知道（知道什么是毒品；知道吸毒极易成瘾并难以戒除；知道毒品的危害性；知道毒品涉及违法犯罪要受到法律制裁），不听信毒品能治病、毒品能解脱烦恼和痛苦、毒品能给人带来快乐等花言巧语。

3. 交友要慎重

不要结交有吸毒、贩毒行为的人。如发现亲朋好友中有吸毒、贩毒的人，一要劝阻，二要远离、回避，三要报告公安机关。当有人用毒品来引诱、安慰你时，一定要意志坚定，坚决拒绝尝试。

4. 尽量远离不健康的环境

进歌舞厅要谨慎，因为长期接触这样的环境，人会逐渐被那些有碍精神健康的信息影响，失去积极进取的心态。即使进入其中，大学生也决不吸食摇头丸、K粉等兴奋剂。不在吸毒场所停留，不接受与毒品有关人员递来的香烟。

5. 有过及时改正

如果在自己不知情的情况下，被引诱、欺骗吸毒一次，也要珍惜自己的生命，决不再吸第二次、第三次。要主动向老师和学校报告，自觉接受外在约束与监督，戒除并进行康复治疗。

二、预防艾滋病

(一) 令人恐惧的艾滋病

艾滋病是英文名称AIDS的译音,全名是获得性免疫缺陷综合征。它是由人类免疫缺陷病毒(HIV)感染引起的以T细胞免疫功能缺陷为主的一种混合免疫缺陷病,其主要特点是把人体免疫系统中最重要的T4淋巴细胞作为攻击目标,大量地吞噬,从而使人体免疫系统遭到破坏,最终人体丧失对各种疾病的抵抗能力而导致死亡。

在艾滋病出现初期,人们普遍存在恐艾心理,对于艾滋病人形成恐慌性的心理障碍,也给患者本人带来极大的精神打击。现代传染病学研究表明,在公共场合的一般接触是不会传染艾滋病的。与HIV感染者拥抱和握手;在同一泳池游泳、一同乘车、上课、工作;面对面说话、咳嗽、打喷嚏等;蚊虫叮咬;共用茶杯、餐具、电话、办公用品、毛巾、马桶,这些行为并不会使健康人染上艾滋病。

艾滋病传播速度快和病死率高。搜狐网《不可不知的联合国报告:全球仍有3 670万HIVI艾滋病患者》一文记载,自1981年第一例艾滋病患者在非洲出现以来,截至2011年已造成6 000万人感染,其中近3 000人死亡。非洲的流行情况最为严重,有7个国家的成人感染率超过了20%,最高的接近40%;亚洲成为全球艾滋病新的流行中心,印度有近600万人感染了艾滋病。2017年,联合国秘书长古特雷斯在报告中指出:"全球仍有3 670万艾滋病患者,虽然已有1 800万患者得到拯救生命的治疗,但这只是需要治疗人数的一半,而且新增感染人数并没有出现下降趋势。"

2016年12月1日是第29个世界艾滋病日,中国疾控中心发布的法定传染病报告显示,我国1985年发现首例艾滋病,截至2016年9月,报告现存活艾滋病病毒感染者和病人65.4万例,累计死亡20.1万例。

(二) 艾滋病毒的传播途径

经过多年医学研究证实:艾滋病病毒主要存在于艾滋病人和感染者的血液、精液、阴道分泌物、乳汁、唾液、眼泪和尿液中。HIV传播具备的条件:一是有足够数量的病毒从感染者身体排出;二是排出的病毒经一定方式传播给他人;三是足量的病毒通过接触者的皮肤、黏膜等进入体内(如有破损等)。

目前有可靠证据表明,艾滋病主要有以下三种传播途径。

1. 血液接触传播

经输入HIV污染的血液或血制品、共用污染的针头或锋利器具(包括使用未经严格消毒的医疗器具,如针灸针、注射器、外科手术刀)、运动中碰撞或斗殴造成双方皮肤损伤等而感染。处于急性感染期和疾病进展期的病人体内含有较多的病毒,传染性强。血液病毒含量越高,感染性越强。

2. 性接触传播

与HIV感染者进行有体液交换的异性之间和同性之间的性接触,包括阴道性交、肛门性交或口腔性交。同血液中HIV相似，在急性感染期和有症状期精液中的病毒量最高，感染性最强。

3. 围产期母婴传播

患有艾滋病或感染HIV的母亲，可以将HIV传播给她的婴儿。统计学上的概率介于15%～60%，主要在胎盘、胎儿经过产道时和产后母乳喂养时传播。

（三）艾滋病易感人群

容易感染艾滋病的人，称为高危人群。下面是感染艾滋病的高危人群：有同性恋或双性恋的男性；静脉注射药瘾者（如海洛因、可卡因等）；输入被艾滋病病毒污染了的血液及血制品者；共用被污染的注射器或针头者；感染了艾滋病病毒的母亲所生的子女；商业性性工作者；曾经有偿献血（浆）人群。

（四）预防艾滋病的战争

目前艾滋病仍是不治之症，不过，针对艾滋病的传播途径，只要采取积极的预防措施，就会有效地遏制它的蔓延。世界卫生组织于1988年开始将每年的12月1日定为世界艾滋病日，号召世界各国和国际组织在这一天举办相关活动，宣传和普及预防艾滋病的知识，同时提醒人们：预防艾滋病的最好办法就是每一个人都要对自己的行为特别是性行为负责，用良好的行为习惯克服来自艾滋病的侵扰。

1. 谨慎和安全的性行为

任何与受HIV感染人士发生的性行为都有可能传播HIV。不过，如果一个人一生都只有配偶一个性伴侣，那么双方自然不会经由性接触而染上艾滋病，而有性滥交行为和多个性伴侣，感染HIV的风险就会增加。

若不能确定性伴侣是否已感染病毒，每次发生阴道性交、肛门性交、口腔性交的性行为时都要使用胶质的安全套，还应注意安全套的质量和正确使用方法，借以降低传染的风险。

2. 避免共用针筒

远离毒品，已吸毒的"瘾君子"切勿共用针筒注射毒品。

3. 减少血液接触

不少疾病，如艾滋病、乙型肝炎等都会通过血液传染，因此，要避免皮肤、眼睛或口腔接触到别人的血液。

4. 防止母婴感染

母亲要确保自己没有染上HIV，才能令婴儿免受感染；假如夫妻未能确定彼此是否带有病毒，在决定怀孕前应先进行HIV抗体测试。

5. 正确对待艾滋病患者

就社会有关人员来说，关心、帮助和不歧视HIV感染者是预防与控制艾滋病的重要方面。以往，人们视艾滋病为一种可怕的疾病，对艾滋病患者多有歧视和冷落，这就使他们一方面忍受着身体病痛的折磨，另一方面也承载着社会歧视的心理负担。其实歧视比艾滋病病毒更为可怕。艾滋病患者也是人，理应受到同情和尊重。人们应当理解他们的痛苦和家庭的不幸，关心、善待与救助他们，帮助他们解决实际困难，减少精神痛苦与疾病折磨，以延长生命，提高生命质量和生活质量。

第三节　敬畏生命与反对暴力

一、大学生暴力的存在与伤害

（一）暴力的内涵与大学生暴力

"暴力"一词，通常是指一种对人具有指向性攻击并造成身体或心理伤害后果的行为。作为日常用语，人们常常解释为当事人采取不理性的、不温和的方法解决问题，蓄意运用权力或肢体力量来对自身（如自杀自残）、他人、群体或社会进行威胁或伤害，从而导致指向对象的身心损伤、死亡、发育障碍或自由权力被强力限制甚至剥夺的一类行为。世界卫生组织对暴力的定义是：蓄意地运用躯体的力量或权力，对自身、他人、群体或社会进行威胁或伤害，造成或极有可能造成损伤、死亡、精神伤害、发育障碍或权益的剥夺。

大学生暴力是指发生在大学校园内或者相关区域和活动中的，以故意伤害为意图，针对自体或学校成员（如教师、同学）的暴行和破坏，尤其是侵害人的生命健康的行为。

（二）大学生暴力的特征及其伤害性

大学校园中发生的暴力现象是世界性的人身公共安全问题。2007年，美国弗吉尼亚理工大学发生恶性校园枪击案，造成包括犯罪嫌疑人在内33人死亡，17人受伤，引发世界关注。我国高校校园暴力事件也时有发生并产生极大的负面影响。如2004年，××大学学生马某某杀害4名同学，轰动全国；2010年，西安××学院大三学生药某某深夜驾车撞人后又将伤者刺了八刀致其死亡，驾车逃逸再次撞伤行人，最后被判处死刑。大学生所产生的施暴行为最显而易见的后果是造成受害者不同程度的躯体损伤、残疾，甚至死亡。另一后果是对人的内在伤害，被暴力伤害者往往表现为心理上的"创伤后应激障碍"（PTSD），主要表现为易怒、焦虑、沮丧，学习效率低，成绩下降，甚至拒绝上学；突然沉默寡言、孤僻古怪；因无法承受压力而发生自伤、自残和自杀行为。

大多数校园暴力事件是同学与同学之间发生冲突。暴力的主要形式是：一是自我施暴，即自残或自杀；二是社会暴力入侵校园。大学校园暴力事件的起因极其复杂，有些源于妒忌，有些源于失恋，有些源于争利，有些源于无聊，有些源于发泄。实际上，校园暴力是社会暴力现象在校园的延伸。如果任由这种势头发展下去，无疑会给在校青少年带来不良暗示：武力比智力更有价值，邪恶比正义更有力量。一旦形成这种认识偏差，无论对其个人还是对社会而言，都是一种非常危险的隐患。

2010年8月起，林××入住××大学某宿舍楼421室。一年后，黄×调入该寝室。之后，林××因琐事对黄×不满，逐渐怀恨在心。2013年3月29日，林××在大学宿舍听黄×和其他同学调侃说愚人节快到了,想做节目整人。林××看到黄×笑得很得意,联想起其他学校用毒整人的事件,于是计划投毒"整"黄×,便找来剧毒物投入饮水机里,导致黄×中毒身亡。

(资料来源:陈琼珂. 林森浩投毒案尘埃落定[N]. 解放日报,2017-11-02.)

二、大学生暴力倾向的成因

(一)压抑和封闭性格的累积

一个人在成长过程中,如果有良好的沟通环境,遇到问题时能有机会向外界发泄不满情绪,就有利于自己的心理健康。而一个人的性格过于内向和压抑,不喜欢或者难以与其他同学、老师、家长交流包括生活、学习、感情等各个方面的问题,习惯把所有问题压积于内心,一旦其中出现困惑或难以解决的问题,得不到他人帮助,自己反复思索而无法解答,就容易钻牛角尖或导致思维扭曲。久而久之,这样的人看待问题时就会过于偏激,好激动,听不进别人的意见,不能接受老师和家长的批评,逆反心理强烈,甚至听到不同意见会怀恨在心,久久不能释怀,容易出现突发的暴力倾向。一旦爆发,极可能产生具有破坏性的后果。这与性格不成熟、个性不健全有关,许多学生在一些问题上,比如恋爱等方面非常早熟,但却在健全思维方式、多角度考虑问题、对法律的了解上,表现得非常幼稚。

(二)缺少和谐的家庭环境

暴力与一个人的成长环境有关。生活中每个人的性格、行为、举动、思维都会受到周围环境的影响,人格是否健康与家庭的教育环境关系极大。一般说来,在温暖幸福和睦的家庭中长大的孩子易于形成良好的人格,如果家庭成员文化素质低下,父母对孩子管教方法上过于严厉,或者过于溺爱,或者疏于管教,都会对孩子健全人格的形成产生不利影响。研究具有暴力倾向学生的家庭背景不难发现,他们的家庭环境或多或少存在问题:要么从小失去父母关爱,要么家庭生活不正常(如争吵、家庭暴力等),由此造成性格的极端化。家庭暴力是造成校园暴力的根源。家庭暴力有两种形式:一种是显性的,即"棍棒式的强制";另一种是隐性的,即"温柔的强制"。这些都会给孩子带来心理压力。此时如果再遭遇父母离异、家庭"战争"、极度贫困等负面刺激,就容易形成一种"攻击性人格"。在这种环境下成长的孩子一旦进入青春期,心理的压力积累到一定程度,便容易通过暴力行为释放自己的压力,从而寻求心理上的平衡。

(三)攻击性本能的遗传因素

一种观点认为,暴力是人类遗传本性中就存在的一种恶行。如弗洛伊德认为:"人类的所有行为都直接或间接地源于其性本能。"其中人类的暴力行为就被看成对其本能的冲动受到阻抑后所做出的一种反应。这一观点的实质意义在于:人的暴力攻击行为是与生俱来的并必须得到释放。如果不能用社会可接受的方式,如体育竞赛的方式来释放,那么这种暴力攻击本能就必定会以其他更具破坏力的方式表现出来,如言语的诋毁、打架斗殴等。[1]

---

[1] [奥]弗洛伊德. 性学三论[M]. 若初,译. 武汉:华中科技大学出版社,2017.

坚持遗传决定观点的还有习性学的创始人康拉德·柴卡里阿斯·洛伦茨（Konrad Zacharias Lorenz）。他认为，人类的暴力行为最初源于人类和许多其他有机体共有的打斗的本能。打斗具有三个非常重要的功能：第一，打斗能使某个物种的数量遍布到更广阔的地域，这样就能保证最大限度地利用有效的食物资源；第二，打斗有助于使某个物种的遗传特质变得更强壮，从而保证只有最强壮有力的个体得以繁衍；第三，这些强壮的动物能更好地保护后代，使其生存下来。①

（四）不良的文化环境影响

泛滥的不良文化影响了许多身心尚未完全成熟的大学生，一定程度上给具有热血冲动特征的大学生带来了诸多莫名的快感和神经刺激。许多大学生不爱学习，沉迷于网络、暴力影视、游戏甚至是黄色网站而不能自拔。这些能激起学生的好奇、模仿等心理反应，导致攻击和犯罪行为的产生；而一些带有色情内容的网站、书刊和影视，则易使青少年的心理受到严重摧残，成为他们走向堕落和产生暴力倾向的诱因。

还有一些青年人有英雄主义情结，崇拜影视作品中那些"除暴安良"的英雄人物或者"以暴制暴"的强者，幻想自己也能像他们一样当"老大"，受人尊敬崇拜，在别人面前用暴力表现自己的价值。这类人自认为能控制局面，不可侵犯，幻想自己是影视作品中的"英雄人物"并以个人英雄主义的姿态出现，遇到问题绝大多数以暴力行为或者被迫以暴力行为来作为解决问题的手段。

三、敬畏生命与铲除暴力

（一）培育对生命的敬畏意识

敬畏生命首先是热爱生命。爱自己的生命，也要爱他人的生命。正因为人类有了爱，才筑造了生命的奇迹，填充了生命的空白，丰富了生命的存在价值和意义。当有人不珍惜自己生命的时候，要劝阻他，帮助他体会生命的意义。对那些不珍爱自己生命并对同类有暴力倾向的人，也不能用以怨报怨的行为来对待他，因为这种做法与现代文明社会的规范并不完全相容。

人类与世界上万千生物共同生活在美丽的地球上，每一个生命都体现出爱的伟大与神圣，都有其存在的内在价值，每个生命个体的存在都是平等的，一个人不能在珍惜自己生命的同时无端地伤害他人的生命。只有拥有对生命的敬畏之心，世界才会在人类面前呈现出它的生机，人们才会时时处处感受到生命的高贵与美丽。

（二）避免和调节大学生校园暴力

大学生暴力问题打破了原本属于大学校园的宁静与和谐，应当坚决向大学校园暴力说"不"，坚决避免和制止大学生暴力。

1. 远离暴力文化

首先，大学生应该远离那些充斥着暴力文化的影视作品、书籍、报刊及游戏等，不给

---

① ［奥］洛伦茨. 论攻击［M］. 刘小涛，何朝安，译. 上海：上海科技教育出版社，2017.

暴力文化以存留的空间；其次，大学生不要受暴力文化的影响，贸然模仿影视或游戏里的暴力行为，在现实生活中，暴力不会帮助大学生解决任何问题，只会激化矛盾；再次，大学生要正确认识影视、书刊中英雄人物的形象和意义，不盲目崇拜影视作品中那些"除暴安良"的英雄人物，不用暴力表现自己的价值；最后，培养健康高尚的审美情操，多接触有益身心的文化活动。

2. 不参与暴力活动

大学同学之间应当和睦相处，相互之间不能拉帮结派。做到宽以待人、互相尊重、相互礼让、相互体谅、互相帮助，每当生活中遇到问题时，需要的是解决问题的办法，而不是制造问题的暴力手段。大学生应树立正确的是非观念，要有最起码的善良、同情心和怜悯感。当有同学"邀请"参与校园暴力时，大学生要断然拒绝，不充当校园暴力行为中的帮凶。

3. 注意心理的健康发展

大学生面临心理压力时，一定要做到：不让压力占据自己的头脑，保持乐观是控制心理压力的关键，应将挫折视为鞭策自己前进的动力；不养成消极的思考习惯，遇事多往好处想。在平时的生活中，应主动努力与他人沟通，尽量敞开心扉，表达心情，诉说心声，通过寻求他人的帮助来完善思维，解决各种困难和问题，避免遇事激烈冲动、自作主张。心理学研究表明，与他人交流、合理发泄自己的情绪，有利于心理压力的调节。

4. 增强知法守法意识

施暴者法律意识淡薄，对法律无知，是校园暴力产生的一个主要原因。大学生一定要学法、懂法、守法，要了解和青少年相关的法律和法规，既要以法律来规范自己的行为，也要用法律来保护自身的合法权益。

5. 树立维护安全的道德观念

大学生应当在关注自身安全的同时去关注他人的安全。助人者自助，救人者自救；助人为快乐之本，社会需要弘扬正气。同情身边的每一个生命，珍爱自己和他人的生命，避免悲剧的发生。安全第一，预防为主，防患于未然是解决问题的最好办法。在相互交往中，大学生应该宽宏豁达，不应为一丁点儿小事僵持不下、斤斤计较，甚至拳脚相加，做出降低人格的事情。

6. 避免自己成为施暴者的目标

大学生平时不要随身携带太多的钱财，不要公开显露自己的财物。学校僻静的角落、厕所或楼道拐角都是校园暴力的多发地带，在这些地方活动时尤其要注意，最好结伴而行，尽量避免危险发生。

7. 遭受暴力时学会自救

应对语言暴力，大学生通常可以采取以下方式。一是淡然处之。对付语言暴力最好的办法是保持沉默。二是自我反省。遭遇语言暴力的同时，还应该积极地分析自身责任，回想自己的行为或做事的方法。三是无畏回应。如果对方是有意并且是较为恶劣的人身攻击或伤害，就有必要对攻击者郑重地声明自己的立场。四是肯定自己。不要受对方侮辱性语言的影响，告诉自己不要害怕，要相信邪不压正，社会上一切正义的力量都是自己的坚强后盾，会坚定地站在自己的一方，千万不要轻易向恶势力低头。而一旦内心笃定，就会散发出强大的威慑力，让坏人不敢贸然攻击。五是调整心理。对于来自施暴者的打击和辱骂，要有一个好的心态，要学会爱惜自己，不要让他人的因素来影响自己的情绪和健康，做好心理上的调节。六是法律维权。如果语言施暴者的行为已经构成了诽谤，并对自己造成严重的精神伤害，可以诉诸法律，用法律来维护自身的权益。

如果被暴力殴打该怎么办？一是找机会逃跑；二是大声地提醒对方，让对方了解到，其所作所为是违法违纪的行为，会受到法律严厉的制裁，会为此付出应有的代价。

对于心理施暴，要从自我心理调整入手。如果在学校遇到了排斥、歧视、孤立等心理暴力行为，大学生应该自己积极、主动地去与别人沟通，弄清原因。如果自己无法解决，可以向老师和同学求助。

8. 及时报告，依法维权

由于校园暴力的随机性，许多同学会容易产生恐惧和焦虑心理。一些同学不敢把事情的真相告诉家长和老师，更不敢报警，有些大学生甚至在警方破案后也不敢出面作证，成了"沉默的羔羊"。其实，这样忍气吞声的方式，往往不能解决问题，相反，一定程度上还会纵容暴力行为。所以，大学生如果受到伤害，一定要及时向老师、警察申诉、报案，不要让不法分子留下"这个人好欺负"的印象，如果一味纵容，只能助长施暴者的嚣张气焰，他们不仅会不停地来纠缠你，还会继续危害其他同学。

应知应会求助110、120

如果发现斗殴、抢劫、杀人、绑架等案件时，首先拨打110报警。110受理求助的范围包括以下内容。

（1）发生溺水、坠楼、自杀等状况，需要公安机关紧急救助的。

（2）需要公安机关在一定范围内帮助查找的老人、儿童以及智障人员、精神疾病患者等走失人员。

（3）公众遇到危难，处于孤立无援状况，需要立即救助的。

（4）涉及水、电、气、热等公共设施出现险情，威胁公共安全、人身或者财产安全和工作、学习、生活秩序，需要公安机关先期紧急处置的。

（5）需要公安机关处理的其他紧急求助事项。

如果发现有人受伤或者生命垂危，要及时拨打120进行救助。

（1）拨打120，要冷静，准确说出病人姓名、性别、年龄、病症、住址、等待接应救护车地点（尽量选择道路主干线或目标明显建筑物），及报警人姓名和与病人关系等，要保持所用报警电话畅通，以保持120与您的联络。

（2）急救人员到来前，应对患者进行基础抢救，如心肺复苏、骨折固定等，然后迅速到约定地点接车。

（3）接到救护车，引导急救人员到住处途中，需将病人病症、原病史等情况尽量详细地说给医生，以便有针对性地抢救。

（4）依照救护人员指挥行事，并准备好患者医保证等就医所需物品，以免因此耽误时间。

(5) 送达医院后，配合医生办理相关手续。

资料库

1. 强迫性觅毒行为

一个吸海洛因的青年戒毒多次没有成功，最后被送去劳教三年。他痛下决心：一定戒断！在劳教三年中，他一点毒品也没沾，自己也认为已经戒断。劳教期满后，他欢欢喜喜地往家走。他的家离劳教所十里路，他已经结了婚，妻子并未嫌弃他，他走出劳教所大门时想：从今往后，决不能再沾毒品。走到第五里时，他还想：决不再吸，妻子在家等待的是"一个好人"，而不是"吸毒者"。又走了一里，他犹豫了："再最后吸一次吧！就一次，过一过瘾就再不吸了。"离家还有一里地的时候，他竟家也不回，径直去找毒品去了。这就是"强迫性觅毒行为"。

吸毒为何上瘾？

"多巴胺"是脑内分泌的一种神经递质，能与某些神经突触上专门的受体结合，经由这一过程让吸食者感受到"喜悦和幸福"，带来欲仙欲死的"快乐体验"。当多巴胺的量多到异乎寻常的时候，吸食者的大脑会为此做出相应的改变：超高剂量的多巴胺会通过一系列复杂的过程，使得和成瘾密切相关的基因过多表达。最终，多巴胺受体的密度因这一系列过程而变低，原来的多巴胺已经无法像从前那样让吸食者开心起来。为了满足神经系统的需求，只能继续用药——剂量一次比一次大，频率越来越高，一旦停药就会陷入痛苦焦躁的戒断反应中，不能自拔。

2. 戒断综合征

戒断综合征指停用或减少精神活性物质的使用后所致的综合征，临床表现精神症状、躯体症状或社会功能受损。精神活性物质指来自体外、影响大脑精神活动并导致成瘾的物质，包括酒精、阿片类、大麻、镇静催眠药、抗焦虑药、中枢兴奋剂、致幻剂等。

思考与讨论

1. 阿明的故事：向毒品说"NO"！

阿明今年17岁，与父母刚搬来西乡，他生性害羞，加上搬家后很少与从前的朋友来往，所以希望尽快结识到新朋友。一天晚上，阿明踢足球回家，途中遇见一位同班同学，这位同学邀请阿明去参加派对，并强调届时不会有成年人在场，包括他的父母。派对上，有人走近阿明，向他展示手上一支含有大麻的香烟，问他："想试试吗？"

问题讨论：

试想假如你是阿明，你会有什么感觉和想法？你会接受还是拒绝，后果又会如何？

2. 令人震惊的赵承熙枪击案

2007年，美国弗吉尼亚理工大学的赵承熙射杀32人，枪击惨案震惊世界。枪击案发生后,弗吉尼亚理工大学停课一周,并举办了多场悼念活动,凶手赵承熙和32名遇难者一起被列为悼念对象,在学生纪念32名遇难者的纪念石里,赵承熙的纪念石作为"第33块石头"放在32块纪念石之中。美国民众写给赵承熙的话是这样的:

"你没能获得必要的帮助。知道这个事实的时候,我感到非常悲哀。希望你的家人能尽快得到安慰并恢复平静。"

"今后如果看到像你一样的孩子,我会对他伸出双手,给予他勇气和力量,使他的人生变得更好。我希望你的家人能克服你的作为带给他们的痛苦。希望你对其他那么多人的生活造成的破坏尽快复原,而这种事也不再重演。希望许多人把对你的怨恨化为宽恕。"

"不憎恨你。你没有得到任何帮助和安慰,对此我感到非常心痛。"

(资料来源:美国弗吉尼亚理工大学:第33块纪念石 [N]. 中国青年报,2007-05-09.)

问题讨论:

假如赵承熙听到这些话,会有怎样的感受?

建议阅读书目

1. [美] 贝克尔. 危机预兆——暴力预测及防范指南 [M]. 梁永安,译. 北京:光明日报出版社,1998.

2. 郭风安. 大学生安全教育 [M]. 北京:清华大学出版社,2010.

3. [英] 艾略特. 反校园暴力101招 [M]. 新苗编译小组,译. 重庆:重庆出版社,2005.

4. 刘福森. 西方文明的危机与发展伦理学——发展的合理性研究 [M]. 南昌:江西教育出版社,2005.

问题与作业

1. 假如你无意中了解到一位好友在吸毒,并且已经成瘾,你如何看待这件事?会如何处理?

2. 假如你是学校安全教育工作组的一个成员,现在学校要组织一次艾滋病预防与教育活动,并且由你担任主要负责人,你会怎么安排?

第八章

应对生存的压力与挫折

内容提要

■ 人生的道路充满荆棘，压力与挫折是必然存在的。挫折的来源、类型多种多样，给人带来的压力也有所不同。为了维护生命健康，应当正确认识来自生活中的压力与挫折。

■ 人在遭受挫折和产生压力后，会采用心理防御机制来平衡心理冲突。重要的是直面挫折和压力、增强挫折的承受力并在克服挫折的过程中让自己成长，提升控制压力的能力。

■ 情绪是大脑与身体在相互协调和推动时所产生的现象。一个正常的人，必然是有情绪的。大学生情绪体验丰富、情绪波动大，受挫折与压力影响易出现情绪适应不良，应加以管理和调节。

案 例

有一位和尚，他身边聚集着一帮虔诚的弟子。这一天，他嘱咐弟子去南山打一担柴回来。弟子们匆匆行至离山不远的河边，发现洪水从山上奔流而下，切断了他们要走的道路，只能无功而返。

回来见到师父，众弟子不知如何交代，唯独一个小和尚与师父坦然相对。他从怀中掏出一个苹果递给师父说："过不了河，打不了柴，见河边有棵苹果树，我就顺手把树上唯一的苹果摘来了。"师父很高兴。后来，这位小和尚成了师父的衣钵传人。

世上有走不完的路，也有过不了的河。在人的生命历程中，不可能总是一帆风顺，压力与挫折无处不在，人们随时可能遇到各种困难。然而，压力和挫折也是人在成长、成才中必然要经历的体验。面对眼前的困境，报以乐观的信念，放飞思想的风筝，才会实现人生的突围和超越。

第一节　直面压力与挫折

大学生正处于"人生第二断乳期",其心理年龄处于由"自然人"向"社会人"过渡的时期。由于社会经验缺乏、心理上不成熟与现实生活不适应,再加上受到学业、人际关系、就业等方面的困扰,容易出现心理矛盾与冲突,会有较强的压力感与挫折感。

一、挫折与压力的客观存在

(一) 挫折的含义

在古代文献中,"挫折"一词是分而言之的。"挫"有屈辱、受挫之义,"折"有断、曲、弯之义。后来,"挫"和"折"合为一体,意为失败、失利等。现代通俗的说法就是,人们在生活和工作中遭遇失败和"碰钉子"。

挫折是个体在从事有目的的活动时,因主客观原因而受到阻碍或干扰,致使其动机不能实现、需要不能满足时的心理紧张的情绪体验。挫折概念中通常包括三方面要素。

(1) 挫折情境。这是指人们在有目的的活动中,使需要不能获得满足的内外障碍或干扰所实际呈现出来的情境状态或情境条件,如考试不及格、比赛未取得理想名次、失恋、受到同学排斥等。构成刺激情境的刺激源可能是人或物,也可能是自然、社会环境。

(2) 挫折认知。这是指对挫折情境的知觉、认识和评价。一般说来,个人的知识结构会影响对挫折情境的知觉判断。挫折认知通常分为两种情况:一种是真实的挫折认知,即受挫者对真实挫折情境形成的认知;另一种是想象挫折情境的认知,如有的人总是怀疑别人在议论自己,虽然事实并非如此,但在心理上有这样的认知,会产生与他人关系不和睦的现象。另外,不同的人对相同的挫折情境所产生的主观心理压力也不同。

(3) 挫折反应。这是指主体伴随着挫折认知,在自己的动机不能实现、需要不能满足时而产生的情绪和行为反应。挫折反应通常也有两种情形,一种是积极性反应,就像人们常说的"吃一堑长一智""化悲痛为力量"。比如,有人对自己所处境遇是越挫越勇,能坚持向既定的目标努力,或者调整目标后继续努力,以追求达到目的的结果。另一种是消极性反应,"一朝被蛇咬,十年怕井绳"。主体在受到挫折后伴随着强烈的情绪反应,比如焦虑、愤怒、烦躁、紧张、情绪低落,感到痛苦和绝望,产生躲避或攻击等行为偏差,这种消极反应若没有被及时纠正,在心理或行为上会固定下来,给人的身心带来极大伤害,甚至诱发疾病。

(二) 压力的含义

压力即人的心理或精神压力,是指个体在适应社会环境、实现动机行为和目标要求的过程中,由于实际或认识能力上的不平衡而引起的一种紧张和应激状态。西华德说:"压力是个体知觉到的对自身的生理、心理、情绪及精神威胁时的体验。"① 人的心理压力是个人感受到的要求与资源的不平衡感,而压力应对则是个人试图控制这种不平衡感时所做出的努力。

压力具有难以控制的特点,当个体不知道接下来会发生什么或个人控制感受没有把握时,心理上就会产生压力。

压力反应与人的主观意识有关,一个事件能否使个体产生压力,主要受个人主观上对事件的认识和看法的影响。如果客观上有障碍存在,但个人主观上并不知觉,就不会构成压力;如果个体对事件的评估不严重,那么压力反应也会显得微不足道。

压力的产生与个体的需要有关,当人的某种需要得不到满足或目标实现可能有困难时,就会产生压力。因为在现实生活中,人总有需要且总会存在不能满足需要的情形,所以完全没有心理压力的情境事实上是不存在的。假定有这样的特殊情形,那一定比有巨大心理压力的情境更为可怕。这是因为没有压力本身就是一种压力。

心理学研究表明,适度的压力对生命的成长有利。它会激发人的动机和表现,提高个体和团体的工作效率。按照耶基斯—多德森法则,人所从事的各种活动都存在动机的最佳水平。动机不足或动机过分强烈,就会使工作效率下降。换言之,当个人的行为动机处于最优值时,其工作效率是最高的;而当个人的动机低于或高于这个最优值时,其工作效率就不能达到最佳表现。所以,适度的压力是身心健康的保障。过度的心理压力则可能产生消极作用,这种消极作用主要表现在:过度的压力总是与人的紧张、焦虑、挫折联系在一起,久而久之会破坏人的身心平衡,有害于个体的身心健康;突发性的心理压力还会造成个体的心理障碍或身心疾病。

(三) 压力与挫折的关系

1. 压力与挫折的内涵不同

一般说来,挫折所涵盖的范围要比压力广。一切个人理想或行动受阻的情况以及满足某种需要的愿望受阻所感知的心理紧张和情绪状态都可以称为挫折,挫折可以是客观事实,也可以是个体对外界环境做出的主观评价。而压力则是当外界的刺激超出个体的心理承受能力以后所产生的一种身心紧张状态,是人对未来可能发生的不安和对威胁的知觉所产生的一种心理或生理上的反应,更倾向于个体的主观感受。

2. 引发压力与挫折的环境因素不同

个体生活过程中所接触到的自然环境因素、社会环境因素、个体自身因素都有可能导致挫折并使其产生挫败感,从而产生压力。但是,压力并不一定都由挫折引发,希望做和准备做的开心的事也可能会给人带来压力,却不能产生挫折。

二、压力与挫折的来源

现代人生存所感受的压力与挫折根源在于物质生活与意识生命的紧张。在生命意识领

---

① [美]西华德. 压力管理策略[M]. 许燕,等,译. 北京:中国轻工业出版社,2008.

域，人生可分为两部分：一是为人之活，二是为人之命。生活就是人在其一生中所经历的人生事件、人生过程、人生感受的总和。而生命则是人之生活存在的基础，没有了人的生命，就没有了人的生活；反过来说，人之生命又只能在人的生活中呈现出来。

在现代社会中，人们是活在当下的，生活是人直接感觉到的东西，每一个生活着的个体生命都需要寻求获得感的满足。当意识到自己再努力也有无法得到的东西，明白在生命终极价值的实现、社会崇高理想的达到以及生命终极意义的获取等方面存在着困难，以至于深感生命无处安顿、心灵在流落中无所依靠等，由此引发出现代人的孤独、无奈、无意义和空白感等人生的深层次问题，出现生活与生命选择中的矛盾与冲突。

现代人生存过程中所形成的压力和挫折因素是多种多样的，概括起来可分为外部因素和内部因素两大类。

（一）外部因素

1. 自然因素

引发压力与产生挫折的自然因素主要是指人们既不能提前预测又不能及时预防的天灾。由于非人类力量所能控制，天灾给个体的发展带来阻碍和限制，个体的需要因得不到满足而受挫。例如，2008年汶川大地震，许多人失去了亲人、朋友，这让他们产生了深深的恐惧、悲伤，甚至长期走不出阴影，从而影响了正常的学习、生活。

2. 社会因素

引发压力与产生挫折的社会因素主要是社会现实带来的变化，包括社会体制转变、社会结构的变化以及社会冲突的加剧等。例如，东西方文化价值的碰撞，各种思潮的不断冲击，引起大学生价值观的冲突，增加了他们的挫折感。又如，随着我国市场经济的发展和改革的进一步深化，大学生毕业后面临较为激烈的竞争，这在一定程度上增加了就业的心理压力。

3. 学校因素

引发压力与产生挫折的学校因素主要是指学校的组织、环境、设施、教学内容与管理方式、校园文化等方面对学生心理所造成的影响。例如，有的高校住宿条件简陋、就餐环境不良，不能满足学生的需求，给大学生的学习和生活带来不方便，以及产生心理落差等消极影响。

4. 家庭因素

引发压力与产生挫折的家庭因素主要是指家庭的一些潜在或显性的条件。家庭的自然结构、人际关系、教养方式及家长的素质等，对大学生的心理压力与挫折都有直接或间接的影响。

（二）内部因素

心理学家维克多·弗兰克尔（Viktor Emil Frankl）认为，当今时代人类所面临的生存挫折，其本质是人类历史中本就存在的一种无意义感伴之以某种空虚感。这是因为在人类成长路上，人要成为真正的人时，必须经历双重的失落，由此必然产生生存压力和生命追求的空虚。①

第一次失落出现在人类历史之初，即人在脱离动物界成为"人"时，人原来所具有的本能状态被有意识地限制，并逐渐发展出一整套文明与文化的传统来指导和规范自我的行为，同时也就丧失了原初状态时一些基本的动物本能，这些本能却深深地嵌入其他动物的行为中而使它们的生命安全稳固。失去这些安全感，人类必须在适应外部环境中自己进行选择。

第二次失落出现在人类现代化发展阶段。在这一阶段，人类通过积累经验保留下来的作为人行为支柱的传统在新的生产及生活方式的冲击下被迅速地削弱了。传统也不能告诉人必须做什么。没有路标、没有参照系，人们又陷入创造一个什么样的未来的迷雾之中，以至于这一挫折所带来的彷徨、无奈、消沉等状态，成为现代人生的鲜明标志。如同哲学家雅斯贝尔斯总结现代人时说："由于现代生活是纷乱的，所以，我们对实际所发生的事情不能理解，我们正航行在一个海图上未曾划出的海面上，无法到达一个能清楚地看到整体的海岸。"②

1. 生理因素

引发压力与产生挫折的生理因素是指个体与生俱来的身体、容貌、健康状况、生理缺陷等先天素质所带来的限制。例如，身体存在缺陷的学生可能在人际交往等社会活动中处于劣势，往往无法在社交场合中潇洒自如、谈笑风生、展示自己的才能，甚至正常交友也受到影响，最终陷入孤独的境地。

2. 心理因素

心理因素是引发大学生压力与产生挫折的根本原因，主要有个体认知、能力、需求、动机、兴趣、性格、自我意识、意志品质等。此外，个体的动机冲突、抱负水平和挫折容忍力等因素也会引发大学生挫折心理。例如，大学生对于先就业还是先考研往往难以取舍，存在"鱼和熊掌不可兼得"的心理冲突，而产生烦恼、焦虑。

三、大学生压力与挫折的主要类型

大学生所遇到的压力、挫折，主要有以下几种。

1. 学业方面的压力与挫折

学习是大学生最主要的活动，是学生的天职。因此学业往往成为大学生的一大压力源，如学习成绩不理想、学习动机不强或过强所引发的思想压力等，表现为大学生在学习上的失败和心理不适应。学习压力还表现在学校、专业选择得不理想，对大学的学习方式和教学模式不适应等。这会使大学生自信心受到打击，产生焦虑、失落、自卑的消极情绪，陷入自我否定的困惑之中。

2. 人际关系方面的压力与挫折

人际关系方面的压力与挫折是指大学生在与周围的人和群体交往过程中产生矛盾时，

---

① [美] 弗兰克尔. 活出生命的意义 [M]. 吕娜，译. 北京：华夏出版社，2010.
② [德] 雅斯贝尔斯. 现时代的人 [M]. 周晓光，宋祖良，译. 北京：中国社会科学文献出版社，1992.

因无法很好地处理而产生的一种焦虑、压抑的心理状态。大学生正处于向独立社会成员过渡的时期，生理和心理日渐成熟，自我意识迅速发展，而且富于幻想，对新鲜事物充满希望，珍视友谊、渴望交往。但是由于社会阅历较少，大学生在面对人际交往中的一些矛盾和冲突时，对人与事的看法和想法容易情绪化、主观化，而且思维带有片面性，往往不知如何化解，从而产生烦闷、失落的负面情绪。

3. 恋爱关系方面的压力与挫折

随着性意识的觉醒，大学生们开始关注两性之间的关系，渴望接触异性，向往美好爱情。但在追寻爱情的过程中，他们或多或少会遇到种种波折，比如感情上的单恋、失恋等。由于大学生思想不成熟，在面对恋爱挫折时，很少从客观的角度去分析，而是从主观上抱怨别人或怨恨自己，严重影响学习和生活，在冲动的情况下还可能做出不理智的极端行为。

4. 就业择业方面的压力与挫折

当今时代的职业领域出现的一个重要特征是竞争加剧，竞争择业、竞争上岗的现象普遍化，整个社会都处于激烈的竞争中。在这一背景下，大学生择业求职时就容易遇到这样或那样的挫折，如找不到工作或找到的工作不理想，原定的职业生涯规划因各种原因而无法实现等。面对严峻的就业形势，部分大学生产生了"毕业之际就是失业之时"的苦闷、焦虑的心理感受。

5. 经济方面的压力与挫折

当大学生在经济上的内心需求得不到相应的满足时，也容易产生挫折感，即为"需求性挫折"。随着社会贫富差距的加大，大学生当中的贫富悬殊，给贫困大学生以沉重的思想包袱。据统计，每年全国有 26.4% 的大学生支付不起学费，13.5% 大学生甚至连生活费都有问题。贫困大学生比其他学生面临着更大的心理压力和焦虑，更容易产生挫折感。另外，在逐步走向市场经济的今天，社会的价值取向正在发生巨大变化，人们越来越注重物质利益，大学生之间或多或少存在攀比心理，也让家庭经济一般的学生产生消极情绪。

6. 家庭环境方面的压力与挫折

家庭是每一个大学生赖以生存的精神和物质生活的基础资源。家庭结构、家庭氛围、亲子关系、父母教育方式以及父母期望等方面不健康、不和谐，会给大学生带来不安、压力，使其产生挫折感。例如，遭遇父母感情破裂或家庭变故后，有的大学生会因为自己不能有别人那样幸福的家庭而心有怨恨和沮丧。

7. 自我实现方面的压力与挫折

大学生处于青年时期，是人一生中寻找自我的阶段。这个时期的大学生精力旺盛、不甘寂寞，自我实现的需要强烈。随着自我心理迅速发展，开始有意识地关注自我、体会自我，更加注意个人潜能的发挥。这一方面推动了大学生自我实现需要的发展，同时一旦在自我实现过程中受到阻碍，就容易产生挫折心理。

四、压力与挫折对大学生成长的意义

"人无压力轻飘飘，井无压力不喷油。"压力与挫折是客观存在的，也是人在成长过程中所需要的。面对压力与挫折，如果用积极、乐观的心态应对，不但能与之共存，还会有所进步和成长。大文学家巴尔扎克说："挫折和不幸，是天才的晋身之阶、信徒的洗礼之水、能人的无价之宝、弱者的无底深渊。"在现实生活中，每个人都会遇到不同程度的挫折，也会产生不同的心理和行为反应。对于大学生来讲，压力与挫折隐藏着潜在的心理危机，可能引发不同程度的心理问题，带来不同程度的痛苦体验，但是也蕴藏着不容忽视的成长契机与教育价值，具有十分重要的积极意义。

1. 提高个体的认识水平

认识是行动的先导，对行动具有重要的指导作用。爱迪生说过："失败也是我们所需要的，它和成功对我一样有价值。只有在我知道一切做不好的方法以后，我才知道做好一件工作的方法。"面对失败、挫折和压力，大学生若能积极总结经验和教训，认真反思自己的认识过程，客观分析自身不足，及时调整应对措施，就能够顺利地应对压力与挫折，提高自己解决问题的水平，丰富应对压力与挫折的经验，促进认知结构的不断优化，从而提升自身的认识水平。

在德国，有一个造纸工人在生产纸时，不小心弄错了配方，生产出了一批不能书写的废纸。因此，他被老板解雇。

正当他灰心丧气、愁眉不展时，他的一位朋友劝他："任何事情都有两面性，你不妨换一种思路看看，也许就能从错误中找到有用的东西来。"后来，他发现，这批纸的吸水性能相当好，可以吸干家庭器具上的水分。于是，他想了一个办法，把纸切成小份，取名"吸水纸"，拿到市场去卖，竟然十分畅销。后来，他申请了专利，创办了生产吸水纸的企业。

（资料来源：毕东海. 关于利用"缺点"[J]. 科学大众，1998（2）.）

2. 增强个体的承受能力

人们对压力与挫折的耐受力与其过去生活中的挫折经验以及经历过程中感受到的压力相关。因为压力和挫折培养了人的耐压力和耐挫折力，所以人才善于化解各种生活压力，转危为安。一个心理健康、人格健全的人，面对压力与挫折，哪怕是处于"屋漏偏逢连夜雨"的窘境，也依然能够积极应对。面对困难情境，大学生若能及时采取有效的应对措施，积极利用自身所拥有的资源，及时发挥自身的潜在能量，就能丰富应对压力与挫折的知识和经验，培养坚强的意志力，促进心理健康与人格健全，增强个体的承受能力。

3. 激发个体的生命活力

压力与挫折具有激发个体活力的积极作用。如果压力与挫折是"狼"，人才练就了"与狼共舞"的功夫。正是为了摆脱困境，人们常常做出更大的努力。在此过程中，大学生投入更多的时间和精力，奋发图强，不断激发出强大的身心力量，促进其潜能的进一步发挥，使其虽身处逆境，却意志坚定，在压力与挫折应对的过程中体验成长的快乐，实现生命的价值，激发出生命的活力。

两个年轻人同时进入一家公司任职，这是一个令人羡慕的"工作很轻松"的好岗位。面对这个岗位，一个年轻人很开心地接受了现实；另一个年轻人却无法接受，几个月后就离职了,理由是"因为做的事情实在太少,所以我学不到东西"。五年以后,第一个年轻人任职的公司倒闭了,他在这里几乎没有学到东西,费了好一番功夫才找到新工作。但是新的工作压力大责任重,他完全不能适应,最后公司认为他能力不足,请他离职走人。另一个年轻人因为及早离开这份悠闲没事的工作,投身其他工作,经过五年的历练后,尝试自行创业,结果非常成功。

"没有压力,不复美丽。"人长期身处"零压力"的环境是一件可怕的事情。

(资料来源:根据全球品牌网的黄桐《幸福就像狗尾巴》一文整理)

第二节 挫折调适与压力应对

挫折与压力是普遍存在的。可以说,它们就是生活经历的组成部分,每一个人都会遇到。奥斯特洛夫斯基曾说过:"人的生命,似洪水奔流,不遇着岛屿和暗礁,难以激起美丽的浪花。"《孟子》也提出:"天将降大任于斯人也,必先苦其心志,劳其筋骨,饿其体肤,空乏其身,行拂乱其所为,所以动心忍性,曾益其所不能。"一个人要想成大器,必须经过艰苦的磨炼;一个人要想实现远大的目标,必须进行挫折的磨砺,培养坚忍的毅力和坚强的意志品格,增强其挫折耐受力和压力应对的管理能力。

一、心理防御机制的存在

所谓心理防御机制,又称心理自卫机制,是个体面对挫折和压力时应对与调节的反应体系,即个体面临挫折或压力的紧张情境时,在其内部心理活动中具有的自觉或不自觉的解脱烦恼、减轻内心不安,以恢复心理平衡与稳定的一种适应性倾向。

心理防御机制普遍存在于人的心理活动中,其功能类似生理上的免疫系统。当人们由于某种原因将要陷入或已经陷入紧张状态时,就可以使用心理防御机制,把个体与现实的关系进行修正,比较容易接受挫折或做出正确的应激反应,不至于引起情绪上过分痛苦与不安,可以更好地适应生活。

心理防御机制在现实生活中是一种相当普遍的心理现象。自从弗洛伊德最早提出心理防御机制的理念以来,很多研究者从不同的角度提出过多种类型的抗挫减压的应对与调节反应方式。

1. 积极的心理防御机制

心理防御机制使用得当,能够帮助人们有效地减轻压力、应对挫折。一般而言,积极的心理防御机制有以下几种。

(1)认同。认同又称仿同,指一个人在遇到挫折而痛苦时效仿他人获得成功的经验和办法,使自己的思想、信仰、目标和言行更加适应环境的要求,从而在主观上增强获得成功的信念。例如,许多学生将历史名人、科学家、著名演艺人员或者身边的优秀同学当作认同的对象,以这些榜样来鼓励自己。

（2）补偿。补偿是指个人因受主客观条件限制而不能达到某种目标时，有意识地采取其他能够获取成功的活动来代偿某种缺陷而弥补因失败造成的自卑感，即所谓的"失之东隅，收之桑榆"。如美国前总统林肯，出身贫苦，受教育的程度不高，但他力求从自我教育方面来汲取力量补偿这些缺陷，成为知识渊博的人，最终成为有杰出贡献的美国总统。

（3）幽默。当一个人处境困难或陷入尴尬境地时可以使用诙谐的语言、放松的行为化解挫折困境、渡过难关，或者间接表达自己的观念、情感和意图。这种心理防御机制称为幽默。如大哲学家苏格拉底的夫人脾气暴躁，有一次，当苏格拉底在跟一群学生谈论学术问题时，听到叫骂声，随后他夫人端来一桶水，往他身上泼，弄得他全身都湿透了，在场的人都很尴尬。可是苏格拉底只是一笑，说："我早知道，打雷之后，一定会下雨。"本来很难为情的场合，经此幽默一语，也就化解了。

（4）升华。升华是指个体在遭遇困难后，将自己不为社会所认可的动机或欲望转变为符合社会要求的动机或需要，表现出富有建设性、有利于社会和自身发展的较高层次和境界的行为。升华不仅使原来的动机冲突得到宣泄，消除了焦虑情绪，保持了心理上的安宁与平衡，还创造了积极的心理防御机制。

2. 消极的心理防御机制

很多人在愤怒、委屈，感到无助的时候，常常会选择回避，选择一些消极的心理防御策略来解决问题。可是问题并没有得到解决，当下一次这样的情绪又来临时，还是会让自己不知所措。因此，大学生要尽量避免产生消极的心理防御机制。

（1）压抑。压抑是指个体把不为社会所接受的本能冲动、痛苦的欲望、观念、情感或经历，不知不觉从意识中予以排除，抑制到潜意识之中，以至于个体对压抑的内容不能察觉或回忆，以减轻不安和焦虑的防卫方式。

（2）否定。否定是指拒绝承认或接受某些不愉快的现实或事实，或者说对某种痛苦的现实无意识地加以否定，其目的是以拒绝承认痛苦事实来躲避心理紧张和不安，是一种最简单、最原始的心理防御机制，在日常生活中也较常见。例如，亲人被诊断为绝症，因难以接受，坚持认为是医院诊断错误。

（3）投射。投射是指把自己所不喜欢或不能接受的性格、态度、意念、欲望转移到外部世界或他人身上，并断言别人有此动机或行为，以减轻自己的内疚、压力、焦虑和不安，即"以小人之心度君子之腹"。例如，有的学生考试没考好，明明是因为自己不努力，却指责老师评分不公正。

（4）反向。反向是指当个体受挫时，采取一种与原意相反的态度或行为的心理防御机制，其目的在于避免或减轻自尊心受损。例如，有的学生内心自卑，却以自高自大、过分炫耀的表现来掩饰；有的学生明明很喜欢某个异性，却在对方面前表现出一副十分冷淡或不屑的样子。

（5）转移。转移是指对某一对象的情感、欲望或态度，因某种原因（如不合社会规范、具有危险性或不为自我意识所允许等）无法向其对象直接表现，而转移到其他较安全或为大家所接受的对象上，以减轻自己心理上的焦虑。

（6）攻击。个体面对挫折、心理冲突和压力的最消极心理防御机制是攻击：一种是把矛头指向导致其挫折的人和事上的直接攻击，另一种是把矛头指向与引起挫折无关的人和事上的间接攻击,甚至指向自己,导致自责、自残甚至自杀。攻击是一种严重失调的心理应对方式。

(7) 退化。退化是指当个体遭遇到挫折时,表现出与其年龄不相称的幼稚行为反应。这是一种反成熟的倒退现象,放弃成熟态度和成人行为模式,让自己退回到儿童状态,这意味着可以放弃努力,不用去应付困难,恢复对别人的依赖,彻底逃避成人的责任,从而满足自己的某种欲望。

心理防御机制有积极和消极之分。一般来说,积极的心理防御机制表现为自信、愉快、进取的倾向,有助于激发个体克服困难、战胜压力与挫折;消极的心理防御机制多表现为退缩、逃避、自欺欺人,虽然能暂时起到平衡心理的作用,但会阻碍个体面对现实,降低适应能力,甚至出现恐惧而导致心理疾病。因此,当大学生面对压力与挫折性事件时,应更多地运用积极的、成熟的心理防御机制,将不良情绪发泄出来,以更健康的心态去面对。

心理防御机制并不能使人的需要和动机获得真正的满足,也不能真正解决产生压力与挫折的心理根源。因此,心理防御机制的使用要适度,若过于依赖,则可能造成与现实脱节或形成妄想,有害无益,甚至成为病态。

二、提升挫折耐受力

心理防御机制虽在一定程度上可以缓解心理压力,但更重要的是个体在挫折面前能够主动采取直接、理智的方法和行为,直面挫折、战胜挫折,这就需要及时调整心态,增强挫折的耐受力。

挫折耐受力是指人们遇到挫折时经受得起挫折的打击和压力,保持心理和行为正常的能力。它表现为对挫折的负荷能力。生活中一个人的挫折耐受力较强,就能正确地接受现实,从而减轻个体挫折情绪反应的强度。

有一天,某个农夫的一头驴子不小心掉进一口枯井里,农夫绞尽脑汁想救出驴子,但几个小时过去了,驴子还在井里痛苦地哀号着。最后,这位农夫决定放弃,他想这头驴子年纪大了,不值得大费周章去把它救出来,不过无论如何,这口井还是得填起来。于是农夫便请来左邻右舍帮忙一起将井中的驴子埋了,以免除它的痛苦。

农夫的邻居们人手一把铲子,开始将泥土铲进枯井中。当这头驴子了解到自己的处境时,刚开始叫得很凄惨。但出人意料的是,一会儿之后这头驴子就安静下来了。农夫好奇地探头往井底一看,出现在眼前的景象令他大吃一惊:当铲进井里的泥土落在驴子的背部时,驴子的反应令人称奇——它将泥土抖落在一旁,然后站到铲进的泥土堆上面。就这样,驴子将大家铲在它身上的泥土全数抖落在井底,然后再站上去。很快地,这只驴子便上升到井口,然后在众人惊讶的表情中快步跑开了。

(资料来源:毛毛. 农夫的一头驴子 [J]. 成才之路,2007 (25).)

就如驴子所遇的情境一样,在生命的旅程中,有时候我们难免会陷入"枯井",各式各样的"泥沙"会倾倒在我们身上,而要想从这些"枯井"脱困的秘诀就是:将"泥沙"抖落,然后站到上面去!人生必须渡过逆流才能通向更高的层次,最重要的是永远看得起自己。

1. 对挫折进行合理归因

美国心理学家伯纳德·韦纳（Bernard Weiner）认为，人们对成败的原因分析可归纳为六种：能力、努力、任务难度、运气、身心状况、其他因素。而这些原因可以纳入三个向度。

（1）控制点。这是指当事人自认影响其成败因素的来源，是个人条件（内控），抑或来自外在环境（外控）。在此向度上，能力、努力及身心状况三项属于内控，其他各项则属于外控。

（2）稳定性。这是指当事人自认影响其成败的因素在性质上是否稳定，是否在类似情境下具有一致性。在此向度上，能力与任务难度是不随情境改变的、比较稳定的，其他各项均不稳定。

（3）可控性。这是指当事人自认影响其成败的因素在性质上是否能否由个人意愿所决定。在此向度上，只有努力一项是可以凭个人意愿控制的，其他各项均非个人所能。

研究表明，如果失败被认为是脑子笨、能力低、任务难等稳定因素所致，就会降低随后的成功期望，失去信心，并不再坚持努力行为；反之，如果把失败归因于自己不够努力等不稳定因素，就会保持甚至增强取得成功的动机，会进一步增强信心，继续努力。

韦纳研究的结论告诉我们，大学生在遇到挫折后，只有正确的归因才能激发斗志、战胜挫折。而不当的归因容易导致推卸责任或挫伤信心，是不可取的。

心理学中有一个概念，叫"习得性无助"。它是指一个人经历了失败和挫折后，面对问题时产生的无能为力的心理状态和行为。当一个人将不可控制的消极事件或失败结果归因于自身智力、能力的时候，一种无助和抑郁的状态就会出现，自我评价能力与水平就会降低，动机也减弱到最低水平，无助感也由此产生。①

2. 调节抱负水平

抱负水平是指个人对未来可能达到的成功标准的心理需求，是指人们在从事某种实际活动之前，对自己所要达到目标规定的标准。抱负水平并不是越高越好，适度的抱负水平，是避免挫折和失败、获得自信与成功、使个体得以顺利发展的重要因素。心理学家曾做过一个有趣的投环实验：投掷距离由被试者自己确定，距离越远，投中的得分越高。实验结果表明，凡是抱负水平高的人，多选择在中等距离投掷；而抱负水平较低的人，则多选择很近或很远的距离投掷，即个体或者要求很低，或者孤注一掷、盲目冒险。

不少大学生遇到的挫折都与抱负水平确立不当有关。因此，必须学会根据自己的实际能力设定目标，并在前进中及时调整自己的目标。

3. 积极参与实践

大学生要培养不屈不挠、再接再厉、坚韧不拔的精神，锻炼坚强的性格、良好的心理素质，应该在磨炼中学习和掌握应对挫折的方式和技巧，增强适应力。

在生活中遇到某种挫折或逆境时，不要害怕，不要退缩，要把它作为磨砺意志、锻炼

---

① ［美］韦纳. 动机和情绪的归因理论［M］. 林钟敏，译. 福州：福建教育出版社，1989.

坚韧不拔精神的激励机制。同时，要主动出击，给自己创造条件和平台去学习、去锻炼，在锻炼的过程中了解社会、接触现实、增长见识，增强承受挫折、化解冲突的能力。

爱尔兰作家克里斯蒂·布朗（Christy Brown）在短暂的一生中创作了五部小说、三本诗集，成为爱尔兰最有名的诗人和小说家。你能想到他是个从小瘫痪的人吗？

克里斯蒂·布朗出生在都柏林一个贫苦人家里。布朗一出生就患了严重的大脑瘫痪症。到5岁时，他还不会走路，不会说话，头部、身体和四肢都不能自由活动。他父母见此十分着急，到处求医，都无济于事。就在布朗5岁那年，一天，他看见妹妹扔下的彩笔，伸出左脚把彩笔夹起来，在墙上勾画起来。就这样，小布朗通过持之以恒的练习成功地学会了用左脚写字、画画，并开始写作诗文。

1954年，布朗21岁时，出版了第一部自传体小说《我的左脚》，他用所得的稿费，又买了一架电动打字机，继续坚持写作。16年后，他又出版了另一部自传体小说《生不逢时》。在这部小说里，他以真挚的感情、深刻的哲理、动人的故事、诗一般的语言和坚强的意志，震惊了读者和文学界。

（资料来源：根据励志故事网《克里斯蒂布朗：支撑生命的左脚》一文整理）

三、寻找适当的减压方法

生活中，每个人都会面对压力，适量的压力能让人更好地实现自身价值，然而一旦压力过大、超出负荷，就得及时减压。进行压力管理时，选择恰当有效的方法显得十分重要。

（一）压力管理就是培养反弹能力

压力管理是指针对可预见的压力源在压力产生前进行必要的干预，在压力产生后提高问题处理的效率，个体主动采用合理的应对方式，以缓解或消除压力，维护身心健康，保证学习、生活目标顺利实现的管理活动。

面对压力，人们需要练就压力反弹能力（简称"压弹"）。压弹指个人面对生活逆境、创伤、悲剧、威胁及其他生活重大压力时的良好适应能力，它是压力与应对的和谐统一，是良性应激的突出表现。压力反弹可以起到激发潜能、振奋情绪甚至增进健康的作用。

压弹一词正如其字面意思所解，是"压"与"弹"的完美结合。面对生活的挫折与逆境时，人既需要有耐挫折力，也需要有排挫折力。耐挫折力会使人勇于承受各种生活压力，不因一时的困境而丧失斗志、放弃对自我的信念；而排挫折力则使人善于化解各种生活压力，以化险为夷、转危为安。

压力管理具有一定程度的主动性和积极性特征，通常有三种压力应对方式。

(1) 问题关注。通过采取具体措施来逐渐解决压力给人带来的问题和困难。
(2) 情绪关注。通过采取有效的情绪管理来缓解压力给人带来的焦虑体验。
(3) 意义关注。通过深入的哲学思考来逐渐消除压力给人带来的精神困扰。

（二）大学生压力管理的主要方法

各种压力引起心理障碍，阻碍了大学生的身心健康发展，如果不及时进行疏导，心理上的沉重压力会导致情感上的极度苦闷，严重影响其学习和生活。大学生常见的压力应对方法有如下几种。

1. 消除或远离压力源

压力源包括永久性压力源和暂时性压力源。当大学感到有压力时，首先要找到压力源，尽可能地消除压力源，从而减少压力。例如，针对贫困生的经济压力问题，高校采取了奖、减、缓、补、勤等多位一体的、注重实效的助学机制，为从根本上解决贫困生求学的难题提供了可能。大学生应当选择适合自己的助学方式进行申请，消除压力源。

有的大学生为了获得理想的成绩，不断给自己增加压力，可是成绩却上不去。面对这种压力源，大学生可以劳逸结合，采取适当休息和肌体放松的办法远离压力源；也可以学会区分学习的轻重缓急，重要的学习任务马上完成，次要的和不重要的可以先放一放，待时间充裕时再完成，做好时间管理。

2. 控制压力后果

（1）自我疏导，学会宣泄。当大学生的挫折情境已经带来巨大的心理压力，而且一时难以克服困难时，应将情绪适度宣泄，主动地把心理压力转化为适度的情绪反应，并通过适当方式发泄出来。

（2）乐观看待，积极应付。大学生要保持乐观的心态，积极面对压力所带来的后果并采用正确的方式合理应对，认真分析失败与挫折中产生成功的可能性，重拾信心，将失败转化为努力前进的动力，既不要拿自己的错误惩罚自己，也不要拿自己的错误惩罚别人，更不要拿别人的错误惩罚自己。

3. 优化社会支持系统

社会支持是指个体通过社会关系和社会组织获得他人在物质上与精神上的帮助与支持，从而减轻或消除压力。良好的社会支持系统能带给人以持久的温暖、安全以及重振生活的信心、勇气和力量。心理学研究表明，在同样的压力情境下，那些得到较多社会支持的人，比很少获得类似支持的人心理承受力更强，身心也更健康。

大学生应对压力、困难时，可以将面临的压力向自己依赖的人倾诉，如亲人、朋友、同学、老师等社会支持系统中的成员，让他们帮助自己进行客观分析和提供有益的观点，以获得情感安慰和行动建议，获得积极的情绪鼓励，从而尽快恢复信心和勇气，正确面对挑战，最终解决问题。

第三节　情绪的控制与管理

小明前两天因为考试没考好，产生了挫折感。他责怪自己平时不够用功，考前没有好好准备，考试的时候没仔细审题，觉得自己不是读书的料，自己比别人差，因而很灰心。他故意远离人群，一个人躲在角落，心情很沮丧……

大学生在学习、生活中遇到难以克服的阻碍或干扰时，常常会产生一系列消极的情绪状态。学习与掌握必要的情绪控制与管理技巧，便能在面对挫折与压力时表现出较大的情绪灵活性。

一、情绪的客观存在

(一) 情绪的内涵

日常生活中，情绪就像心理状态的晴雨表，无时无刻不反映人们的心理状态。然而，人不会对任何事物都产生态度和体验，只是对那些与自身需要有关的事物产生情绪与情感。情绪是个体对本身需要和客观事物之间关系的短暂而强烈的反应，它是由独特的生理唤醒、主观体验和外部表现组成的。

1. 生理唤醒

生理唤醒是指伴随情绪发生时的生理反应，它涉及一系列生理活动过程，如神经系统、循环系统、内外分泌系统等活动。例如，人在情绪紧张时，呼吸和心跳加快、血压升高、血糖上升等。这些生理唤醒由神经系统支配，一般不受人的控制。

20世纪80年代，艾克曼等研究人员让被测试者用面部肌肉来表达愉快、发怒、惊奇、恐惧、悲伤或厌恶等情绪，同时给一面镜子以辅助被测试者确定自己面部表情的模式，要求把每一种表情保持10秒钟，并对他们的生理反应情况进行测量。结果表明，各种面部表情的生理反应存在明显差异。保持发怒和恐惧的表情时，被测试者心率都会加快；保持发怒的表情时，被测试者的皮肤温度会上升；保持恐惧的表情时，被测试者的皮肤温度则会下降。另一些研究表明，许多情绪会使人的心率加快；发怒时，被测试者脖子以下发热，感觉热血沸腾；恐惧时，被测试者骨子里发冷、浑身发凉。

2. 主观体验

主观体验是指个体对不同情绪状态的自我感受，是情绪的主观成分。这种体验通常可以由自身表达反映出来。例如，某人说自己"感到很烦躁、很生气"，就是对情绪体验的一种表述。

情绪体验具有一种独特的性质，即每种具体情绪的体验在主观上可感受的色调是不变的。个人所体验到的每种具体情绪，比如快乐或悲伤，在色调上没有个体、年龄、性别、民族等差异。每次引起某种情绪的情境及其所引起的情绪类别、强度和持续时间均不同，但其所携带的特定情绪色调永远不变，这意味着情绪体验的泛人类性。

3. 外部表现

情绪总是伴随着相应的外部表现，即表情。表情包括面部表情、姿态表情、言语表情。面部表情最能精细地显示不同性质的情绪，因此是鉴别情绪的主要标志。例如，眉开眼笑、愁眉苦脸、目瞪口呆、咬牙切齿等，都是指面部表情。姿态表情是情绪发生时面部以外的身体行为及动作变化模式，如高兴时"捧腹大笑"，恐惧时"紧缩双肩"，紧张时"坐立不安"等。情绪在口语的音调、节奏、语速等方面的表现称为言语表情，如悲伤时音调低沉、语速缓慢，喜悦时音调高昂、语速较快。

（二）大学生情绪的特点

大学阶段是人生的第二个"心理断乳期"，大学生正处在一个非常关注自我、注重个性表达、情绪体验丰富、情绪波动起伏的时期。此时的情绪具有鲜明的特点。

1. 丰富性与复杂性

随着自我意识的发展，大学生更注重自我体验，对于事物有着自己的想法，从而引发不同的情绪且表现丰富多彩，情绪内容也日趋复杂。例如，大学生交往范围日益扩大，与同学、朋友及师长之间交往频繁，特别渴望友情、爱情，渴望被人理解、得到尊重，情绪表现得更细腻、更复杂。社会生活主题的变化，也要求大学生不断学习社会的道德规范，需要对自己的身份、角色、志向、价值等问题有更深入的思考，理智感、美感、集体荣誉感等高级情感有所发展。

2. 波动性与两极性

大学生正处于未成年人向成年人的转变阶段。尽管大学生的认知水平有所提高、知识经验有所积累，对情绪也有了一定的控制能力，但与成人相比，对于外界事物仍较为敏感，情绪活动带有明显的波动性与两极性，容易从一个极端走向另一个极端。生活中，一首伤感的歌、一句无心的话、一处意外的景，都可能导致大学生的情绪骤然变化，呈现出一种不稳定状态。喜怒哀乐无常、阴晴雾雨变化是大学生情绪常见的现象。

3. 冲动性与爆发性

心理学家爱德华·霍尔用"狂风骤雨"来形容青年阶段的情绪特征。他认为，青年期处于"蒙昧时代"向"文明时代"演化的过渡期，其情绪特点是动摇的、起伏的，有很大的冲动性和爆发性。在这个阶段，大学生的情绪体验迅速而强烈，对任何事都比较敏感，遇事易冲动，有时情绪爆发自己难以控制，甚至表现为盲目的狂热与冲动。对于控制性较差的大学生，情绪爆发易产生破坏性的后果，严重情况下会给大学生本人或他人、社会带来伤害。

4. 内隐性与掩饰性

大学生的情绪表现虽然有时也会喜形于色，但已经不像少年时期那样坦率直露。随着认知水平的提高、思想内涵的丰富，他们具备了在特定情境下隐藏或抑制真实情绪的能力，形成外在表现和内心体验不一致的特点。例如，有些大学生对一件事或某个人是讨厌的，但表现出较好的态度。再比如，对择业、恋爱等与自身相关的具体问题，大学生有时会不愿表露出来，具有内隐性特征。

5. 阶段性与层次性

大学生情绪还呈现出明显的阶段性和层次性特点。大学新生一方面对大学校园感到新鲜、好奇，另一方面，理想与现实的落差、激烈的竞争、教师不同的教学方法等使得一些大一学生无所适从，体现出自豪感和自卑感、轻松感和压力感、新鲜感和恋旧感交织的特点。二、三年级的大学生经过调整后，已逐渐融入大学生活和学习，适应性增强，情绪较为平稳。四年级的学生毕业在即，面临论文、择业、考研、情感等诸多抉择和压力，因此紧迫感和焦虑感十分明显。

二、情绪的基本理论

情绪究竟是什么？这一命题自威廉·詹姆斯1884年提出以来一直为众多研究者反复询问、探索。对有关情绪本质问题的不同论述，构成了观点不一的情绪理论。下面介绍几种经典的情绪理论。

1. 詹姆斯-兰格情绪理论[①]

这是比较早期的情绪理论。美国心理学家詹姆斯（W. James）和丹麦生理学家兰格（C. Lange）分别于1884年和1885年提出了内容基本相同的情绪理论，该理论强调情绪是对身体变化的感觉，使人激动的外部事件所引起的身体变化是情绪产生的直接原因。根据这个理论，悲伤乃由哭泣而起，愤怒乃由打斗而致，恐惧乃由战栗而来，高兴乃由发笑而生……

这个理论看来似乎有些好笑，但还是有些道理的。一些实验证明，人为操纵被测试者的表情，被测试者可以感受到相应的情绪。这一结果也被应用于治疗，如大笑疗法、舞蹈疗法。

每天早上，在印度孟买的大小公园里，可以看见许多男女老少站成一圈，一遍又一遍地哈哈大笑，这是在进行"欢笑晨练"。印度的马丹·卡塔里亚医生开设了150家"欢笑诊所"，人们可以在诊所里学到各种各样的笑，如"哈哈"式开怀大笑、"吃吃"式抿嘴偷笑、抱着胳膊会心微笑……以此来治疗各种心理疾病。

（资料来源：田伟. 笑的价值是千百万 [J]. 中华养生保健, 2001 (6).）

詹姆斯-兰格情绪理论提出了情绪与机体生理变化的直接联系，强调了植物性神经系统在情绪产生中的作用，但是，这一理论因为忽视了中枢神经系统对情绪的调节和控制作用，也受到了一些质疑。

2. 阿诺德的评定-兴奋理论[②]

20世纪50年代，美国心理学家阿诺德（M. B. Arnold）提出了情绪的评定-兴奋理论。该理论认为，情绪的性质并不由引起此情绪的刺激直接决定，从刺激发生作用到情绪的产生，需要经过对刺激的判断和评估，其基本过程是刺激情景—评估—情绪。

对刺激的不同评估和判断，会使人们产生不同的情绪反应。如果认为刺激是"有利"的，就会引起积极情绪体验，并企图接近刺激物；如果是"有害"的，则会产生消极情绪体验，并企图躲避刺激物；如果是"无关"的，人们往往会选择忽略。

3. 拉扎勒斯的认知-评价理论[③]

拉扎勒斯的理论认为，情绪是个体与环境共同作用的结果。他强调，在情绪活动中，人不仅要接受环境中的刺激事件对自己的影响，同时要调节自己对于刺激的反应。情绪活动必须有认知活动的指导，只有这样，人们才能了解环境中刺激事件的意义，选择适当、有价值的行为反应。因此，在情绪活动中，人们需要不断地评价刺激事件与自身的关系。

[①] [美] 皮特里. 动机心理学 [M]. 郭本禹, 译. 西安：陕西师范大学出版社, 2005.
[②] 乔建中. 当今情绪研究视角中的阿诺德情绪理论 [J]. 心理科学进展, 2008, 16 (2).
[③] 孟昭兰. 情绪心理学 [M]. 北京：北京大学出版社, 2005.

拉扎勒斯将这种刺激评价分为三个不同层次：初评价、次评价和再评价。

4. 伊扎德的动机-分化理论①

不同于以往将情绪归结为其他心理活动的伴随现象或副产品的理论，伊扎德（C. Izard）认为，情绪是一种独立的心理过程，有其独特的机制，在人的心理活动中起着独特的作用。

伊扎德的动机-分化理论以情绪为核心，以人格结构为基础，论述情绪的性质与功能。该理论认为，情绪是人格系统的组成部分，是人格系统的动力核心；情绪活动涉及广泛的神经系统，与个体的生理结构和遗传有关；神经内分泌系统是情绪激活和调节过程的决定者。

动机-分化理论既说明了情绪的产生根源，又说明了情绪的功能，为情绪的心理现象确立了相对独立的地位。

5. 丹尼尔·戈尔曼——情商理论②

情商（情绪商数）（Emotional Quotient，EQ），由两位美国新罕布什尔大学的约翰·梅耶（John Mayer）和耶鲁大学的彼得·萨洛维（Peter Salovey）于1990年首先提出，但并没有引起全球范围内的关注。直至1995年，由时任《纽约时报》的科学记者丹尼尔·戈尔曼（Daniel Goleman）出版了《情商：为什么情商比智商更重要》一书，才引起全球性的情商研究与讨论。因此，丹尼尔·戈尔曼被誉为"情商之父"。

以前心理学家认为，情绪是人基于个人需要对情境进行评估后的体验，是有别于认知、意志的被动性、反应性的主观体验。而情商的概念综合了现代心理学研究许多领域的成果，反映了心理学家对情绪的新理解，强调了情绪心理过程的主动性、综合性与社会塑造性。

情商，即一个人感受、理解、控制、运用和表达自己及他人情感的能力，其内容一般包括以下一些。

（1）认识自身的情绪。时时处处能非常清楚地意识到自己的情绪状态，只有正确地了解情绪，才能主宰生活。

（2）妥善管理情绪。在对情绪自我认知的基础上，能把情绪保持在适度、适时、适所的状态。

（3）自我激励。无论遇到怎样的艰难，陷入怎样的困境，总能使自己振作精神、奋发向上，始终保持高度热忱、乐观的驱动力。凡能自我激励的人做任何事情的成功率都比较高。

（4）认知他人的情绪。会从细微处觉察识别他人的情绪，善解人意。这种人特别具有同情心，而同情心为他们提供了良好的人际基础。

（5）善于协调人际关系。充分掌握这项能力的人会有好人缘，在复杂的群体中能与人和谐相处，被人推崇，常成为领导者。

---

① ［美］皮特里. 动机心理学［M］. 郭本禹，译. 西安：陕西师范大学出版社，2005.
② ［美］戈尔曼. 情商［M］. 杨春晓，译. 北京：中信出版社，2012.

三、大学生情绪的调节与管控

情绪对大学生的学习和生活有着巨大的影响。情绪可以充实人的体力和精力,提高个人的活动效率和能力,能有力地促进大学生的健康成长;情绪也可使人感到难受,会抑制人的活动能力,降低人的自控能力和活动效率,尤其是那些嫉妒、恐惧、焦虑、敌意等负面情绪,会促使一些大学生做出一些错误的甚至违法犯罪的事情,对人的心理行为和生命健康带来伤害。

古代阿拉伯学者阿维森纳曾把一胎所生的两只羊羔置于不同的外界环境中生活:一只小羊羔随羊群在水草地快乐地生活;而在另一只羊羔旁拴了一只狼,它总是看到自己面前那只野兽的威胁,在极度惊恐的状态下,根本吃不下东西,不久就因恐慌而死去。

医学心理学家还用狗做嫉妒情绪实验:把一只饥饿的狗关在一个铁笼子里,让笼子外面另一只狗当着它的面吃肉骨头,笼内的狗在急躁、气愤和嫉妒等负性情绪影响下,产生了神经症性的病态反应。

(资料来源:根据百度文库《8个经典心理学实验》一文整理)

各种心理学实验告诉我们,恐惧、焦虑、抑郁、嫉妒、敌意、冲动等负性情绪,是一种破坏性的心理反应。长期被这些情绪困扰,就有可能导致身心疾病的发生。

具有健康和良好的情绪不仅是维护大学生生理健康的保证,也是促进大学生心理健康的有效途径。良好的情绪使得大学生开阔思路、兴趣多样、富有创造性,有利于心理发展与提升生活质量。当大学生出现负面情绪时,若能有意识地进行情绪管理,则可以有效保持良好的心理健康水平;如果无法管理好情绪,个体就容易沉浸在悲伤、痛苦中无法自拔,进而损害身心健康。因此,掌握情绪管理的技巧,有效调节消极情绪,可以使人心情愉悦,积极面对生活中的困难和挫折,实现良性循环。

(一)学会觉察情绪

情绪管理的第一步就是能够觉察自己的情绪。情绪的自我觉察是一个人所具备的、能够监控自己的情绪以及对经常变化的情绪状态的直觉。如果一个人不能认识自己的真实情绪感受,就很容易被情绪左右。只有觉察和体验到自己的情绪,才有机会掌握情绪。那么,如何增强情绪觉察能力呢?

(1)停下来,静静体会、感觉自己的情绪。也就是提醒自己注意:我现在的情绪是什么?我为什么有这种感觉?例如,当你因为朋友迟到而对他冷言冷语时,应该问问自己:我现在是什么感觉?我生气了吗?……

(2)命名自己的情绪。当我们产生情绪体验时,去命名它,弄清究竟是愤怒,是忧伤,是难过,是高兴,还是惊讶。也可以结合不同的名称,例如,我现在感觉到烦躁且难过。及时辨识不良的情绪并为其命名,是情绪调节的基础。

(3)评估情绪的强度。可以采用百分制,给自己的情绪从0~100打分。例如,我感到很悲伤,给自己的悲伤情绪打了70分。同时,去想一想为什么有这么高的情绪强度。

此外,还可以通过情绪日记的方法来逐渐提升自身的情绪觉察能力。借由情绪日记,可以了解自己的情绪常常被什么事情所牵动,有利于觉察到行为的改变。写"情绪日记"

的方法是：准备日记本和彩笔，记录一天中对自己产生影响的事件，记录时可用"描述事实经过+我的感受是什么"的格式。若这些感受是自己能允许的情绪，就用暖色调的颜色记录，反之则用冷色调的颜色记录。

（二）完全接纳情绪

现实生活中，常常有人不肯承认自己有负面情绪。其实，喜怒哀乐乃人之常情，每个人或多或少有一定的不良情绪，如被误解了会愤怒、失恋了会伤心等。当这些情绪出现时，不要去压抑、否认或者掩饰，更不要责备自己、苛求自己。这时需要坦然承认并且接纳自己的不良情绪，可以告诉自己"我现在的情绪（伤心/愤怒）是正常的，是遇到了某件事该有的情绪"，然后对情绪背后的原因进行分析，从而调节情绪、走出困境。有效管理情绪的方法，绝不是压抑或控制，而是接纳情绪，允许自己有情绪，然后通过适当的方法加以表达或疏解。诺贝尔文学奖得主赫尔曼·黑塞（Hermann Hesse）说："痛苦让你觉得苦恼，只是因为你惧怕它、责怪它；痛苦会紧追你不舍，是因为你想逃离它。所以，你不可逃避，不可责怪，不可惧怕。你自己知道，在心的深处完全知道——世界上只有一个魔术、一种力量和一个幸福，它就叫爱。因此，去爱痛苦吧。不要违逆痛苦，不要逃避痛苦，去品尝痛苦深处的甜美吧。"

（三）恰当表达情绪

恰当的情绪认知和表达可以抒发自己内心的感受，让别人更了解你，增进彼此的关系；错误的情绪表达方式往往会出现许多防御性不良互动，让彼此的关系变得紧张。例如，朋友约会迟到，自己之所以生气是因为他让人担心，可以试着把"我好担心"的感觉传递给他，不可一味指责对方。学会恰当表达自己的情绪，需要的是说出自己的情绪感受，而不是以改变他人为目的。

（四）有效调控情绪

不同情境中的负面情绪可以采取不同方法进行调节和控制。下面介绍几种常用的情绪调控方法。

1. 适度宣泄法

过分压抑只会使情绪困扰加重，而适度宣泄则可以把不良情绪释放出来，从而使紧张情绪得以缓解、轻松。合理的情绪宣泄方式有以下一些。

（1）倾诉。当遇到不愉快的事时，不要自己生闷气，把不良心境压抑在内心，而应当学会倾诉，将自己的不平、委屈、恼怒倾诉出来，一旦发泄完毕，心情也随之平静下来。

（2）哭泣。哭是人类的一种本能，是人的不愉快情绪的直接外在流露。研究发现，落泪让近90%的哭泣者的情绪得到了明显改善，哭泣能比抗抑郁药起到更好的自我安慰和改善情绪的作用。但是，哭泣也不能过多、过长，否则易患上焦虑、抑郁和其他心境障碍，也易让心理进入疲劳期。

其他的宣泄方式，比如大声喊叫、击打沙袋、捏皮球，或者高声唱歌、体育运动等，也可以有效起到缓解情绪的作用。

2. 认知调节法

美国心理学家阿尔伯特·艾利斯（Albert Ellis）提出了情绪ABC理论。[①] 在这个理论中：A（Activating event）表示诱发性事件，B（Belief）表示个体针对此诱发性事件产生的一些信念，即对这件事的一些看法、解释，C（Consequence）表示产生的情绪和行为结果。该理论认为，诱发性事件A只是引发情绪和行为后果C的间接原因，而引起C的直接原因则是个体对诱发性事件的认知和评价而产生的信念B。也就是说，人的消极情绪和行为结果C，不是由某一诱发事件A直接引发的，而是由经受这一事件的个体对它不正确的认知和评价所产生的错误信念B所直接引起的。

根据艾利斯的理论，若想改善情绪与行为结果，则需改变个体对诱发事件的错误信念。应用认知调节法，具体有以下步骤。

（1）将引发不良情绪的事件和认识一一列出。

（2）找出引起不良情绪的不合理信念。通常，不合理信念有以下特征：①绝对化要求。这是对某一事物怀有必须发生或不会发生的信念。通常与"必须""应该""一定""绝对"这类字眼连在一起。例如，"我一定要成功"。②过分概括化。这是一种以偏概全的思维方式。例如，因某次失败，而认为自己"一无是处"。③糟糕至极。认为如果一件不好的事发生了，将是非常可怕、非常糟糕甚至是一场灾难。例如，我考试没通过，一切都完了。

（3）通过对不合理信念的认识和纠正，找出合理的信念。

（4）通过建立合理的信念，改变情绪感受。

想法与信念改变了，个体会呈现出截然不同的状态。

古时有一位国王，梦见山倒了、水枯了，花也谢了，便叫王后给他解梦。王后说："大势不好。山倒了指山河要倒；水枯了指民众离心，君是船，民是水，水枯了，船也不能行了；花谢了指好景不长了。"国王惊出一身冷汗，从此患病，且愈来愈重。一位大臣来参见国王，国王在病榻上说出他的心事。哪知大臣一听，大笑说："太好了，山倒了指从此天下升平；水枯指真龙现身，国王，你是真龙天子；花谢了，花谢见果子呀！"国王听后全身轻松，很快痊愈。

（资料来源：根据百度文库《苦恼与欢快取决于心态. 阳光心态小故事》一文整理）

3. 注意力转移法

注意力转移法，是指把注意力从引起不良情绪反应的刺激情境，转移到其他事物或其他活动上来，其生理机制是大脑皮层优势兴奋中心的转移。当人遇到逆境时，一味地沉湎于否定情绪中，会使身心受到伤害。所以，要将注意力转移到自己感兴趣的事情上去。散步、看电影、看电视、读书、打球、下棋等，都有助于使情绪平静下来，在活动中寻找到新的快乐。这种方法，一方面中止了不良刺激源的作用，防止不良情绪的泛化、蔓延；另一方面，通过参与新的活动特别是自己感兴趣的活动，达到增进积极情绪体验的目的。

[①] ［美］艾利斯. 拆除你的情绪地雷［M］. 赵菁，译. 北京：机械工业出版社，2016.

4. 心理暗示法

心理暗示，就是个人通过语言、形象、想象等方式，对自身施加影响的心理过程。自我暗示可分为积极自我暗示与消极自我暗示。积极自我暗示，可以在不知不觉之中对自己的意志、心理以至生理状态产生影响。积极的自我暗示令人保持好的心情、乐观的情绪、自信心，从而调动人的内在因素，发挥主观能动性。例如，当我们在生活中遇到情绪问题时，可以利用内部语言或书面语言对自身进行暗示，如默想或用纸笔写下"冷静""三思而后行""镇定"等，以缓解不良情绪，保持心理平衡。

5. 交往调节法

日常生活中人们无时无刻不在与他人进行着社会交往，同时也从他人那里获得不同程度的社会支持。这些支持既包括有形的经济上、物质上的援助，也包括无形的心理上、情感上的关心。因此，当我们遇到不顺心、不如意的事时，可以主动地找亲人、朋友、同学、老师等交往、谈心，以求得到他们的关心和支持。这一方面具有缓和、抚慰、稳定情绪的作用，另一方面，还有助于交流思想、沟通情感，增强自己战胜不良情绪的信心和勇气，能更理智地去对待不良情绪。

6. 放松训练法

放松训练是指身体和精神由紧张状态转向松弛状态的过程。当压力事件出现时，紧张不断积累，压力体验逐渐增强。此刻，持续几分钟的完全放松比一小时睡眠效果更好。在放松状态下，大脑皮层的唤醒水平下降，交感神经系统的兴奋性下降，机体耗能减少，血氧饱和度增加，血红蛋白含量及携氧能力提高，消化功能提高，有助于调整机体功能和恢复心理能力。

放松训练的基本种类包括呼吸放松法、肌肉放松法、想象放松法。其他如太极拳、瑜伽、坐禅、冥想等方法，也可以达到松、静、自然的放松状态。

资料库

1. 磨难教育

西方社会有一种专门为生活在优裕环境中的青少年开设的"磨难教育"课程，即创设一定的挫折情境，让青少年在克服各种艰难困苦中学会生存，锻炼意志和耐力，锻炼吃苦精神和合作精神，提高他们的挫折承受力。

2. 逆境商数

逆境商数（Adversity quotient，AQ），是指当一个人面对逆境时的挫折承受能力与反逆境的能力。根据AQ专家保罗·史托兹（Paul G. Stoltz）博士的研究，一个人AQ越高，越能以积极有效的弹性面对逆境，积极乐观地接受困难的挑战，发挥创意，找出解决方案，因此能不屈不挠、愈挫愈勇，而最终表现卓越。

保罗·史托兹博士将AQ划分为控制感、起因和责任归属、影响范围和持续时间四部分，分别从这四个维度衡量一个人的自我控制能力、心态的积极程度以及对环境、周围人群和自我情绪的把握能力。

（1）控制感（Control）是指人们对周围环境的信念控制能力。面对逆境或挫折时，控制感弱的人会听天由命，而控制感强的人则会尽最大的力量改变状况。

（2）起因和责任归属（Origin & Ownership）是指在遭到挫折时，人们是否能主动承担责任，努力改变不利的现状。具有较高 AQ 的人会主动负责处理事务，而不管这件事是否和他们有关。相反，AQ 较低的人会把自己的问题全部归结到别人头上，并感到无奈和受伤害。

（3）影响范围（Reach）是指人们在遇到挫折时，受到影响的领域大小。具有较高 AQ 的人会将挫折的影响控制在一定范围之内，不让它们影响生活的其他领域。而 AQ 较低的人则倾向于将一时的逆境认定为灾难性的失败，并将这种挫折感迁移到其他无关领域。

（4）持续时间（Endurance）是指一次挫折给人们带来的影响会持续多久。能够超越当前的困难去看待问题，是维持希望的一项重要能力。

（资料来源：姜冀松. AQ 逆境商数［M］. 天津：天津人民出版社，1998.）

3. **减压的趣味妙招**

（1）拥抱大树。在澳大利亚的一些公园里，每天早晨都会看到不少人拥抱大树。据称，拥抱大树可以释放体内的快乐激素，令人精神振奋，而与之对立的肾上腺素，即压抑激素则消失。

（2）运动消气。法国出现了一种新兴的行业——运动消气中心。中心有专业教练指导，教人们如何大喊大叫、扭毛巾、打枕头、捶沙发等，以及做一种运动量颇大的"减压消气操"。

（3）看恐怖片。英国的专家建议，人们感到有压力时，采用刺激自己来克服压力也是可行的，例如看一场恐怖电影。

（4）嗅嗅精油。欧洲和日本风行一种芳香疗法。精油能通过嗅觉神经，刺激或平复人类大脑边缘系统的神经细胞，对舒缓神经紧张和心理压力很有效果。

（5）吃零食。吃零食不仅仅可以满足于肚子饿的需要，还可以缓解紧张和消除内心冲突。

（6）穿上称心的旧衣服。旧衣服会使人回忆起某一特定时空的感受，沉浸在缅怀过去生活的眷恋中，人的情绪也因此高涨起来。

4. **心理游戏：你的支持系统**

俗话说"一个好汉三个帮，一根篱笆三个桩"，我们在日常的生活中也需要支持系统。那么，该如何构建我们的支持系统呢？

（1）写下题目"我的支持系统"。写好后，在下面的1、2、3……中写下你朋友的名字。写多少由自己决定，可以是三五个，也可以是十个，甚至更多。

（2）请设想，当你遇到灾难或是无以名状的忧郁、危机之际，你将和谁倾心交谈？你会向谁发出呼救？你能得到谁的帮助？

（3）请细细端详，归纳整理。看看谁是患难之交，谁是普通朋友？看看性别比例是否均衡？有无年龄的跨度？看看你朋友之间的关系。

如果你的支持系统都是男性或女性，就有些问题。很可能你还没学会和异性成为真正意义上的朋友，关系不是太远就是太近。

好的支持系统，均匀覆盖在青年、成年和老年各个阶段。人生阅历不同，各个年龄段的人，会有不同的经验和感悟。为了使你的支持系统更有效和坚实，跨度是必要的。

再检查一下系统成分。系统里是否都是你的亲人？如果是，先要恭喜你，你的亲人和你站在一起，与你保持着高度的信任和感情。不过要提醒你，如果这个系统里的绝大多数成员是你的至爱亲朋，那么也潜伏着非同小可的危险。成分要尽量多种多样。系统中要容纳能给我们提不同意见的人，那些话虽然可能忠言逆耳，却对我们的心理建设大有裨益。

支持系统要有一定的绝缘性。你有事业上的朋友，也要有生活上的朋友、感情上的朋友……让你的支持系统始终保持在良好的状态中，朋友间不要有太多的横向联系。

（4）面对你的支持系统的名单，想想看，你有多久没有和他们促膝谈心了？多久没有向他们细细诉说你的想法和变化？多久没有和他们一道喝茶和共进晚餐？

支持基本上是双向的。无条件地索取别人的心理支撑，就如同乞丐的讨要，并不总能如愿。从某种程度上来说，无偿索取是一种讨巧和冒险。

支持系统的名单太长，就要删繁就简；如果支持系统的名单太少，就要酌情增加。心是有限的舞台，那里不可能摆放太多的座位。

（5）为你的支持系统画一张新的蓝图，用一生的时间，编织美丽的支持系统吧！

思考与讨论

是什么让一些青少年成了"孩脆脆"？

据《齐鲁晚报》报道，我国处于心理亚健康状态的青少年有3 000万人。每年，至少有25万人因心理问题而失去生命。另据中华网报道，在近年青少年死亡案例中，自杀甚至超过车祸、疾病等，成为青少年人群的头号死因。

这样的结果不免让人震惊，有网民用"玻璃心""孩脆脆"来形容当下对挫折的承受力低的一些青少年。

案例一：最近，××县实验中学一名女生喝药自杀身亡的消息传出。据悉，该女生小静（化名）系××县实验中学七年级三班的一名走读生。她的一位亲属表示，1月4日上午，孩子在学校玩手机，被老师知道后予以没收。下午孩子找到老师想要回手机，但遭到老师的拒绝。"孩子可能感到没面子，回家又不敢给家长说。"1月6日早晨，家长在喊孩子起床上学时，发现屋子里有农药味儿，孩子躺在那里没有反应。经送医院抢救，年仅13岁的小静还是不幸去世了。

案例二："强强，你回来，我们不想毕业照上留有不完美；强强，你回来，说好的同学会还没开……"这是一篇名为《5班都懂——致强强，我们爱你！》日志里所写的部分内容。日志所写的"强强"是××市第三中学一位名叫郑×强的学生。6月23日上午9点21分，得知自己高考成绩20分钟后，"强强"背着书包、抱着一箱纸鹤，从该校一栋教学楼的4楼跳下，后经抢救无效死亡。

问题讨论：

你认为，是什么原因让一些青少年成了"孩脆脆"？

建议阅读书目

1. [美] 佩里特. 挫折大学 [M]. 郦英华, 译. 北京：研究出版社, 2016.
2. [美] 里德. 恰到好处的挫折 [M]. 王丽, 译. 北京：北京时代华文书局, 2015.
3. 谭春虹. 哈佛逆商课：献给奋斗中的你 [M]. 北京：人民邮电出版社, 2013.
4. [美] 麦格尼格尔. 自控力：和压力做朋友 [M]. 王鹏程, 译. 北京：北京联合出版公司, 2016.
5. [美] 康利. 如何控制自己的情绪：最有效的22个情绪管理定律 [M]. 谢传刚, 译. 北京：中信出版社, 2014.

问题与作业

1. 大学生常见的压力与挫折类型有哪些？
2. 常见的心理防御机制有哪些？有什么作用？
3. 如何提升大学生的挫折耐受力？
4. 大学生怎样进行有效的压力管理？
5. 结合实际，谈谈你是怎样管理和调节情绪的。

人道维度篇

领悟生死：成就生命的厚度

人的生命长度是有限的，无论那些已经逝去的，还是留下的，都有着自己的归属，如树的年轮般增长着，和季节一样更替着，轮回着，叠加着……当人生走向尽头，就会明白：那些树叶般飘落的不再是单一的日子，而是一日一日累积起来的生命；当日子像书页一样翻过，穿越的正是那从日历上撕去的一日日积淀的生命厚度。

生命是有厚度的，这厚度，不是用人的生存时间来衡量的，而是用生命质量来累积的。雷锋只活了短短的22岁，可他为社会做出的贡献、实现的人生价值，比平庸的长命百岁者更有意义。音乐家聂尔仅活了24岁，却用自己的青春热血谱写出《义勇军进行曲》，高昂激奋、鼓舞人心和催人奋进。在人有限的生命里，岁月会给生命以长度，经历会给生命以厚度。

人的生命总会有终结的一天，但是生命累积的厚度却可以通过后人的尊重与珍视而实现永恒。我们每个生命个体赤裸裸地来到这个世界上，但不应该还是赤裸裸地空手而去，总要奉献点什么，用热爱生命的真诚追寻生命意义，使自己生命的厚度增加。

上善若水，厚德载物。著名诗人臧克家曾说过："有的人活着，他已经死了；有的人死了，他还活着。"这就是生命价值存在的辩证法，就是人之所以为人的生命厚度所在。

生如夏花之绚烂，死如秋叶之静美。面对生死世界，我们向死而生。增加生命的厚度需要一份坚忍、一份执着，需要修炼自身，迎接各种磨炼和考验，充实、丰盈内心。这样会减少一些浮躁和浅薄，多一些自信与厚重，生命之花就会绽放出迷人的风采。

第九章

生命成长的危机与干预

内容提要

■ 生命成长中的危机，人人会遭遇。然而危机与机遇是同体而生的姐妹，往往是生命成长的转折点，在危机中奋起而不困顿，人就会变得强大起来。

■ 自杀是对生命的自我否定，是一种反常的社会行为，因为它是对人生命完整性的破坏和毁灭，违反了生命的自保本能。

■ 大学生自杀与当事人的生理、心理原因和家庭背景、校园挫折、社会环境、民族文化、自然气候等多方面因素有关。

■ 化解自杀危机，既要从技术层面分析，建设具有人文关怀的社会环境，更需要当事人进行自我调适。

案例

文化学者梁文道在他的随笔集《我执》里提到一个故事：一个女孩，夜夜在街头徘徊，用一瓶一瓶的酒将自己灌醉。某一天，她又喝了个烂醉，蹲在巷口吐得一地都是。突然间，她听到一阵细密又散落的脚步声，抬头望去，一群人在晨光熹微中跑步。"原来，又是新的一天了！"女孩叹息一声，"而我还停留在昨夜。"越来越多的年轻人正处在年龄的夹缝层中，将立未立，又不得不面对种种社会认同与自我认同的矛盾困顿甚至是生存危机。

(资料来源：梁文道. 我执 [M]. 南宁：广西师范大学出版社，2009.)

人在一生中随时可能遭遇一些难以解决的问题，这就是危机。对个体而言，生命危机中最不幸的事件是自杀行为。大学生要保持心理健康，必须学会应付和处理危机，避免极端的危及人的生命事件发生。

第一节　生命成长的危机

一、人的生命成长危机

人在生命成长过程中，总不会一帆风顺，有时会遇到严重的甚至是威胁自己生命的危机，这就决定了作为具有思想意识的人，在其成长过程中需要不断地调整自己的身心，以确保在现实生活环境中维持一种良好的生存状态。对于大学生来说，生命成长的过程正是这样，其所面对的环境条件既能促进个人的成长与进步，也能阻碍人的适应和发展。当环境条件阻碍人的适应与发展时，就有可能给大学生的生存、生活带来适应不良和发展困难。此时如果大学生应对无方或错误应对，就可能因不能解决问题而产生心理困惑与生命困顿，甚至出现心理障碍和生命危机。

《人生四分之一危机》是由克里斯蒂·海斯勒根据自己的经历写成的一本书，作者用现身说法来阐明处在当代社会环境下的年轻人被各种可能性所包围，理想与现实的巨大差距让人头晕目眩，无法确定人生前进方向和发展目标，面对爱情与友情的复杂和多元性而手足无措……由此他断言，现代所有20多岁年轻人都体验过，或者正陷入"人生四分之一危机"中而无法自拔。

（资料来源：[美]海勒斯. 人生四分之一危机[M]. 孙璐，译. 北京：新华出版社. 2012.）

（一）大学生成长的危机

什么是生命危机？在心理学领域，生命危机一般是指生命个体遇到无法避免的应激事件时，运用寻常应付方式难以解决和处理，由此给当事人的生命成长过程带来心理困扰，出现暂时性的心理失衡状态。

一般说来，危机对当事人的心理和认知总会产生影响。面对危机，如果当事人处理不当或者自己感觉无法、无力解决，就可能在认知、情感和行为方面出现心理失调现象，如具有焦虑、烦躁、抑郁特征的急性情绪紊乱以及发生在注意、记忆等方面的认知改变；出现失眠、头晕、腰背酸痛等身体不适甚至因为心理消极发生不再晨练、不思进食等日常生活常规的改变，使人的身心发展出现短暂的失衡。如果生命个体长期处于这种状态中且不能自拔、越陷越深，就容易产生习惯性的无助感，会对自己克服危机失去希望和信心，甚至对人生存在的意义产生怀疑和动摇。

危机对于人的影响并不一定总是那么消极的，危机其实与机遇并存，甚至可说是生命发展过程中具有双向作用的转折点。如果危机严重威胁到一个人的日常生活和家庭其他成员的生活，而个体又无法找到合适的解决办法，就有可能导致个体精神的崩溃，甚至完全不能控制自己情绪的自杀，这种危机显然是十分危险的；然而，如果一个人在危机阶段及时得到有效的干预，往往不仅会阻止危机的进一步发展，而且可以帮助个体学到新的应对危机的方法，从而通过危机干预使心理恢复平衡，走向正常的生命成长轨道。

（二）生命成长危机的类型

大学生作为一个独特的社会群体，在校期间所遇到的危机既具有普遍性，又具有特殊性。根据危机的不同性质和特点，可以分为不同的类型。

从生命成长的纵向角度看，在大学生活的不同阶段，大学生面临不同的心理适应与发展任务，应对和处理不好，都有可能遭遇心理危机。通常，大一新生可能因为面对全新的学习、生活、人际交往环境，不清楚新的成长目标，因为处于目标真空期而出现适应性的心理危机；到了大二、大三，大多数学生基本上可以解决适应问题，但是与大学生活相关的其他问题又可能导致新的困惑和危机，如在评优、评奖学金、恋爱、社团等方面需要解决的问题等。到了大四，要面临就业、择业或者教研等与未来发展的目标设计有关的以及社会适应等问题带来的心理困惑。

如果从横向的角度加以区分，大学生所遇到的心理危机可分为三类。

（1）发展层面的危机。这一危机所呈现出来的是人生成长和发展过程中可能经历的生活急剧变化所遇到的危机，如青春期苦恼、人际关系障碍、失恋、求职受挫等，它所产生的生命困顿体现在生命个体无法认清处在人生不同阶段的生命任务，无法确定完成角色使命的方法。

（2）境遇层面的危机。这一危机指向生命历程中所遇到的随机性、突发性、灾难性和不可预见性的罕见或超常事件，如交通事故、遭遇绑架抢劫、火灾水灾、被暴力强奸、亲人死亡、父母离异、突发重病等，它所激起的生命困顿在于无法面对这类突发事件，体现出成长中的生命个体的心智不成熟和对生活环境与生命关系的混淆。

（3）存在层面的危机。这一危机是指伴随着人生成长所遇到的关于人生目的、责任、独立性、自由和承诺等而产生的矛盾、冲突和焦虑。比如，一个沉溺于网络的大学生，他完全知道这样做是在浪费时间和有害于自己的身体健康，但是因深陷其中不能自拔，于是在自己的内心深处会产生焦虑和自责心理。

上述大学生所遇到三种类型危机，本质上所反映的是人生价值取向问题，意味着生命个体无法找到自己所期望得到的关于生命意义的终极答案，以至于在生死观上存在着模糊不清的认识，陷入心理困顿之中。

（三）生命困顿的危机反应

面对生命困顿的危机，作为遭遇危机的个体，大学生会在躯体、认知、情绪、行为等方面有所变化。他们虽然为事件未来发展的不确定性而感到焦虑，可能因此不知如何应对，处理问题的能力也有限，但因存在生命成长本能的支持，他们也不会坐以待毙，多半会采取各种办法摆脱困境，只不过常常因为选择的方法不当，特别是在使用这些方法解决问题时遇到阻碍或失败，就会出现内疚和焦虑等心理反应，出现责怪自己和他人的现象。比如，有的人为了防止自己的自尊心受到伤害，就选择逃避的方式，尽量隐藏秘密，或者对已暴露出来的问题，假装自己有能力解决而故作轻松；还有一些人因为被创伤事件弄得不知所措，在处理和解决方法上陷入盲区而手足无措，甚至出现相反的表现方式，显得做事时麻木和茫然，以至于不再专注于某件在做的事，或者做事时难以集中注意力。

不管是哪种类型的心理危机，如果当事者不会正确应对，处理得不好，发展下去就会出现严重后果，有可能导致当事人或者他人生命受到威胁。而且，由于生命意识的缺失，这种威胁生命的状况往往会引发或者恶化相应的心理危机。

二、自杀是心理危机的极端表现

一般说来，心理危机是心理困惑的极端表现，而自杀行为的产生，又可说是心理危机不能得到有效克服所采取的最极端表现。

（一）自杀的定义

自杀即杀死自己。自杀行为（suicidal behavior）就是指个人故意采取某种行动以导致自己死亡的行为，其中包含自杀意念、自杀企图和自杀行动三个自杀倾向渐进的过程。法国著名的社会学家迪尔凯姆（Emile Durkheim）对自杀所下的定义是："任何由死者自己完成并知道会产生这种结果的某种积极或消极的行动直接或间接地引起的死亡叫作自杀。"[1]

依心理学的理论解释：人的自杀是一种有意识的自我毁灭的行为，是个体自认为解决自己所遇到的错综复杂问题的最后方式。法学理论则认为：自杀是具有自主意识的人所选择的一种致死性的自我威胁生命的行动，选择自杀行为意味着当事人有明显的不想活下去的念头并付诸实施。

自杀一般由两个基本要素构成，即致死性和故意。

人是有思想的动物，决定了有自杀能力的人不可能无缘无故自杀。在人产生自杀行为的背后，一定有着行为者内在的行为动机。一般认为，企图用自杀方式结束自己生命的人在思想上可能存在不同的动机，有的人是为了摆脱痛苦、逃避现实，实现精神再生；有的人为了达到自己的某种目的或信仰牺牲自己，如企图用自杀方式来惩罚自己的罪恶行为（现实的或想象的）；还有一些自尊心特别强的人之所以选择自杀，为的是保持自己在道德上或人格上的完美和维护自己的尊严；还有一部分人在现实行动中或许并不想真的自杀，而是企图将自杀作为一种表达困境、向外界寻求帮助和同情的信号。

（二）自杀的特征

1. 属人行为

自杀本质上是一种人类特有的现象和行为。从形式上看，自杀似乎不是只有人类才会采取的行为。而在这里之所以将自杀限定为属人行为，原因在于只有人，才会出于各种各样的原因采取自杀行动，其行动的动机背后隐藏着复杂的人类心理结构与思维模式、社会变迁和文化内涵。

自杀是属人的行为，然而又多是违反人的生命本性的反常行为，因为在生命世界，自保与繁衍是生物存在的最为重要的本能。此时人比动物高明的地方是人又具有了自己杀死自己的能力，这种能力发挥的结果，造成了自身生命完整性的破坏和生命的毁灭，从这个意义上说，自杀违反了生命的自我保存本能。

---

[1] ［法］埃米尔·迪尔凯姆. 自杀论 [M]. 冯韵文，译. 北京：商务印书馆，2001.

2. 自愿行为

自杀必须是当事人自愿采取，不受外界胁迫的行为。

自杀者因受他人以某种手段命令或威胁而被迫杀死自己，是意识到不自杀将会遭遇更为可怕的后果，无论是自杀还是被杀，都是死之必然，与其被人杀死，还不如选择有尊严地自杀，这种其实是谋杀而不是真正意义上的自杀。之所以做出如此界定，是因为自杀多属负面行为，自古以来，尤其是在基督教背景下的西方，自杀者长期受到社会的道德谴责。而中国社会背景下，如果一个家庭中出现自杀者，其家人可能不仅承受丧亲之痛，还会在他人或歧视或好奇的目光中在精神上受到二度伤害。所以，从维护死者尊严和保护其家人的角度上来说，宜将实际上属于谋杀行为的被逼而死的人排除在自杀者行列之外。

3. 自知行为

所谓自知，即当事人对于行为与行为结果有足够的认知和判断能力，明了自己所采取的行为本身与自身死亡之间的必然关联，否则动机不明确的自杀很难说是自杀。生活中有些看似自杀的案例，究其实质，与自杀并无多大关系。比如，一个小女孩观看电视剧后模仿剧中人物上吊，结果真的不幸气绝身亡。这种事例从形式上看的确像自杀，但论自杀者的主观动机，小女孩儿只是出于好奇，并没有意识到该行为可能导致的严重后果。因此，如有确凿证据证明当事人不知晓其行为可能导致自己死亡的，可以认定为意外死亡而不属于真正意义的自杀。

三、自杀的分类

分析当下大学校园频频发生的自杀情况，可以从不同角度发现不同的问题。总体上说，具有如下特点。

（1）从致死性和易得性看自杀。近年案例显示，大学生自杀以跳楼、服毒（或服药）方式为主。一方面，这是因为大学生生活的环境高楼林立，高空坠落自杀是容易实施的选择方式；另一方面，现在农药、安眠药、老鼠药等致死药物的管理不到位，个人可以方便地购买或得到药物。

（2）从诱因来看自杀。流行病学及研究资料表明，自杀的诱因比较复杂。中国人的自杀诱因以家庭关系、婚恋纠纷、人际不和以及精神障碍为主。在考察大学生心理危机的基础上看大学生群体中的自杀诱因，主要集中在学业、就业压力过大，情感纠葛等人际关系紧张，价值观迷失和悲观厌世的情结状态等方面，其中男生因学业压力、女生因恋爱问题自杀比例相对偏高。处在这一境遇中的负面生活事件往往成为引爆自杀的导火索，尤其是连续的负面生活事件的累加，会骤然增加大学生的心理压力，当这种压力超过心理承受的阈值，就会带来严重的后果。

（一）按个性心理特征分类

社会生活中每个人都具有不同的个性心理特征，即个性。这种个性反映在自杀行为上，有情绪型自杀与理智型自杀的区分。

情绪型自杀常常由生命个体爆发性的情绪发作引起，有的人由于处于委屈、悔恨、内疚、赌气等情绪状态不能自拔，产生了激情自杀的后果。情绪型自杀的进程比较迅速，发展期短,甚至呈现即时冲动性或突发性。这种自杀与外界条件的变化影响联系密切,它是当事人内心矛盾冲突急剧发展到极端的外在表现。具有性格刚烈、易怒好斗、对任何刺激都会做出强烈反应的冲动个性特征的人,容易发生这种行为。时间短、偶发性的特征决定了对其难以预料,防范比较困难。

理智型自杀不是由偶然的刺激唤起的激情状态所致,而是由于自身经过长期的自我评价和体验,在进行了充分的判断和推理之后逐渐萌发的自杀意向。这类自杀者会选择有目的、有计划地采取自杀措施而实施自杀行动。因此,这类自杀的进程比较缓慢,有一个从酝酿期到行动期的过程,发展期较长,但想改变行动目的也较难。例如,一些性格孤独者、精神空虚者、为某种教义献身的宗教徒选择的自杀行动等。其中也有一些人对自己所准备的未来行动不是自杀,但是这种行动的成功与失败会决定他们对自己今后的行为选择。例如,抱着不成功则成仁的心理从事某种冒险的行动,一旦失败或预感行动失去成功的可能,便会按计划选择自我结束生命,这也是一种理智型自杀。

同情绪型自杀相比,理智型自杀具有稳定性、坚定性的特点,往往死之决心不易改变。但它发展过程较长的特点也会为自杀干预提供一个重要的条件,只要人们掌握必要的预防自杀的知识和经验,就可以对自杀危险性进行预防和干预。

(二) 按产生行为后果分类

按照行为后果判断分类,自杀分为自杀成功和自杀未遂。两者的区别在于,自杀行为是否导致当事人死亡,成功的自杀又称完全自杀。美国心理学家施奈德曼将其定义为:"自己引起,根据自己的意愿使自己生命终结的行为。"

通常,研究自杀成功率具有统计学上的意义,将它与自杀未遂率联系起来,可以帮助人们更好地了解自杀。比如,某地区在一段时间内,自杀成功率和自杀未遂率同时增高,或者自杀成功率增高,而自杀未遂率却没有同比增高,这可能表示,自杀问题没有得到当地政府管理部门的足够重视,或者即使得到重视,所采取的干预措施也未能起到预期效果;如果自杀成功率上升速度不如自杀未遂率快,甚至反而下降,意味着事后及时发现、救治、干预措施起了作用,但引起自杀问题的根源并没有被发现,或即使被发现,也没有得到有效解除;如果自杀成功率和自杀未遂率同时下降,则反映出某一地区自杀情况的改善;但前提是,没有误将本该归于自杀的事件归到意外死亡之中。

(三) 按行为选择方式分类

按行为方式分类,可将自杀分为主动作为自杀和消极作为自杀。

主动作为自杀,指当事人主动地采取具有不可挽回性的致死行动以求自己死亡的结果发生,如坠楼、卧轨等。大多数自杀者会采取主动作为自杀,因为绝大多数自杀者生前都具有自主行动能力。主动作为自杀,偶然情况下可能使他人遭遇意外。比如,有坠楼者砸死路过的行人,自己却生还。

消极作为自杀,指当事人放弃某些维系自己生命的行为以促成自己死亡,如绝食、拒绝就医。这种方式多为行动能力受限者所采取,有些自杀者甚至需要借助他人的帮助。但如帮助他人自杀,即使有证据证明当事人明确表达过自杀企图和对于协助者的委托,协助者也无法摆脱导致他人死亡的责任。

（四）按行为动力原因分类

社会学家埃米尔·迪尔凯姆在《自杀论》中从社会学角度，将自杀分为利他型、利己型、动乱型、宿命型四种类型。

（1）利他型。利他型自杀称义务型自杀。假如不是为实现某一当事人认为比自己生命更重要的价值，当事人本不愿意主动放弃生命。该价值通常与他人的存亡有关，可能是当事人所在共同体的整体生命存续，可能是某种间接导致该共同体生活得更幸福的价值理念。如宗教殉道者的自杀。人为什么会为另一个人去死？用达尔文的生物进化论来解释，所谓利他型自杀就是个体为了利于物种续存而产生的行为。据达尔文进化论中立足于求生本能的假设，生物延续中只有那些能使物种繁衍下去的基因才会被遗传，如在早期人类社会，人们必须在狩猎等活动中相互帮助才能维系生存。由此带来的人的强大本能表现是，在遭遇战争、饥荒、天灾等情况下，为帮助整个部落依靠有限的生存资源继续活下去，一些年老体弱病残人员会主动选择退出群体，如拒绝跟随部落迁徙而自杀。

（2）利己型。关于利己型自杀，迪尔凯姆通过分析得出的结论是：个人所属的群体越是虚弱，他就越是不依靠群体，而越是只依靠自己，就越不承认不符合私人利益的其他行为规则。因此，如果把个人的自我在社会的自我面前过分显示并牺牲后者的情况称为利己主义，那么可把这种产生于过分个人主义的自杀称为"利己主义自杀"。

趋乐避苦是人天然就有的本能，这一本能驱使人有时会选择利己型自杀。出现这一自杀行为的环境表现是：由于个人与社会脱节，缺乏集体支持和温暖，以致产生被群体排斥的孤独感，当发现活着可能遭遇令人感到生不如死的折磨时，当事人就可能选择自杀。当事人得不到同类的帮助和回应时，易陷入绝望。此时，自杀就成为一种特殊而消极的防御性行为。有自杀研究者以为，利己型自杀与情绪关联较为紧密，以个性发展过度、无欲和缺乏生存基础为特征。有些人的"冲动性自杀"行为，即是一种情绪性的极端利己思想意识在行为上的表达，是当事人借此行为宣泄自己或悲愤或伤心的情绪。

（3）动乱型。动乱型自杀是社会变动的因素所致，因为社会动乱和衰退造成的社会文化不稳定状态破坏了对个体来说是非常重要的社会支持与交往，因而削弱了人们生存的能力和信心，折断了追求理想的精神支柱，从而导致自杀率的明显增高。

动乱型自杀主要发生在社会大动荡时，其时个人感到失去改造社会适应环境的能力，失去与社会的联系，继而产生极大的恐慌和困惑，从而导致自杀。动乱型自杀原因的环境条件多为经济危机、突然的社会变革、离婚、不稳定的职业等，如投资股市和金融市场的失败以及来自生活中的致命打击等。

（4）宿命型。宿命型自杀是与动乱型自杀相反的一种情形。对自杀者本人来说，可能存在逃避现实中存在的躯体疾病和疼痛、衰老和健康丧失、失败和疲惫、对前景的失望等因素。

宿命型自杀是由社会控制过度造成的，因为在社会过度的管控之下，个人失去了任何希望甚至是自由。埃米尔·迪尔凯姆认为，这种类型的自杀在现代社会并不常见，为此提出了三个命题：其一是社会的人需要一个高于个人的社会目标；其二是对这个目标所负的义务不至于使他失去自主；其三是他的欲望应受到社会秩序给予一定程度的限定。当一个社会不能提供上述条件时，一些心理脆弱的人就可能会自杀。

第二节 生命成长的危机因素

当代大学生出现自杀危机的原因很多,存在着复杂的和不确定的因素。对这些因素进行综合分析,会发现其中既有个人成长的原因,也有家庭影响的原因;既有学校生命教育缺失的原因,也有个人生命意识淡漠的原因;既有心理上的原因,也有生理方面的原因。

一、引发生命危机的心理因素

引起大学生生命困顿的心理原因有以下几个方面。

1. 目标迷失和生命危机意识不足

根据马斯洛的人生需要理论,如果一个人心中有追求的目标,就会有生存动力。然而,现在一些大学生人生目标模糊和空虚,没有或丧失社会主流价值观的核心和主体地位,或者根本就没有什么人生价值追求和生存发展的目标。于是,沉迷于网络游戏、热衷于无聊的社会交往,甚至为寻求刺激而选择吸毒。内在的生命思想意识空虚和躁动,给他们带来无聊、郁闷、纠结、烦人、崩溃等消极情感,出现面对困顿而不知如何应对,无法发泄愤懑,陷入茫然和无所适从的状态。一些大学生由于性格内向等,在和别人交往的过程中不知所措或无法与人进行沟通,长此以往,导致情绪低落、消极压抑、郁郁寡欢,甚至因悲观而绝望。

有些大学生缺乏对生命神圣性的认知,以为死亡是解决生命问题的最后答案,甚至错误地以为死亡是生命的简单轮回,这样的生命意识会使其对事实存在的生命危机敏锐性不高甚至丧失警觉,防范意识薄弱,最终出现严重的生命问题。

2. 成长压力太大和挫折耐受力薄弱

处在青春期的大学生,往往面临就业与失业、爱恋与失恋、希望与失望等诸多矛盾。面对这些矛盾,有的学生能顶住压力继续学习和自我成长,有的学生则可能陷入不能自拔的心理痛苦之中。实际上,生活中受苦最多的人并不是自杀率最高的人。相反,正是重视和追求安逸的人往往跟自己过不去。在别人看来其生活并不是困难的,甚至是生活条件优越的,反而生命最易被抛弃。实践表明,容易产生自杀行为的人一般是对压力耐受力较差的人。挫折耐受力较差的人一般在两类人中易得到体现。一类是在过去的生活中从未受到较大挫折或很少受到挫折,并在童年时受到过分保护和溺爱的人。这类人在突然遭遇刺激和挫折时,就会很难适应而产生绝望意识。另一类是从幼儿阶段开始就缺少爱抚的人,这类人在遭受"情感饥饿",处于不断发生的挫折情境时,因为个人压力太大,从而变得冷漠、孤独和自卑,自杀的念头往往就会产生。面对挫折情境,在普通人看来是正常的现象,对前一种人来说却是不可想象的,因而较差的挫折耐受力使他走向绝望;对于第二种人来说,不断出现的挫折使他感到希望渺茫,从而产生痛苦,当这种痛苦无法摆脱时,便会在绝望的心态下走上绝路,用结束生命的行动来实现结束痛苦的愿望。

3. 因情感纠葛而引发精神障碍危机

精神病学研究表明，在具有情感性精神疾病倾向的人群中，有悲观消极观念而无抑制症状的病人容易产生自杀行为。最为严重的是反应性抑郁症。这是在长期持续的精神刺激因素作用下而产生的一种以情绪低沉、忧郁、沮丧、焦虑、自责、自罪为主要表现的精神疾病。这类病人对人对事都失去应有的兴趣，既不愿主动接近别人或做事，也不愿听从别人的劝告，终日沉湎于自己的创伤体验之中不能自拔。凡是与精神刺激因素有联系的情境，都能引起这类人的情绪反应，严重时就会出现厌世情绪，常常企图自杀。统计显示，约有5%的反社会型人格障碍者死于自杀。

一般认为，反社会型人格障碍有以下特点：情绪反应异常，且自童年或少年时开始；无明显的智力缺损；表现疯狂只是一时性或阵发性的；惩罚无效，不能从既往的经历中吸取教训；缺乏判断力、预见力和普通人应有的谨慎态度。

大学生处在情感最丰富却不完全成熟时期，表现在爱情方面，往往经受不起爱的情感浪潮的冲击。其中有一部分人过于执着，拿起来了就放不下。特别是在失恋后往往陷入极度痛苦之中而不能自拔。还有一些人缺乏自我保护意识，上当受骗后，因为忍受不了沉重的打击而走上绝路。

4. 人际关系不适应导致严重心理失衡

新入学的大学生远离原来熟悉的生活与学习环境，面对新的人际群体，可能会因为不会处理人际关系，对师生关系、同学关系、异性之间的关系显得很不适应。一位新生感叹说："在大学，没有一个可以谈得来的朋友，心里真的感到好孤独。""心里话对谁说"成为大学生群体中普遍存在的心理困惑。

大学是个小社会，性格内向的学生不容易适应这种生活方式。有些学生学习能力很强，情商却相对较低，除了父母之外，难以和其他人沟通。而社交能力和沟通能力差，又反过来导致个人的生活更孤独，从而产生悲观厌世心理。

"我做人太失败了！"曾经尝试自杀的小周这样来定义自己目前的人际关系。小周说自己打心眼里不喜欢学校，不喜欢寝室。小周说自己可能是太内向、太呆板，但是也可能是大学的世界不如中学纯净，很多同学带着强烈的防备和功利心态与人相处，所以大学里他没有朋友，像一只孤独的丑小鸭，看着别的同学成群结队，自己只能一个人孤零零地在校园里飘来荡去。

而某高校的小马说自己从进大学以后就没有开心过，以前在中学的时候，小马可算得上是品学兼优的学生。可是在高考后，虽然进了自己理想中的大学，却因为成绩稍低，被调剂进了并非所爱的专业，这还只是"郁闷"的起点。由于大学里学习方法由"喂养式"变成"放羊式"，小马很不能适应，加上课业负担不轻，第一学期小马的成绩单上就挂了好几盏"大红灯笼"。现在他的精神长期处在高度紧张的状态下，学习和休息的时候心里都十分焦虑。不难想象，如果长期处于这种状态，其后果是令人十分担忧的。

（资料来源：开学一月大学生自杀预防干预全攻略. 健客网社区. https：www.jianke.com/jsbpd/1378370.html.）

二、引发生命危机的生理因素

由生理原因引发人的生命困顿,有以下几个方面。

1. 人的本能中存在生命破坏力

精神分析学派创始人弗洛伊德认为,人有生的本能(即原始的创造与建设的冲动)与死的本能(即原始的破坏冲动),两种本能处于相抗衡的状态,由此构成心理与生命现象的主题。这两种本能本来是内向的,随着生命的发展,生命经验开始向外指向。若对外界环境的投射受到强烈阻碍或维持极度困难时,这种破坏与建设的冲动就倒向原先的个体。这时如果破坏倾向胜过一切,人就会产生自残或自毁的倾向。美国的卡尔·迈宁格(Karl Menninger)是弗洛伊德的忠实追随者,在对自杀原因的分析上,他同弗洛伊德一样,认为自杀行为产生的根源是人在生理上先天就存在的自毁本能。"自毁本能走向早期的人生,而且在生命过程中严重地克制了生的本能。"①

美国康奈尔大学医学院心理学家塞尔克是世界上第一个把人的自杀与出生创伤联系起来的人,他认为,青少年自杀可能与出生时有过的肉体创伤有关。他曾对52名1957—1967年间出生的大学生的出生纪录进行比较分析,结果发现,其中自杀青少年的共同特征是:他们出生一小时内呼吸紧张,其母在孕期多有综合性病症。瑞典斯德哥尔摩卡罗林斯卡研究所的雅各布森则注意到,一个人出生时周围发生的事情可能影响到他成年后结束自己生命的决策。他曾对6家同意接受研究的医院里的412名新生儿的出生纪录做了研究,这些新生儿后来都在1978—1984年自杀身亡。通过与另外3 000名同期出生的健在者的出生经历比较发现,自杀与创伤性出生间的关系比其他危险因子(如经济差别、家庭破裂等)的关系更加密切。究其原因,他认为出生是最易引起回忆的一种生活经历。出生时的创伤经历已在婴儿脑海里打下烙印,到了成年后仍会引起创伤重新冲动,如会模拟出生时脐带缠绕、呼吸不能之状而产生以绳自缢的冲动。

(资料来源:王文科. 直面人的最后时刻 [M]. 哈尔滨:黑龙江人民出版社,2001.)

2. 家族基因遗传的倾向

一些研究资料表明,如家族中出现过有自杀史的精神病人,那么在其他条件不变的情况下,该家族其他成员的自杀率将高于其他家族的成员。相比异卵双胞胎,同卵双胞胎具有更为相似的自杀可能性和更高的行为同步性。鉴于自杀与抑郁症具有高度相关性,抑郁症也是自杀的常见原因,同卵双胞胎中的一人患抑郁症,另一人患上抑郁症的概率会上升67%。

3. 某些精神疾病导致的倾向

研究表明,抑郁症患者属于易于自杀的高危人群,25%的抑郁症患者有自杀行为,15%的患者自杀成功。自杀与抑郁症存在一定的正相关性。国外一些研究报告表明,抑郁症患者自杀在时间分布上与抑郁症发病时间吻合,高峰期分别是4—5月和10月。一天之

---

① [美]卡尔·迈宁格. 生之挣扎 [M]. 北京:光明日报出版社,1998:24.

中的凌晨3—5点，往往是患者自杀的高峰期。在抑郁症人群中，酗酒被认为是自杀的前兆。

生物学研究表明，人脑干处的5-羟色胺及其代谢物5-羟基吲哚乙酸水平下降会提高自杀易感性。5-羟色胺又称"血清素"，属于抑制性神经递质，遍布哺乳类动物组织内，大脑皮层及神经触突中含量尤其高，能够影响各种大脑活动，易使人产生愉悦感。体内5-羟色胺含量低的人容易情绪低落、冲动，产生暴力、自杀等消极行为。

存在人格障碍的青少年较心理健康的青少年更易产生自杀倾向。如具有躁狂型人格障碍的人常常处于幻觉之中，具有以自杀躲避危险的倾向。而具有强迫型人格障碍的人，会因为自己的内心世界被死亡意念所控制而处于无法自拔的境地，尽管现实生活中并无使他（她）活不下去的理由。属于偏执狂人格的人也容易产生自杀冲动，具有偏执狂人格的人平时在其他方面都表现正常，只呈现出局部缺陷，如果受到某种刺激，就可能出现过激行为，如进行暴力攻击和自杀等。

三、引发生命危机的社会因素

影响大学生自杀行为的社会环境因素是多方面的，其中以下几点尤为突出。

1. 社会文化环境的影响

人们所赖以生存的社会环境，对人的自杀行为会产生重要影响。因为人类社会，不管处在什么形态，都是"人们交互作用的产物"。个人不能离开社会而单独存在，因此自我生命的毁灭，往往与个体生存的社会环境有紧密的联系。正如法国社会学家埃米尔·迪尔凯姆所说："自杀主要不是取决于个人的内在本性，而是取决于支配个人行为的外在原因，即外部环境及带有某种共性的社会化思潮的道德标准。自杀是表达我们的集体弊病的形式之一，它能帮助我们理解这种弊病的实质。"[①]

当代大学生出生在我国改革开放不断扩大、参与全球化进程的广度和深度不断拓展的大背景下，成长在社会生活剧烈变化、世界范围内思想文化交流、交锋与交融更加频繁的大环境中。社会中存在的复杂的思想文化矛盾和冲突，使他们在内心所形成的生命价值取向混乱不清或者颠倒和不知所从。例如，市场经济背景下形成的优胜劣汰竞争观念、绝对的享乐消费主义、精致的利己主义等观念的流行，使许多大学生的思想和价值观念模糊不清和混乱，以致有些学生找不到自己安身立命的生命支点，出现生命困顿，受到打击便不知所措而走向歧途。

2. 家庭重养轻教环境的影响

根据弗洛伊德的精神分析理论，人在童年时期的心理创伤可能导致在其成年后罹患神经症。例如，家庭的人际关系氛围对一个人的性格成长影响极大，在健康的家庭人际关系氛围中，成员间非常和睦，相互理解、相互尊重，充满友爱。这对于孩子形成健康心理至关重要。反之，不和谐的家庭关系可能带来逆反期的代际冲突，导致子女厌世轻生。

---

① ［法］埃米尔·迪尔凯姆. 自杀论［M］. 冯韵文，译. 北京：商务印书馆，2001.

我国目前正处在婚姻家庭大裂变的社会转型期，大学生大多是独生子女，对独生子女的教育失当，往往是大学生心理问题的一大诱因。由于家庭矛盾的存在，家长与子女关系紧张、家教过严，或者父母吵架、离异，或者独生子女由于家长的溺爱，广泛存在任性、自私、不善交际等问题，都有可能成为诱发心理疾病的原因，使人产生暴力倾向和自毁行为。

还有一些成长于贫困家庭的大学生，其家庭经济条件会直接影响大学生的生活状态和心理健康。尽管大多数贫困大学生能够勇敢地面对现实、勤奋努力，但也不得不承认，因为贫困而产生心理压力甚至出现异常行为的大学生绝非个别现象。家境贫困，会使大学生存在特殊的心理问题，更多地表现出自卑而敏感、人际交往困难、身心疾病突出等问题，甚至出现社会态度不良、怀有敌意等负面表现。个别大学生拖欠学校学费，临近毕业又找不到工作，贫困和就业的双重压力导致其走上轻生之路。

3. 高校的教育偏离了全人教育的方向

教育的本质是促进人的生命健康成长，塑造受教育者的健全人格，使之不断地趋于完善和全面发展。大学本应通过开展生命教育，引导大学生探寻生命的价值和意义，把自己塑造成有尊严的生命个体，在担当和履行生命责任的过程中彰显生命的价值和光彩，从而成就自己的人生。高等教育的使命就是关注人的价值、关怀人的生命、关心人性的完善，以此滋养生命的成长。然而现实的高等教育却存在着只重视知识的传授，轻视和忽略大学生的情感追求的现象，因为缺乏对人的生命教育和全人教育，使大学生在不知不觉中成为学习的机器，体验不到人的生命存在的价值，对生命意义、死亡价值、生存能力等方面的认识极其匮乏。许多大学生存在着不思进取、荒废学业、游戏生命的现象，甚至屡屡发生蔑视生命的极端事件。

4. 社会自杀干预系统的缺失

心理学认为，人们在做自杀决定的过程，存在着生死冲突的心理过程。冲突中存在的一方就是想要活下去的挣扎力量。哲学家叔本华说："自杀者是想生活的，只是他不满于他所处的生活条件，因此，他并没有抛弃求生的意志。……他想活下去，想痛痛快快活下去，他实质上肯定着肉体。但是，复杂的外界环境使他受挫，这就使他陷入极度痛苦之中。"①

自杀的心理冲突存在，表明绝大多数自杀可以被干预，一时产生自杀动机的大学生是有可能获得救助的。任何一个人在自杀前都有征兆，比如莫名其妙地收拾东西，找一些平时要好的同学道谢，给熟悉的人写信，出现一些与平常完全不一样的行为。这是因为人在走进死亡的一刻，其内心生与死的矛盾和冲突往往十分激烈。而生与死的选择，只是一念间。此时，身边如果有人能够注意到他们的反常行为，就有可能将他们从死亡的边缘拉回来。很多自杀危机因为及时发现而被成功化解。

---

① ［德］叔本华. 意欲与人生之间的痛苦——叔本华随笔和箴言集［M］. 李小兵，译. 上海：上海三联书店，1988.

第三节 自杀危机的识别与干预

自杀是个人选择的极端行为，却是人际社会中的重大事件，对生活在自杀者周围的每一个人都会产生影响。就此而言，自杀是社会的公共卫生与健康问题。

生命个体的自杀危机有其存在的可能性，也是可以识别、可以预防的。

第一，行为个体请求帮助及有效获得救助的能力。大学生要具备了一些预防自杀危机的知识，知道通过何种途径，向哪些人或者组织机构寻求救助。如向生命热线和生命救助中心发出信号求助，就有可能成功化解自杀危机。

第二，自杀者周围的人识别其自杀表达的意识、能力和重视程度。例如，自杀者的亲朋好友具备识别自杀行为的能力，家庭、学校和社会重视自杀危机的干预工作，一些挣扎在自杀与求生线上的人就可能获得及时救助。

一、自杀危机的识别与干预

（一）自杀的一般心理过程

自杀的人，特别是那些具有理智型自杀倾向的人，通常不会突然就在行为上走向极端，而是有一个过程的，如从产生自杀意念到下决心行动，从选择自杀的地点与时间到实施自杀行为。这一心理发展的过程必然同时伴有相应的行为表现，这也是人们对自杀危险性进行评定和对自杀行为进行危机干预的基础。

自杀行为的发展过程可分为如下三个阶段。

1. 自杀动机形成阶段

在很多自杀案例中，自杀者把自杀行为当作一种逃避现实生活或在遇到自以为难以克服的挫折和打击时的解脱手段。例如，有人觉得生活没有意义，便决定将自杀作为解脱的方法；有人则将自杀当作对自己因做错了事而产生的悔恨、自责、自罪心理的补偿；有的大学生因学习成绩不好，遇到障碍，感到有负于家庭的殷切希望和培养，从而产生学习焦虑和强烈的自责、自罪心理，并在其驱使下通过采取自杀行为而达到"谢罪"的目的；青年男女在失恋后，其中一方可能通过自杀来使对方背负道义上的包袱，以达到报复的目的。

2. 内心矛盾剧烈冲突阶段

此时自杀者虽然已有自杀的意念，但求生的本能和对人世间的种种牵挂，常常使自杀者在做出最终决定前陷入生与死的矛盾冲突中，并呈现出心不在焉、左右彷徨和疑虑不安的状态。此时，有的自杀者会给身边的人发出求救的暗示信息，如与人谈论有关自杀的话题，暗示自己也有自杀的可能，或发出自杀信息以威胁他人，表现出直接或间接的自杀意图。这一切都可以看作自杀者向他人发出的引起注意或寻求帮助的信号。如果自杀者周围的人能及时觉察到这种信号，使自杀者得到适当的关注，或通过外界的帮助找到解决问题的办法，自杀者的自杀企图就有可能减轻甚至放弃。

据《南方都市报》报道，有一男子欲跳广州洛溪大桥轻生，这让本来就不畅通的交通更加拥堵，现场一度混乱。幸好有一位老伯冲过旁观的人群，走到这个男子身边，他先是劈头盖脸一顿臭骂，居然让轻生者的情绪有所缓解，然后一把抱住轻生者，成功化解危机。这就是爱的反面不是恨，而是漠然，失去社会支持自生自灭的感觉会让一个人觉得生死都毫无意义，正所谓"有人骂不要紧，没有人理更可怕"。

（资料来源：梁倩薇，杨昱，黄立科. 自杀秀：有人骂好过没人理？[N]. 南方都市报，2006-08-17）

3. 实施自杀行动前的平静阶段

处在这一阶段的自杀者似乎自认为从所面临问题的困扰中解脱出来，因而不再或较少与人谈论或暗示自杀，抑郁情绪有所减轻，开始表现出轻松平静如常的样子。这种假象往往使周围的人以为其心理状态真的好转，从而放松警惕。事实上，因为自杀者已经做出了坚决的自杀决定，认为自己终于找到了解决问题的办法，因此不再为生与死的抉择而苦恼。他们在这一阶段表现得轻松镇定的样子，绝不是真的将自杀的企图放下了，只不过是为了摆脱周围的人对其自杀行为的阻碍和干预，以如常的样子来掩饰自己为实施自杀目的而进行最后的准备工作，如搜集安眠药等，等待一个合适的时机到来。

（二）发现和识别自杀行为前兆

美国自杀学之父施耐德曼（Shneidman）总结过自杀者的生活特征：其一是久处愈益强化的困境；其二是负面情绪不断增强；其三是思维僵化狭隘，以致认为自杀能够解决问题。

归纳起来，自杀者及自杀未遂者在情绪、认知、行为和躯体症状四个方面有如下具体表现。

1. 情绪方面

遭遇突发事件和情感受挫而出现心理和行为异常，当事人往往表现出高度的紧张、焦虑、抑郁、悲伤和恐惧，部分人甚至会出现恼怒、敌对、烦躁、失望和无助等情绪反应。

2. 认知方面

在急性情绪创伤或自杀准备阶段，当事者的注意力往往过分集中在悲伤反应或想"一死了之"之中，从而出现记忆和认知能力方面的"缩小"或"变窄"，判断、分辨和决策能力下降，部分人会有记忆力减退、注意力不集中等表现。

3. 行为方面

当事人往往会有痛苦悲伤的表情、哭泣或独居一隅等反常行为。如工作能力下降，不能上班和做家务，兴趣减退和社交技能丧失，日趋孤单、不合群、郁郁寡欢，对周围环境漠不关心，对前途悲观和失望，拒绝他人帮助和关心，脾气暴怒或易冲动。

4. 躯体症状方面

相当一部分当事人在自杀前会有失眠、多梦、早醒、食欲下降、心悸、头痛、全身不适等多种躯体不适的表现，部分病人还会出现血压、心电及脑电等方面的变化。

大量的观察表明，下面这些情况是大学生自杀的危险警报。

（1）近期内有明显的外部负性刺激，如学习成绩下降、失恋、人际关系危机、患上严重躯体疾病等。

（2）情绪低落，悲观抑郁，自责自罪，性格孤僻内向，与周围的人缺乏正常的感情交流。

（3）在严重不良的家庭环境中成长，从小缺乏温暖和爱抚，对事物易产生悲观失望的体验。

（4）曾经有自杀企图，或家庭成员、亲友中有过自杀行为。

（5）行为反常，如突然收拾东西，无故向关系密切的人道谢、赠送礼物，一个人独自徘徊。

（6）谈论自杀，间接或直接地有自杀的暗示或威胁。

二、自杀危机的预防与救助

自杀是人类的悲剧，根据世界卫生组织统计，全世界每年有100万～120万人选择自杀结束生命。中国每年约有20万人自杀死亡。大学生自杀率较高，是自杀的高危人群。

自杀问题的严重性不仅在于它的比率呈上升趋势，还在于自杀具有明显的社会示范效应。相关的调查研究证实，个体性自杀行为会导致社会成员的社会行为选择模式改变，每有一次自杀事件发生，至少影响周边6个人的情绪和身心健康。

因此，在大学校园里，当发现有同学出现心理问题或者陷入自杀危机的泥潭无力自拔时，身边的老师、同学应当及时施以援手，帮助有自杀倾向的人走出困境，挽救其生命。

（一）帮助他人，守护生命

1. 选择合适方式确定自杀倾向的强度

一旦怀疑某人有自杀可能，首先应当及时确定其意念的强度。在自杀风险检测模式中，人们常常提及维琴尼亚·萨提亚（Virginia Satir）的自杀检测模式，这种模式的理念建立在"问题不是问题，如何应对才是真的问题"的基础之上。萨提亚认为，人的绝望作为一种内在情绪是导致自杀的重要因素。因而，要从考察人的情绪状态入手来审视人的自杀意念和企图，从而达到早期预防的目的。有自杀倾向的人从产生自杀动机到实施自杀行动是一个逐步形成的过程：首先，自杀者会认为自杀是解决问题的一种方式；其次，自杀者会期待自己可以自杀，自杀被作为解决问题的备选方式；再次，选择自杀的观点和期待相互融合推进，在观点推动下最终形成具体的自杀计划；最后，有了自杀计划，自杀者会认为自杀越来越可行，这一认可过程会可长可短。

运用萨提亚的自杀倾向检测模式，人们可采用直问自杀倾向程度由轻到重的历程性问题（process question）试探被评估者。

（1）你是否认为自杀可以解除这些痛苦？（是否形成自杀意念。）

（2）你想过自杀吗？你想过放弃自己的生命吗？（是否形成自杀期待。）

（3）你准备采取何种方式，在何时进行？（是否形成具体计划。）

（4）你买了药吗？（是否准备付诸实施。）

（5）你是否真的尝试走到楼上去？（是否自杀过。）

具体操作时，有时可以开门见山直接说出自己的怀疑，在对方有意向继续表露的情况下，可以详细询问其动机和计划采用的方式。交流中，救助者和准救助者（偶然发现当事人有自杀意图，临时充任救助者的角色）需要注意以下事项。

（1）保持自身心理稳定。如救助者本身心理和情绪不稳定，就难以安抚当事人的情绪。

（2）适时指出当事人客观上存在的优点。如抑郁症患者倾向于将自己看得一无是处，此时客观中立地发掘其优点，有助于其重建自信。

（3）强调继续活下去的希望。大多数企图自杀者徘徊于生死之间，犹豫不决，救助者指出生存可能带来的益处，同样有助于增强当事人的信心。

（4）不需要进行争辩。此时当事人的思维方式中，情感等非理性成分居多，企图以理性的逻辑思考来说服当事人，效果会不理想。假如争辩，则会拉开被救助者与救助者的心理距离。

（5）尊重当事人的意愿。如果当事人不愿与他人沟通，决不强迫。因为只有当事人愿意时，才可能有效沟通。

（资料来源：王建中，张军. 中国特色大学生心理健康教育 [C] //王东升. 萨提亚模式在大学生自杀风险评估中的应用. 北京：北京航空航天大学出版社，2015：291.）

2. 审慎介入自杀事件

万一不幸发生自杀事件，需要合理介入。

自杀干预的程序如下。

（1）安全和保护。确保自杀者得到及时的帮助和救护，必要时（自杀者拒绝他人帮助）可对自杀者施行强制性保护措施，保障其人身安全。

（2）支持。不能让拒绝救助的企图自杀者处于独处环境中，最好有被救助者的亲友相伴。此时，被救助者的安全比隐私重要。

（3）目标干预。在实施救助之后，须确认被救助对象是否存在某种精神障碍，是否受到过急性或慢性社会心理刺激，是否有长期的不良思维、行为、情感模式。[①]

就自杀救助而言，在自杀发生时的干预、救助只是救助过程的一部分。自杀后的干预可以进一步确保被救助者的安全，预防其产生新的自杀意图；更重要的是，自杀后的干预也是对救助者及不幸自杀身亡者亲属的必要安抚和支持。

3. 自杀事件发生后的干预原则

（1）支持。万一被救助者自杀成功，救助者可能会因此而内疚自责，此时，需要其他救助者及时提供心理支持和安慰，帮助其坦然面对不幸结果。

（2）学习。无论是救治自杀者的医生，还是救助自杀者的心理工作人员，对死亡案例进行深入分析、探讨都能更恰当地认识死亡、理解死亡，有助于今后更好地展开救助

---

① ［加］库奇，切希尔. 自杀风险管理手册 [M]. 西英俊，译. 北京：人民卫生出版社，2011.

工作。

（3）咨询。面对自杀事件，自杀者的亲人情绪波动剧烈，如能及时为生者提供心理援助和物质帮助，则将缓解自杀者身后的负面影响，尤其是失去母亲的年幼子女、丧失独生子女的中老年父母，从而避免因一桩自杀事件引起家庭内部其他成员的精神障碍甚至出现继发性自杀事件。

（4）教育。当自杀事件发生后，在一定范围内会引起程度不同的影响。此时可以适时就该事件表现出的某些普遍性进行教育，但不要追求轰动效果，因为死亡教育的目的是帮助其他真正需要帮助的人（与自杀者有同样倾向或处境类似者）。①

假如自助效率较低，或者社会失范、不够稳定，人与人之间的相互帮助在预防自杀中就显得很重要。一味从道德或心理层面上谴责自杀行为并不能防御自杀，反而会拉开有自杀意图者与救助人员的心理距离。站在企图自杀者的立场上，设身处地理解其内心的焦灼与冲突，更能使企图自杀者感受到从绝望中被解救的希望。此时，所有技术层面上的自杀干预才可能真正起效。

4. 积极构建友爱环境

防止自杀乃至各种心理问题最好的方式是缔造友爱的环境。爱是治愈一切精神问题最根本的药方，不论这份情感是亲情、友情还是爱情。弗洛姆在《爱的艺术》一书中谈到爱，认为真正的爱是由衷的、包容的、无条件的，犹如母亲对于刚出生的婴儿：无论你怎样，我都爱你；我爱你，是因为这样会让你感到快乐。新生儿生活在这种爱中，没有压力，没有紧张，才能建立起充足的安全感，同时学会如何好好地爱自己，也爱别人。这种情感不是溺爱，溺爱本质上是爱自己：我满足你的要求，是因为这会让我快乐。于是，被溺爱的人事实上没得到爱，其自私也就是理所当然，本质上他根本没有从溺爱者那里获得爱的能力。

弗洛姆认为，爱是一种需要通过学习来掌握的能力。最好的学习就是对这种爱的感受，即在爱的氛围中长大。被别人这样爱是学习，看到他人被这样关爱也是学习。存在自杀倾向的人本身就缺乏安全感，对他人少有信赖，这就更需要用友爱的氛围去缓解企图自杀者的精神压力，使其重拾希望。②

（1）和谐的宿舍氛围。宿舍是大学生日常起居的重要场所，室友是大学阶段最有可能建立起亲密关系的社交人群。在父母关心鞭长莫及、老师照护难以顾全的情况下，每日同居一室的室友往往最有可能发觉行为人异常。特别是处在彼此和睦、互相关心的寝室氛围中，不仅能及时发现、阻止自杀行为的发生，而且能够做到真正从源头上遏止自杀意图的产生。

（2）融洽的师生关系。融洽的师生关系有助于教师尽早发现学生的心理危机。尤其是有丰富的与学生交流的经验，如担任过班主任、辅导员、校心理咨询师等的老师，更容易获得学生信任。学生对自己信任的老师自然会主动袒露心声，有利于老师在第一时间发现问题并采取最合适的救助措施。

---

① ［加］库奇,切希尔. 自杀风险管理手册［M］. 西英俊,译. 北京：人民卫生出版社,2011.
② ［美］弗洛姆. 爱的艺术［M］. 李健鸣,译. 上海：上海译文出版社,2008.

此时，教师须谨记：①为学生适当保密。学生基于信任将自己的秘密告诉老师，教师应当尊重其隐私，如果老师将此事告诉无关者（主管学生心理工作的部门和人员除外），造成信息外泄，学生一旦得知，不仅不再信任老师，且可能产生遭到背叛的感觉，从而使心理危机加重和恶化。②与学生合理共情。共情有助于学生在心理上产生被理解的感觉，是化解危机的必要条件。教师宜注意，不可过度。将自身情感过度代入是不理智的表现。

不可否认，依赖他人帮助的自杀预防和自杀意图产生的失范型社会本身就是一对矛盾。当社会稳定发展时，人有所信靠，社会制度运行良好，不易产生自杀意图，无须他助；而当社会机制不够健全、自我不足以预防自杀时，他人处于相同的社会背景，很可能有同样的困扰。所以，自杀的根本防御还是来自自身心理健康、人格完善，有足够的力量承受外在环境的动摇和冲击。

（二）学会自助，呵护生命

呵护生命首先需要自助。自我干预是预防自杀的决定性因素，防治自杀的最佳人选是自己，每个人都是自我生命的第一守护人，因为任何形式的自杀干预只有转变为自我干预才能真正发挥作用。

1. 重建自我价值，寻找生命意义

自杀根本上源于人的绝望心理。著名的心理学家弗兰克认为，当一个人处在极限处境中，维系生存的真正要素不是体力上的强弱，而是精神力量的充足与否。此时所进行的价值干预或意义治疗正是建立在心理层面的意志自由的体现。那些选择自杀的人，表面上在体验并追求自我的意志，实质上是对人的自由意志的放弃。有些人自以为发现生命意义的虚无而又感到无能为力，从而在心理价值取向上因为感到失望而易于选择自杀。但是问题在于：每一生命个体的独特性本身使得生命值得被经历，哪怕是孪生兄弟，他们各自的精神世界也决定了彼此有所不同，世界上每个人的生命都是独一无二的。而人在生命存在的过程中，不可能必然具有坚定的意志和不可动摇的目标追求。人作为生命主体，可以通过尝试自己感兴趣的事情来发掘生命潜能，可以通过发掘生命潜力来重建自我价值。

重建自我价值的出口在于寻找生命价值的意义。大学生应当从平凡的生活中找到生命的意义，人活在现实的世界和真实的生命过程中，应当珍惜自己拥有的生命；应当从爱与自我价值的创造中寻找生命的意义。

在人的生活中，爱与创造都需要人真诚的付出，而爱本身就是一种快乐，只有懂得爱，才能领悟生命的牵挂所带来的意义。对于任何人而言，人生都不可能是一片坦途，必然会充满艰辛甚至苦难。然而，正是因为经历了艰辛和苦难，人才学会了更加珍视自己的生命和热爱自己生活着的世界。

第二次世界大战中，弗兰克尔被关进奥斯维辛集中营，有一次，一名囚犯饥饿难忍偷了一只马铃薯，纳粹当局宣称必须交出这个人，否则全营2 500名囚犯都得挨饿一整天。在饥饿、寒冷、沮丧的监舍里，一位由囚犯充当的舍监提议弗兰克尔为大家讲些鼓励的话。弗兰克尔鼓励大家，人类的生命无论处在任何情况下，仍然具有意义，这种无限的人生意义，涵盖了痛苦、困顿和死亡。因此，人应当不在任何情境下放弃生的希望。

弗兰克尔说："在艰难的时刻里，有人——朋友、亲人或造物主——正俯视着我们每

个人，他一定希望看到我们充满尊严而非可怜兮兮地承受痛苦，并且懂得怎样面对死亡"。弗兰克尔对大家说这牺牲无论如何都有意义。弗兰克尔的用意在于，在最艰苦的环境中，在死亡的边缘上，也要寻找出人生的意义与价值来。弗兰克尔的这番话果然起了很大的作用：许多难友拖着憔悴的躯体蹒跚地走过来，噙着眼泪向他道谢。

（资料来源．[美] 奥克多·弗兰克尔．活出生命的意义 [M]．吕娜，译．北京：华夏出版社．2010．）

2. 降低期望值，实现自我合理化

人要务实，能正确地评估自己，量力而行。俗话说，"自己才三两重的人，不要去扛五两重的东西"。心理学上所讲的自我合理化，通常是指当一个人遭遇打击或挫折时，为自己的失败或挫折寻找一个冠冕堂皇的理由，最终求通过冲淡内心的不安来安慰自己，以求得心理平衡。俄国作家契诃夫在《生活是美好的》一文中对企图自杀者就说过，"为了不断感到幸福，那就需要善于满足现状，应很高兴地感到：事情原本可能更糟呢。"他举例说，"要是火柴在你的衣袋里燃烧起来了，那你应当高兴，而且感谢上苍，多亏你的衣袋不是火药库；要是你的手指头扎了一根刺，那你应高兴，挺好，多亏这根刺不是扎在眼睛里……"① 对于生活中遭遇挫折而心里沉重的人来说，有"酸葡萄"精神和"阿Q"精神，善于选择各种理由把自我生活的环境进行合理化，以求尽量减少自己的挫折感，这对恢复自信和自我的心理平衡是非常有效的。

3. 恢复行动力，寻找宣泄情绪的出口

针对日常生活常有的负面情绪，强调顺其自然，重在以行动实现某一目标。所谓顺其自然，即遵循情感走向，不以理性强行改变自己的负面情感，而是能理性地接受负面情感的存在，或者尽量转移注意力。这是因为人只有放松自己对负面情绪的关注后，才有可能集中精力投入真正应该做的事情中，实现为所当为。

心理问题的最终产生，很多情况下是负性情绪不断累积的结果。因此，及时地排除负性情绪，可以起到预防和解决心理问题的效果。而宣泄，就是人们常用而有效的方法之一。宣泄的方法有很多，但是宣泄必须保持合适的度，做到既不损人也不害己。宣泄的方法有找人倾诉、大声呐喊、尽情痛哭、自言自语等，可写日记将自己的痛苦、愤怒变为笔下的文字。

文体活动可以使人放松心情，还具有镇静、镇痛作用。参加集体活动如郊游、植树、讲座、大学生社团等，在其中尽力发挥个体的专长优势，以增加人际交往的深度。

大学生积极参加社会活动，还可以扩大人际交往、增加人际沟通的渠道，从而使自我的人际受助感和安全感得以增强。人生乐观的生活态度和较强的心理承载力，也能通过这一方式建立起来。而这一切必须通过交往实践才能获得。好的人际关系可以给人带来好心情，好心情可以激发人的奋进与责任情感。

---

① 伏契克．世界美文观止 [M]．北京：作家出版社，2014．

资料库

1. 认知疗法

认知疗法是一组通过改变思维和行为的方法来改变不良认知，达到消除不良情绪和行为的短程心理治疗方法。这种改变人的认识观念的思想最早起源于古希腊哲学家苏格拉底的"辩证法"。认知疗法可概括为，由你说出你自己的观点，并依照这种观点进行进一步的推理，最后引出矛盾和谬误，从而使你认识到先前思想不合理的地方，并由你自己加以改变。

认知疗法主要着眼点放在患者非功能性的认知问题上，试图通过改变患者对己、对人及对事的看法与态度来改变所呈现的心理问题。它采用认知重建、心理应付、问题解决等技术进行心理辅导和治疗。其中认知重建最为关键，因为心理障碍的根源来自异常或歪曲的思维方式，通过发现、挖掘这些思维方式，加以分析、批判，代之以合理的、现实的思维方式，就可以解除患者的痛苦，使之更好地适应环境。

对自杀患者来说，有两个突出的认知机制：一是缺乏解决问题的能力，尤其是在人际交往方面；二是记忆内容的回忆泛化。改变这些因素能减轻那些有自杀企图的人的无助感，帮助减少自杀的冲动。

2. 澄清自杀认识误区

（1）说自杀的人不一定自杀。事实上，言语表露是内心自杀企图的重要信息，当发现有人表示自杀时，切不可忽视，甚至视为玩笑。不过，有的孩子说想自杀的确是因为他们还不懂得死亡意味着什么。

（2）自杀前无征兆。其实有征兆，只是周围的人没有及时捕捉到。有时自杀的预兆距离自杀实际发生时间有较长的时间跨度。比如抑郁症患者自杀，最初只是出现病症，并不直接与自杀相关，容易为人忽视。有自杀者自杀前可能会表现得异常平静，反而不像以往会有情绪波动。某些自杀未遂者甚至表现出莫名的兴奋感，这些表现可能令周围的人麻痹大意。如果当事人意图自杀的客观环境，尤其是其心理状态没有发生本质变化，他就仍处于高危境遇中。

（3）自杀者真的想死。真正坚定自杀信念的人在自杀群体中比重较小，部分冲动型自杀者只是一时糊涂。即便自杀未遂者中也没有真正决意将自杀进行到底的人，他们通常会在生死之间徘徊犹豫。

思考与讨论

一个欲自杀者的自白

仍然在工作，有时觉得工作没有意义，有时又觉得有意义，于是只是机械地做着，似乎是为了逃避内心的痛苦。工作效率很低，不想做事，没有能力做事，其实有些事情只是一些十分简单的日常工作；另外还会情不自禁地回忆往事、回忆所有的熟人，想要故地重游，寻找多年未曾联系的熟人，与他们联系。有时几经周折打听到一个远方熟人的电话，但是只记下电话号码，并不打电话，觉得即使联系了也没有什么意义。有时，仿佛觉得自己即将离开这个世界——甚至已经不是这个世界上的人了,带着一种矛盾、复杂的感情注视着这个世界上的道路和楼房,注视着那些忙碌的人;但是,这一切都不再有什么意义了,都和自己没有关系了,自己即将永别了。但是,又不想永别……

(资料来源:库少雄. 自杀:理解与应对 [M]. 北京:人民出版社,2011.)

问题讨论:

如何看待自杀者的独白,你能为他(她)提供解脱内心冲突的良方吗?

问题与作业

电影《死亡诗社》

威尔顿预科学院一向都是以传统、守旧的方法来教授学生,可是新学期来校的文学老师基廷却一改学校的常规,让自己班上的学生解放思想,充分发挥学生们的能力,并告诉学生要"把握当下"。在教学的第一堂课上,基廷并没有在教室里上课,而是带领同学看校史楼内的照片,让他们去聆听逝者的心声,领悟生命的真谛。基廷甚至要求学生将课本中古板老套的内容撕去,自由的教学方式让学生开始懂得自己的兴趣、爱好、前途和目标。他的学生甚至于反抗学校的禁令,重新成立秘密小组——死亡诗社,在校外很远的山洞中探讨诗歌、人生。但不久后,学校发现了这个小组,校方对基廷老师的教育方法十分反对。

基廷的学生尼尔热爱表演,并在一次演出上大获成功。但他父亲坚决反对,并将他带回家,决定第二天让其转学。尼尔极度痛苦却无处倾诉,在当晚自杀了。小组成员之一——卡梅隆出卖了大家,校方逼小组成员在声明上签字,将尼尔自杀的责任推卸到基廷身上,开除了基廷。在基廷要离开学校的时候,学生们站立在桌上,说着"哦,船长,我的船长!",以表达老师传达给他们的信念会在他们心中一直留存下去。

问题讨论:

观看电影《死亡诗社》,想一想尼尔除了以死抗争,还有没有其他办法实现自己的理想。

建议阅读书目

1. [法] 妙莉叶·芭贝里. 刺猬的优雅 [M]. 史妍,刘阳,译. 南京:南京大学出版社,2010.
2. [德] 聚斯金德. 香水 [M]. 李清华,译. 上海:上海译文出版社,2009.
3. [俄] 托尔斯泰. 安娜·卡列尼娜 [M]. 草婴,译. 上海:上海文艺出版社,2007.
4. [法] 加缪. 局外人:西绪弗斯的神话 [M]. 郭宏安,译. 南京:译林出版社,2011.

第十章

生命价值的追求与创造

内容提要

■人的一生就是一个"过程"或"生命历程"。正是平时所经历的生命事件的"过程",最终决定了一个人生命质量的"厚度"。

■人的生命只有一次,生命长度的有限性决定了人应当规划自己的生涯,意味着人不是被简单地决定着的生命,而要积极主动地建构自己的生活和书写自己的生命故事。

■大自然赋予了我们生命,却没有赋予生命的价值和意义。因此,生命的意义需要自己去追寻、去创造。人能以自己的存在尺度来衡量世间万物的价值和意义。

■死亡是每个人都无法逃避的存在课题,人人都要面对,然而正是因为有了死亡,才使人的生命弥足珍贵。通过死亡反观人生,才能使人的生命绽放出更加曼妙的光彩。

案例

2014年,山东某高校抽样调查了在校大学生对于死亡教育的需求。2 672名被访者中,34.5%的学生自认为了解死亡,可是对已有的死亡知识是否科学并不十分清楚;69.2%的人有进一步了解死亡的愿望;85.71%的人认为,有必要对大学生进行生命死亡教育;62.1%的人赞同设置死亡教育课程;假如学校有所设置,69.1%的人会考虑选修本课程。

(资料来源:王世嫘."向死而生"大学生死亡教育体系的构建[J].高教研究,2015(3).)

第一节 生命历程及其内容

人来到这个世界上,从生到死之间,构成了其生命的历程。无论生命长短,无论地位高低，无论从事何种职业，都必须度过这一生命历程。

一、生命是一个历程

（一）生命历程的含义

生命历程也叫生命过程，是指人生从事社会实践中所走过的道路。

一个人来到这个世界上，从牙牙学语、蹒跚学步到稍微大点儿进幼儿园，之后经历寒窗苦读，再进入大学之门，直至毕业后走上工作岗位，又经历职业生涯几十年，其间结婚成家、生儿育女，最后坚持奔波奋斗直到退休，其中的人生过程犹如庭前花开花落，直至自己的生命终结，这就是人的生命历程。

（二）生命历程的阶段

人的生命历程既受人体生理机能的制约，又是一个必然发生、发展、变化的不可逆的过程。

人的生命历程按年龄增长可分为：婴儿期（0~3岁）、幼儿期（3~6岁）、儿童期（6~12岁）、少年期（12~15岁）、青年期（16~35岁）、成年期（35~60岁）、老年期（60~79岁）、高龄期（80~89岁）、长寿期（90岁以上）。

人的生命作为一个过程而存在，其实是生与死两种矛盾因素在时间流程上相互作用的对立统一体。生命伴随着时间在每一天里单向流逝，生的因素在一点一点地减少，死的因素在一刻一刻地增加，这种在时间面前的生命量变过程积累到一定程度，就会发生质变，直至人的生命活动终止，人的生命本质特征消失。

人的生命过程可以按人生理成长与变化的健康程度来划分。

（1）身体健康期（0~35岁）。身体健康期为人生的最活跃期，身体的组织器官从开始发育至完善，各方面功能上总的趋势是积极上升的。

（2）疾病形成期（36~45岁）。36岁，人的生理成长达到峰值，从此开始，人体中的部分脏器功能开始缓慢地发生退行性变化，如动脉血管的硬化开始形成，代谢不良的症状开始显现，有些生理性疾病开始有初起苗头。

（3）生命危险期（46~55岁）。大多数疾病在此阶段爆发，有的甚至危及生命，尤其是冠心病、糖尿病、癌症等，多在此期间出现。社会调查研究资料表明，当下我国的人才队伍中发生的英年早逝的悲剧，大多处在46~55岁这个年龄段上，因而这一时期称为人生旅途中的"沼泽地"。

（4）安全过渡期（56~65岁）。一些生理卫生保健研究数据表明，人生超过65岁，如果没有发生明显的器质性改变，就是相对安全的情形。

（三）生命历程的社会化过程

人在生命历程中的基本要求是能维持生命的生存和发展、延长生命。然而人是社会的人，人的生理生命成长、发展和变化的过程，同时也是人的生命社会化，或者说是社会生命的成长与发展过程，因此，也可以就此对人的生命历程进行社会化分期。

（1）儿童及幼年期社会化。儿童及幼年时期是人一生生物性基础发展的主要时期。在这一时期，儿童作为社会化生物基础的动作、语言、思维、推理等各项能力会得到发展。

他们会学习基本生活知识和技能，逐渐认识和遵从基本的社会规范，建立基本的人际关系，能够对人的行为做出最基本的道德与价值判断并形成自己独特的人格基础，从而为进一步社会化奠定基础。其中，生物性基础的发展是这个阶段的核心任务。

（2）青少年期社会化。人真正的社会化过程是从这一时期开始的，其表现是：一方面，青少年在这一时期要进行自我身份与角色的区分和探索；另一方面，伴随着青春期的到来和成长，开始在心理上出现独立的倾向。

（3）成人期社会化。这一时期开始走向社会生活。对婚姻、家庭角色进行学习和适应；对职业生涯进行选择调整、确定发展的目标，是成年期社会化面临的两大任务。

（4）老年期社会化。在老年期，人的社会化所要面对的主要问题包括三个方面，即接受和适应生理上的老化、角色转换以及面对死亡所做的准备。

（四）生命历程的理论研究

在生命历程的认识上，美国的芝加哥学派曾将人的生命历程问题作为一种理论体系，主要用于以移民为对象的研究，力求从对构成生命事件的要素中分析人的生命历程的意义与存在价值。芝加哥学派的生命历程理论研究成果曾产生广泛的社会影响力，被认为是国际上正在兴起的一种跨学科理论。

芝加哥学派提出的生命历程理论与生命教育里所说的生命历程概念有一定的差别，前者是从社会空间的视角来研究生命个体，主要侧重于研究剧烈的社会变迁对生命个体的生活与发展的显著影响，将个体的生命历程看作更大的社会力量和社会结构的产物。

芝加哥学派生命历程的主要理论包括以下内容。

1. 生命历程理论的基本原理

（1）"一定时空中的生活"原理。个体在哪一年出生（出生组效应），属于哪一同龄群体，以及在什么地方出生（地理效应），基本上将人与某种历史力量联系起来。

（2）"相互联系的生活"原理。人总是生活在由亲戚和朋友所构成的社会关系之中，个人正是通过一定的社会关系，才被整合进特定的群体，每代人注定要受到在别人的生命历程中所发生的生活事件的巨大影响。

（3）"生活的时间性"原理。生活的时间性指的是在生命历程中变迁所发生的社会性时间（social timing），亦指个体与个体之间生命历程的协调发展。生命历程理论认为，某一生活事件发生的时间甚至比事件本身更具意义，由此需要重点强调人与环境的匹配。

（4）"个人能动性"原理。芝加哥学派也认为，人总是在一定社会建制之中有计划、有选择地推进自己的生命历程。因此，即使在有约束的环境下，个体仍具有一定的主动性。人在社会中所做出的选择除受到社会情境影响外，还受个人经历和个人性格特征的影响。

2. 生命过程理论的基本分析范式

生命过程理论的基本分析范式是将个体的生命过程理解为一个由多个生命事件构成的序列。比如，一个人一生中会经历入学、就业、生育、退休等生命事件，这些生命事件按一定顺序排列起来，就构成了一个人的生命过程。生命事件发生的时间、地点和内容深受社会结构的影响，而前者反过来又会影响到个体社会角色的扮演。生命事件发生的轨迹，亦即先后次序，以及生命事件之间的过渡关系，是生命过程理论研究的基本主题。

生命事件之间是相互有影响的，因而研究事件之间的过渡关系就显得非常重要。人在生命中如果遇到毕业、丧父、就业等集中在同一时段出现，这些事件显然会相互影响。人们只有在明白了这三个事件之间的相互关系之后，才能真正了解它们对生命个体社会化过程的影响。这说明人的生命总是有限的，在有限的生命过程中人应当做正确的事；抓住重点，做重要的事；确立目标，有的放矢；集中精力，捍卫时间。

二、珍惜与优化生命

在时间面前，每个人的生命都是平等的，同时也显得弥足珍贵。对正处在人的生命历程的关键阶段的大学生来说，这段生命路程能否走好，会直接影响未来人生的方向，所以需要制订自己未来发展的生涯规划。

（一）做好生涯规划

1. 生涯与生涯规划

什么是生涯？在现代汉语中，"生"意为"活着"，"涯"意为"边际"，所以"生涯"就是"终其一生"的意思。在西方文化语境中的生涯（career），是指个人一生的道路和发展路径，本质上是指人的持续一生的生命过程，是人需要终身学习、终身发展的。生涯受内在和外在力量的影响，体现着一个人在愿望与可能性以及理想与现实之间的妥协和权衡。

从广义的角度认识生涯，一个人的生涯其实包括了个体生命的全过程和生活的全部，这其中有个体的衣食住行等生活方面的基本元素，也有学习、休闲、工作等不同的生活方式，还有爱情、婚姻、家庭等诸多生活内容。从狭义的角度来看，一个人的生涯主要是指人的学习生涯与职业生涯，因为人的生命历程中最重要的事件和最重要的阶段，都体现在这两个生涯中。

生涯规划，是指对职业生涯乃至人生进行持续系统计划的过程，它体现为一个人对影响自己一生发展的经济、社会、心理、教育和生理等各种因素进行的分析、选择和创造。

2. 规划生涯就是做最好的自己

人的生涯重在规划，规划本身就对人生有重要意义：一方面，它体现着人的主体性和自觉性，意味着每个人都是在不断积极主动地建构自己的生活和书写自己的生命故事；另一方面，它体现了人所具有的建设性和创造性的本质特征。人的生命历程应当感受和体悟社会生活的色彩斑斓和千滋百味，而不是苍白灰暗和乏善可陈。

大学生生涯规划的目的不仅是找到一份适合自己的职业，更重要的是真正了解自己，为自己定下生命与事业大计，筹划未来，拟订人生发展方向。大学生生涯规划应是对自己的一生发展所进行的科学安排，应分成几个阶段，每一阶段都要有明确的目标。为了这一目标实现，还应该明确自己该做什么、不该做什么，以此寻求光明的未来。

（二）管理易逝的时间

时间是组成生命的材料，人的生命是由时间的持续性体现出来的。时间又是人生最宝贵、最稀缺、无法蓄积和无法替代的资源。优化个体的生命过程即是对时间的管理，人若珍惜生命，就必须珍惜时间，因为有了时间，一切皆有可能；没有时间，一切都有可能成为虚幻。

所谓时间管理,就是人为了实现目标而对时间所进行的计划、安排和控制。对大学生来说,具有时间管理意识和较强的时间管理能力有利于维护自己的身心健康并提高生命的质量。

1. 合理规划

确立目标,有的放矢。有目标才有方向,才知道如何安排时间。时间管理的目标要区分长期目标和短期目标、终极目标和阶段性目标。

确立目标就是选择和规划时间。如果一个人的目标明确,在完成必须做的事情之前就不要分心去做别的事,也不能让其他事情挤占必须完成之事的时间,比如一个人规定自己每天锻炼,30 分钟跑 3 000 米,这意味着要在规定的时间内完成任务,就只有拼命跑而不是延迟,否则就该合理评估自己的体能,重新制订更为合理的运动计划。

2. 保持专注

集中注意力做正在做的事情。要进行有效的时间管理,需要有较长的时间将注意力集中到自己的目标任务上。如大学生应当把专注力放在学习上,同时注意不让别人或别的事情打扰自己的学习。保持专注力,首先是指能够自我控制,专心致志地处理一件事,比如认真地做题、看参考书等;其次是当自己不得不身处一个不良环境时,争取做到不受外在环境干扰地做好自己的事情,甚至在被短暂打扰后,能迅速回到自己的工作状态。

3. 放弃"琐事"

"琐事"不是小事,而是那些可做可不做的事。大学生应当在宝贵的时间里做必须做的事,这是因为当人的时间被"琐事"占去大部分时,真正重要的事情将会无处安身。所以,大学生要尽可能保留整块时间处理重要事务,比如做考卷、写论文。反之,如果把大块时间切得很碎,很可能在刚进入熟练状态后又不得不退出此时的模式而转换成另一种模式,难以提高效率。

4. 克服拖延

拖延是最大的时间窃贼,是时间管理中的错误行为。许多人有缺乏时间观念的拖延症(procrastination)。如果进行行为归因,就会发现产生拖延的根本原因是存在对完成任务的畏难情绪。有研究资料表明,拖延症会降低工作效率,还会影响人的健康,拖延引起的压力会破坏人体免疫系统。

拖延有时也可能表明自己已经超负荷运转,甚至是身体出现疾病的前兆。此时就需要分析哪些方面出现问题,然后有针对性地进行调整和解决。

第二节 生命价值与超越生命

人作为主体的生命活动还是一个体验与感悟世界的过程,而人在体验与感悟生命的过程中有欢乐也有痛苦,为了追求那醇美如酒的欢乐,就必须忍受那酸涩的痛苦,而生命的意义也就体现在这无尽的追求之中。

一、生命的意义追寻

生命本质上具备一种使机体发生变化的能力，比如生命所具有的运动能力、繁殖能力、生长发育能力、新陈代谢能力、适应某些特定环境变化的能力、遗传和变异能力等。

人的生命能力中最根本的，是促使生理生命诞生、生长、发育、成熟、衰老直至死亡变化的能力，也是促使人的社会生命和精神生命成长、成熟、变化的能力。人的生命能力因死亡而消失，这会使活着的每个人产生生命存在意义的疑问。

（一）人是寻找生命意义的存在

其实人活着就有意义。作为一个生命存在物，人的生理生命一旦死亡，就什么都不存在了。然而，人是有思想的生命存在，人不会停留在像其他动物那样的生命发展水平上。当人对生命存在本身产生疑问时，便会寻找生命的意义，或者努力赋予自己的生命以意义。就此而言，人在本质上就是寻找生命意义的存在物。

著名文化学者胡适说过："人生的意义全是个人自己寻出来的、造出来的；高尚、卑鄙、清贵、污浊、有用、无用……全靠自己的作为。生命本身不过是一件生物学事实，有什么意义可说？一个人与一只猫、一只狗，有什么分别？人生的意义不在于何以有生，而在于自己怎样生活。你若情愿把这六尺之躯葬送在白昼做梦之上，那就是你这一生的意义。你若发奋振作起来，决心去寻找生命的意义，去创造自己生命的意义，那么，你活一日便有一日的意义，做一事便添一事的意义。生命无穷，生命的意义也就无穷了。总之，生命本没有意义，你要给他什么意义，他就有什么意义。与其终日冥想人生有何意义，不如试用此生做点有意义的事。"[①]

人类生活在"意义"的领域，这是因为人所经历的事物并不是抽象的，而是从人的角度来体验的。一个人如果试图脱离"意义"考虑环境，他将因此与他人隔离开来，其行为于人于己都不会有意义。这意味着没有人能够真正脱离意义，人们是通过赋予现实以生命的意义来感受现实的。确切地说，人们真正感到的其实不是现实本身，而是经过自己内心的认知与理解所阐释的现实，因此，这一主观感受的"意义"或多或少是不完整的，甚至是感知不正确的现实世界。

（二）实现生命的价值和意义

人的生命意义是有生命的人寻找出来的，将寻找出来的生命意义赋予生命，从而使人的生命意义存在。

1. 从平凡而真实的人生中寻找生命的价值和意义

现实生活中的每个人都在追求自己设想的成功和卓越。成功，应当是生活中每个人的梦想。然而细心思考，不难发现人的生命是生活的基础，而人的生活又是生命的显现。因此，人在生命历程中所追求的所有成功和卓越，其实都是从平凡的日常生活中一点一点地积累起来的，为此，人若珍爱生命，就首先要热爱生活，从平凡的生活中体验生命存在的价值和意

---

① 胡适. 人生有何意义 [M]. 北京：九州出版社，2013.

义。离开平凡而真实的生活，人不可能成功也不可能卓越，更难真正找到生命的意义。

人的生命只有一次，对生命个体来说，生命的价值和意义不只是活着，而是更好地活着。其实，每个人所认为的好生活都可以赋予意义，如果每个人在生活中有一个正确的生活目的，并为实现这一目的而进行不懈的努力，那么生活对于生命个体的存在就有了意义。

人的生命的价值在于奉献，生命的内涵在于创造，生命的追求在于奋斗。人的生命过程不一定要轰轰烈烈，只要勤奋认真，就是真实从容的生命。大学生要寻求自己生命的意义，一定要将平凡而真实的人生过好。真实地过好每一天，才是人应有的本真追求。什么是真实，真实就是不虚假、不做作、不违背良心地做好每一件事。生活就是一种真实的感受，只要我们向往明天的美好，热爱生活的本真，珍惜今天的拥有，就将收获生活的快乐和幸福。

2. 从爱自己和爱他人中寻找生命的价值和意义

人应当在爱自己与爱他人中寻找生命的价值和意义。这是因为在现实生活中，每一个生命都不是孤立存在的，每一个人都生活在社会群体之中，都在爱与被爱中生存、成长和发展，因此，关爱自己与关爱他人都是生命意义的重要组成部分。这种爱可以是子女对父母的爱，可以是男女之间的爱，也可以是人与人之间的爱，还可以是对祖国和大自然的爱。总之，爱体现着一个人的高尚情怀和博大心胸，能成就和丰富人的生命存在意义。相反，一个人爱的仅仅是自己，那么，他的爱不仅仅是狭隘的，而且往往是难以实现的，因为任何一个人如果不融入社会，就不可能真正地过具有社会生命的人的生活，所谓人的生命价值与意义也就不可能实现。只有懂得爱和有爱的行动的人，才能真正地享受生活并从中感受到幸福，才能真切地领悟到生命的价值和意义。

杏林子："除了爱，我一无所有"

一个12岁就被病魔缠身的女孩，凭着乐观的生活态度和顽强的毅力，写下了四十多本散文、小说、传记、剧本，成为著名作家。她的文章被收录在中学的课本中，她的散文《杏林小记》《生之歌》《生之颂》成为学生假期指定读物，《另一种爱情》更是获得大奖。

轮椅上的杏林子在几乎无法执笔的情况下，组织成立了伊甸残障福利基金会，致力于推动残障福利工作。她一生积极开朗、淡泊名利、富有爱心。她的作品洋溢着对生命的歌颂和热爱，她的一句名言是"除了爱，我一无所有"。

一次，杏林子病情恶化，她的朋友、另一位著名女作家三毛来探望她，杏林子在病床上被疼痛折磨的样子，在三毛看来不堪忍受，以至于三毛探完杏林子后，在门口忍不住祈祷说："神啊，杏林子太惨了，求您大发慈悲，早些接她到您那里安息吧！"杏林子听后大吃一惊，连忙做修正祷告："神呀，关于这件事您千万不要听三毛说，您还是听我的吧，我还没活够，我还有好多事还没做呢。"这就是身体残疾却格外珍视生命的杏林子的选择。2003年，她不幸离开人世，家属遵照她的遗愿，把躯体捐献给医院，供"类风湿性关节炎"教学研究。

（资料来源：根据百度文库《杏林子的故事》整理）

3. 从创造价值的活动中寻找生命的价值和意义

人的生命价值的实现既是自我的实现，又是人生事业的归宿。有的人把自己的生命视为一支蜡烛，为的是燃烧自己、照亮别人，给人以光明；有人把自己的生命视为一头奶牛，为的是给别人多挤些牛奶；有的人把自己的生命视为一本书，为的是通过辛勤耕耘和积累知识，给别人精神食粮……人无论做什么，最根本的和最重要的，应当是有通过努力为他人、为社会创造价值的生命意识。这是因为人生的价值不在于生命的长短，而在于能够为他人与社会所做出的贡献。如果一个人只是在自己生活的天地里苟且偷生，那么即使能活到100岁，他的生命与社会和他人都没有任何关系，那么他活着的意义又如何得以体现呢？

4. 在学会感恩中寻找生命的价值和意义

生命是上天赐给我们每一个人的礼物，我们作为生命个体，对所经历的生命历程应始终抱有一颗感恩的心。生命中的每个细节、每种滋味都值得真心地体会。我们每天所经历的事、所接触的人，所听到和看到的大自然的一切，都是生命带给每个人的独一无二的真实体验，都值得感激。《诗经》里有一句珍珠般的话语："投我以木桃，报之以琼瑶。"在人生的发展经历中，不断地接受来自他人、社会、大自然给予的恩惠，所以每个人都要学会感恩。感恩是一种生命的力量和能力，也是作为主体的人寻找生命意义的智慧。它教人如何对待困难、如何对待生命。感恩也是一种人生态度和处世哲学，是对自然、世界和人生的理解与宽容，一种善于发现美并欣赏美的道德情操。

如果在生命中的每一天都充满感恩的情怀，学会接纳，懂得感恩，那么就能深切地体会到生命的价值和意义，微笑着面对世界，幸福快乐地享受生命。

5. 在人生苦难中体悟生命的价值和意义

人生不可能是一片坦途，更没有任何捷径可走，必然会充满挫折，甚至有时会遭遇难以承受的苦难。然而，苦难其实是人生最好的老师。正是因为经历了诸多苦难，才使人生的意义显现出来。美国著名作家安娜·昆德兰（Anna Quindlen）曾在《不曾走过 怎会懂得》一书里说过："人生就是一连串的生命体验，快乐也好，悲伤也罢，最重要的是自己去走、去体验。母亲指给我们的道路，固然少了坎坷，少了磕绊，可一旦走上她们的'捷径'，我们也就丢掉了自己的人生。生命是一个从生到死的过程，如果我们活着的目的只是为了探寻捷径，那么生下来就死，无疑是最快的路程。"① 如果这样，我们的人生还有意义吗？

著名的维克多·弗兰克尔所领导的维也纳神经综合医学院曾被称为继弗洛伊德的心理分析、阿德勒的个体心理学之后的维也纳第三心理治疗学派，他所创立的"意义疗法"及"存在主义分析"理论认为："我们一定不能忘记，即使在看似毫无希望的境地，即使面对无可改变的命运，人们也能找到生命之意义。那时重要的是，能够见证人类潜能之极致，即人能够将个人的灾难转化为胜利，将个人的厄运转化为人类之成就。当我们无法改

---

① ［美］安娜·昆德兰. 不曾走过 怎会懂得 [M]. 徐力为，译. 长春：吉林文史出版社，2013.

变客观现实时——比如患了不可治愈的癌症——我们就面临着自我转变的挑战……人主要关注的不是获得快乐或避免痛苦,是看到其生命的意义。这也是人们为什么甚至准备着去受苦,在这个意义上,他的痛苦有了意义。"

(资料来源:[美]维克多·弗兰克尔. 活出生命的意义[M]. 吕娜,译. 北京:华夏出版社,2010.)

二、生命价值的追求

(一)基于物质存在的生命超越

地球上所有生物的生命,都是沿着从无机物到有机物的路径演化而来的。生命的出现,即是对其他物质存在超越的结果。天体演化科学已说明,地球大约在46亿年前形成,最初地球上只有无机物,没有生命形态,到了大约47亿年前,地球上才有了生命。

生命的起源经历了两个阶段。

第一个阶段,许多种类的合成物在早期地球上形成,这其中包括多种简单的有机物如氨基酸、嘌呤、嘧啶等。这些分子逐渐在原始海洋里累积,经过漫长的时间,最终使原始海洋的海水变成富含食物的有机物。这时期的主要能源是紫外线、闪电等,此外,电离射线也提供一部分能量。

第二个阶段,能复制自身生命的大分子形成。现代生物学的研究证明,这种大分子主要是核酸,能复制自己的核酸分子因为是含有信息的多聚体,所以大分子的出现和系统的组成意味着生命的起源。经过演化,这些原始生物能接受环境的各种影响,而且保持相对稳定,以后它能随着突变而提高代谢能力,增强自己对环境的适应性。这些原始生物经历漫长的进化过程,逐渐演化成高级的植物,之后出现了低级的动物,再逐渐演化成高级的动物。

(二)人的生命对其他物种生命的超越

人的生命是从其他生命的基础上演化而来的,这就是说,人的生命存在本身是对其他生命的超越。

1. 人的生命对其他生命的超越

达尔文的进化理论认为,自然界中生物的进化是自然选择的结果。自然界中的生物普遍存在着变异现象,并且它们都是能够遗传的,生物个体的繁殖是迅速的,但由于生物之间为了生存而产生了竞争机制,事实上在竞争中取得优势并能存活下来的个体却不多。生物自身有利的变异会对竞争有利,从而获得生存机会。反之,不利的变异会造成个体的死亡。生物进化的目的正是使自身更加适应环境,由于不同的自然或地理条件促使物种发生分化,从而产生了形态构造上的差别,形成不同的新物种和各自的进化路线。

在生物发展史上,进化是一个渐变过程,在这由低等生物向高等生命进化的过程中,人类最初可能起源于共同的祖先——古猿,较早的发祥地则是在果树繁多的非洲热带雨林。英国生物学家达尔文在《人类的由来和性的选择》一书中指出:人类的特征是两足直立行走,因为大脑相对发达,所以超过了其他动物而有了较高的智力。

从遗传进化的角度上说,人类先天就存在着一些缺陷,是一种未完成的、不完善的、不确定的高等动物。慷慨无私的大自然仅仅给了我们适应生存的生命，但这种生命的生存是需要付出代价的。地球上的其他生物靠遗传下来的本能就能生存，而人仅仅依靠遗传下来的自身生命存在无法做到完全适应生存环境。人类的这种未完成性，决定了人类一大特点是在学习、劳动、创造中寻求生存和发展。人类在生物世界中独有的精神世界具有丰富的想象力和创造能力，可以通过自己的积极活动，在意识中创造出那个理想中的人类生命世界并为之努力前行，从而实现自己对其他生命的超越。

2. 人的生活对动物生存的超越

在生物进化的路上，动物生存，而人生活。人的生命活动是对其他生命的生存活动的一种超越。其他生命的那种生存，是纯粹的自然而然的活动，大自然给这种生命以什么样的形体结构，就决定了会以什么样的本能来适应自然并维持生存，这是一种不受意识影响的适应环境以维持其生存的生命活动，一定程度上属于被动的纯粹性的自然生命的反映。而人类就不同了，人的生活是人类有意识地认识和改造自我与世界以及能动地从事物质生产的生命活动，它更多地体现为一种创造性地超越本能的自觉反应。这样的生活方式成为人类特有的生命存在形式，从而使人在对生活意义的不断追寻中，不断超越自身并逐步走向完善。

（三）人的精神世界是人的本质性超越

人的精神世界存在是对生命的本质性超越，也是人对生命意义的本质追求。何谓超越生命？"超越"即"创造"，也可以理解为在这个世界上的"无中生有"。世界本来并没有"精神世界""意义世界"，但是因为有了人对生命的超越，人类在自己的意识中创造了一个精神世界，这个精神世界就成了人类创造的作品。

1. 超越对象的表象

所谓超越对象的表象，是指人能够创造出自己所需要的观念中的对象，也就是说，这个东西当下还不存在，但是，人可以在观念中创造出这个对象来，比如手机、课本、衣服、汽车等，大自然中本来没有，可是我们首先在观念中创造出它们的原型，然后通过自己的实践活动，把它们制造出来，这是超越性的第一个表现。

2. 超越现实的理想

理想不是现实，但是，理想是建立在现实基础上的人的想象，是通过想象和创造，为自己设计出一种未来可能实现的蓝图。理想对于生命个体来说，就是对自己有吸引力的美好蓝图。以理想去关照现实，并以理想的图景勾勒出自己世界的客观图景，这就是人类意识的超越性，是人类以其超越意识所构成的世界。正是因为理想的存在，才使人类永葆自我超越的能力，追求更加美好的未来。

3. 超越生死的信仰

对个人生死的超越，必须借助信仰。人与动物虽然都生活在自然界，但人与动物的不同之处在于，人特别关注并看重对生命的意义追寻。当人意识到生命的生存限度而又无法后退和重复时，为寻求永恒与不朽，就必然把信仰看成超越生死的重要寄托。信仰就是一种超越有限追求无限、超越匮乏追求完满、超越偶然追求确定的具有独特价值的精神活动。通过对超越生死的信仰追求与人的信仰境界的主观确信，人可以实现自己在生命上的意义建构，将自身与宇宙关系进行高度联结，将人从物质需求的物体存在，提升到与宇宙共生的天地境界，领悟到超越尘世与实体生命的精神满足。

第三节　死亡文化与临终关怀

一、死亡及其特征

死亡是人作为个体生命不可回避的事件，是生命的重要组成部分，认识死亡，可以让人觉醒，进而使人活得更加真实。虽然人会因为生理生命的死亡而深感恐惧和焦虑，但是人能从悟透死亡中得到救赎。所以，人们对死亡最好的应对方式是直接面对而不是回避它。死亡如骄阳，虽然直视骄阳会刺眼，但是背过身去，就永远站在自己的阴影之中。大哲学家马丁·海德格尔（Martin Heidegger）将其理解为"死亡所指向的结束意味着的不是此在的到头，而是这一存在者的一种向终结而存在"。这就是人们常说的"向死而生"。

从深层次分析，死亡给人生带来的不仅仅是消极的东西，它自身也具有积极的意义。死亡从外在现象上看，是生命的终结，然而它潜在于人的生命历程之中，伴随人的一生。死亡是人的生命存在形式，时刻都有可能发生。实际上，人的一生都是在趋向死亡的途中，是向死而生的存在。死亡可以彰显生命的意义与价值，因为人们对生的渴望和对死亡的恐惧，正是追求生命意义的最直接表达。

（一）死亡的定义

从词源上分析死亡，中国古代词语中的"死"和"亡"字义接近，但又不完全相同。"死"其是一个较为中性的词汇，常见于口语和书面语；"亡"字则显得正式郑重。"亡"还具有褒贬双重属性：一方面含敬意，如"阵亡""生死存亡"；另一方面则有"逃"之贬义，如"灭亡""亡命徒"等。

死亡在生物学上的解释是生命的终止，是人的身体机能、脏器及所有生命系统的功能永久地、不可逆地丧失。《美国百科全书》的定义是"死亡是生命不可逆的终止"；《医学辞典》认为"死亡是生命的终止，躯体的一切生命力功能的永远终止，基于医学与法律的目的，死亡可以界定为下述功能不可逆的终止——全脑功能、呼吸系统的自然功能、循环系统的自然功能"。

死亡是生命的终止，那么死亡有明确的时间点吗？这就是死亡标准问题。目前国际上坚持医学上的观念，是以脑干死亡的脑死亡标准来确定一个人的死亡。人一旦出现脑死亡现象，就意味着人的生命实质性与功能性的死亡。

1. 生物学意义上的死亡

（1）濒死。濒死即死亡临近时的一种临终状态，表现为人的意识模糊或消失，各种反射减弱或迟钝，血压下降，心跳和呼吸变弱或出现其他机能紊乱等。

(2) 临床死亡。这是指在生物学死亡之前的一个短暂阶段。此时从外表看人体的生命活动已停止，但组织内微弱的代谢过程仍在进行。借助现代复苏措施也可能维护心肺功能，但人完全复苏已不可能。

(3) 生物学死亡。这是指细胞群体死亡，即整个机体各组织细胞的死亡。生物学死亡的外表征象是躯体逐渐变冷，发生尸僵，形成尸斑，死亡已确定，遗体器官已不能进行器官移植。

2. 社会学意义上的死亡

社会学认为，死亡是人类生命意义的消失，即人没有了思想、感觉。由于人的生命可分为生理生命、精神生命和社会生命，决定了人的死亡也要包括这三个方面的死亡内容。

(1) 生理性死亡。从生物学角度看，死亡是生物机体作为一独立生命系统进行活动的终止，蛋白质和生物聚合物等构成生命的物质基础随之分解。死亡的根本原因是遗传机制作用下的代偿能力的丧失。当生物具有较强的自我代谢更新能力时，生命就得以延续。代谢更新能力减弱，生命就趋于老、病、死。当然，除了生物自身遗传因素、环境因素外，各种意外事件的发生，也可能使生命死亡。

人的生理性死亡即所有生命机能的永远停止，主要表现是大脑功能、血液循环系统的自发性运行不可逆转地终止。由于死亡本来就是作为生存的对立面而存在，所以死亡就是生命的终结，就是有机体生命活动和新陈代谢的终止。在医学不发达的时代，人们通过观察临终病人发现，人的心脏一旦停止跳动，大脑死亡，就丧失意识。人的身死会迅速转化成人的心死，而人的心死也会迅速地导致人的身死。这即是说，在传统认识上，人的心脏停跳与大脑死亡是同一过程。

(2) 精神性死亡。精神性死亡，即由自我意识形成的人格生命的终结、结束。意识终止即人的"心"死，处于这种状态的人虽然肉体生命活着，但其思维及思想活动已经停止。一般区分精神死亡与肉体死亡的关键是看个体的精神状态和通过行动表现出来的思维活动是否停止。

人的生命是一种思想性的存在，具有自我意识，担当一定社会角色。就生命的基本定义而言，当一个人不能作为个体而存在，也就是他不具备自我意识时，其有意义的生命已经消失。人没有了思想和感觉，显然就已经死亡。因此，以自我意识的精神作为人格生命是否死亡来定义人的死亡，成为现代社会普遍认同的脑死亡标准。

(3) 社会性死亡。社会性死亡，即作为个体的人在他人意识中消失，指无论当事人是生是死，历史、社会中没有人记得他。这种消失可以源于记忆者本人的生理死亡或精神死亡，也可以因为他人丧失对死者的记忆。基于他人意识的社会性死亡可以发生在当事人生前，也可发生在其身后。假如一个人曾经留下精神性创造的作品或与他人建立起情感联系，他可以超越自身肉体生命而使自己的精神继续存在于精神创造物中，获得来自社会的认知，由此有了自己的社会性生命，这种社会性生命就是自己死后还活在他人的印象和记忆中。

对于大多数普通人而言，社会性生命即是先人的音容笑貌活在后辈人的记忆中。如果该记忆充满温情、美好，那么对于后辈就是无形的珍宝，他们会通过对先人的祭祀、回忆追思活动，将先人的种种嘉言懿行传给后辈。人死后最不幸的结局则是生者因为种种原因而有意识地拒绝对"他"的记忆，这意味着死者的社会生命存在十分有限，甚至是早已不复存在，这即是人的社会生命的死亡。

（二）死亡的特征

对于死亡是什么以及如何给死亡下定义，目前人们在认识上并没有统一。然而，死亡是客观存在的生命现象，决定了对其特征容易形成基本的共识。

1. 死亡的必然性和不可抗拒性

必然性是事物发展、变化中不可避免和坚定不移的趋势。人的生命是有机体新陈代谢的过程，凡是生命都存在着死亡的必然性。尽管人们梦想着长生不老，但生命总有它自然发生、发展、变化的规律。有生就有死，无论社会地位高低，无论学识多少，人最多能在一定程度上延缓死亡，却不能逃脱必然死亡的结局。

死亡是不可抗拒的，它是人类必须担当的宿命。

2. 死亡的偶然性和不可预知性

死亡是必然的，但是"人不知死，车不知翻"，除非人主动选择自杀，每个人以什么方式、在什么时刻、在什么地点死亡却是偶然的，无法做到有准备地预知死亡。一个人或许死于疾病，或许死于自然灾害，或许死于战争，或许死于偶然的交通事故……谁都无法预料将自己在什么时候遇到什么危机事件并生命丧失。

死亡的偶然性提示人们，人的生命具有脆弱性的一面。

3. 死亡的社会性和不可替代性

死亡本身是个人的行为，是最为"本我"的私事，任何人都不可以替代自己。但是人的本质是社会关系的存在，人之生死，事关重大，一个人的死亡会对他人、家庭甚至族群产生重要影响。这其中的自我与他人、个体与族群、暂时与永恒、现实关切与终极关怀等，无不使死者与生者之间发生直接或间接的联系。

死亡的社会性昭示，人的生与死都与当时的社会有关。

二、死亡的文化观念

死亡的文化观念，即是人类对将死亡的本质、过程、意义和价值等所产生的根本看法和基本观点。

死亡观是人生观在死亡问题上的重要体现。人只有深刻地理解了死亡，才可能有真正的死亡观和人生观，才会有正确的人生观和价值观。事实上，许多人都是在经历生死事件之后才看透人生、明确人生价值观的。文化学者梁启超曾就死亡的重要性指出：人如何生活，即如何看待死蕴含着如何看待生，论死实则论生，死亡观会深刻地影响人们在生活中采取怎样的行动。

（一）中国传统文化中的死亡观念

中国传统文化中占统治地位的儒释道文化，都对生死的本质、价值和超越死亡等问题都提出过自己的主张。

儒家主张以理性的、伦理的思想来对待死亡，认为死亡是宇宙化的产物，是不可否认的经验事实和个人不可躲避的必然归宿。儒家的代表人物之一荀子就说过:"生,人之始也;死,人之终也;终始俱善,人道毕矣。故君子敬始而慎终,终始如一,是君子之道,礼义之文也。"(《荀子·礼论》)。儒家认为人死其名不亡,即是指人的生理生命死了,但人的社会生命还没有死,还会起激励人心的作用。

道家的死亡基本观点是人有生必有死,为此人应具有"不悦生、不恶死"的顺化自然的思想认识。道家的重要代表人物庄子就说过:"死生,命也;其有夜旦之常,天也;人之所不得与,皆物之情也。"(《庄子·大宗师》)。在道家看来,人的生、死本无不同,"物方生方死,方死方生"。新生的同时也死亡着,死亡的同时也有新生。所以人应生死超然,做到自然无为。如王弼注解《老子·五十章》云:"取其生道,全生之极,十分有三耳;取死之道,全死之极,亦十分有三耳。……善摄生者,无以生为生,故无死地也。"意思是,人若特别看重养生,反而不得全生,陷入无生之地。因此,善于保养生命的人并不将养生看得过重。

释家的死亡思想意识是把人的生、老、病、死过程看作一个苦海,人若沉溺其中,既无乐趣可言,也无任何意义。然而人可以生死轮回,人并不是只有一生的,而是有无数循环之"生"的,所以人可以"了生死,重来生"。

(二)西方文化中的死亡观念

西方社会的死亡文化观念曾在不同的历史时期有不同的认识,如古代社会对"死亡的诧异"、中世纪时对"死亡的渴望"、近代社会对"死亡的漠视"和现代社会"直面死亡的理性"。

古代西方社会,处于原始生活状态的人们受当时生存环境的制约,其死亡意识是建构在普遍性基础上的一种否定个性的死亡观。古希腊时期的赫拉克利特认为,人的生和死、醒与梦、少与老其实都始终是同一的东西。同一时期的哲学家泰勒斯也同样是视死如生,对此有人反驳他:那你现在为什么不死?泰勒斯回答:正因为是一样的。活着,也死着。故而,哲人不畏死,不自杀,顺其自然,活着就充分地活着。古代的宗教认为,人的生命是有灵魂的,人死后灵魂不朽。有些哲学家也信奉这种观念,如柏拉图就提出了具有时代影响力的"死亡是灵魂从身体的开释"的观点。

欧洲在中世纪时,基督教神学占据着社会意识形态的统治地位并具有"无上的权威"。宗教教义告诫人们,原罪的产生使其死有必然,由此,人们要想摆脱死亡的普遍性,就必须信仰上帝。

近代社会,特别是经历文艺复兴运动以后,西方世界的人文思想开始把人们追求天国的生活欲望拉回到人间。"因为我是个凡人,所以我只要凡人的幸福"的生活理念开始占据上风,此时人们不再用神的眼光而开始用人的眼光来看待死亡,由此出现了个人主义和享乐主义的潮流。同时,一些具有时代先行特征的思想家也提出了用人类理性重新审视生死问题的观念。诸如大哲学家黑格尔就十分重视用辩证法观点来看待人的生死问题,提出"生命是意识之自然的肯定,死亡是意识之自然的否定"的肯定否定辩证统一关系理论。

现代西方社会中的主流文化思想是坚持存在主义的哲学观,反对漠视或回避死亡的消极态度,强调人的死亡普遍性和终极性就是生死共在、死在生中。倡导人应当直面死亡,甚至肯定死亡的个体性对存在的价值和意义,如权力意志主义者叔本华就认为,作为生命个体必然有生有灭,但死亡"并不触犯生命意志",就人类而言,人的生命意志永远不灭。这样,个体的有死性和人类的不死性就实现了统一。精神分析学派的灵魂人物弗洛伊德认为:"我们当然有着思想准备,把死亡看作生命的必然归宿,从而同意这样的说法:每个人都欠大自然一笔账,人人都得还清账——死亡是自然的、不可否认的、无法避免的。"大哲学家海德格尔更是提出人应当直面死亡:"我们要向死而生,只有这样,才能更好地了解世界和活着。"

(三) 现代人的死亡焦虑

现代人生活在科学技术发展日新月异的环境中,享受着科技进步所带来的诸多好处,同时也不得不在一定程度上被科技所异化,从而使个体的生活、生命甚至死亡问题都陷入存在性危机中,处于与自然、社会、上帝、自身疏离的基于死亡恐惧的困境、焦虑之中。

1. 指向死亡的焦虑

死亡焦虑是人类面临死亡威胁,启动防御机制时所产生的一种有意识或无意识的心理状态。同害怕疼痛、毁灭和身体的残缺一样,个体存在着对未知的焦虑,对自我灭绝的恐惧,害怕自己在走向死亡的过程中功能丧失、不得不依靠他人,无法忍受病痛的折磨,此外还有着对孤独的焦虑、对失去深爱着的亲人的焦虑等。

就死亡所引起的焦虑而言,这其实是人对死亡的认知存在困顿所致。面对死亡的思考,本就是人的一种主观体验,因为死亡有其不可证实的一面,人不能通过自身的实践来感受死亡,所以在想象的作用下,对这种无法求证的不确定性产生了恐惧与焦虑。

死亡焦虑由三个直接因素决定。

第一,过去的遗憾,即个体意识尚未达到实现自己最基本的渴望时的情绪反应,其实质是由人的"应该自我"与"现实自我"的差异所引发的心理感受和体验。

第二,将来的遗憾,即个体为自己设定了要在将来完成的目标、计划和任务,却又发现自己在有生之年无法达成时的情绪反应,其实质是由人的"理想自我"与"现实自我"之间的冲突所决定的。

第三,死亡的意义性,即个体对死亡的概念化理解,是在自我认知与世界观的观念上所引发的人对死后世界的不确定性的焦虑。死亡事件是积极的还是消极的?死亡是否就是人生意义的毁灭?人死后是否有来生?

死亡本是生命中唯一确定的事件,所有的生命有机体都难逃一死。然而,只有具有自我意识的人类能意识到死亡的必然性,因而也只有人类充满了对死后未知世界的焦虑。

2. 指向死亡的恐惧

人们对死亡的理解与焦虑有各种各样的感受,对死亡现象所引起的心理反应也具有复杂性。总体而言,人们对死亡最具常态的反应是恐惧,如死者死时亲人痛不欲生的号啕大哭以及悲伤严肃沉闷的葬礼。

(1) 社会文化中死亡恐惧的主要表现。

第一,人们对死亡问题的有意回避。例如,因为讳言死,人们创造出几百个代名词来表达死的意思,而且讳言与死亡事件发生联系的一切事物和现象。

第二,对死亡现象的恐怖描述。例如,死亡在文学作品中始终和恐惧、悲伤、痛苦和不幸相关，历史上戏剧作品所有的悲剧构成，也都与死亡有联系。

第三，因为恐惧死亡，人们用虚幻的想象创立了神灵、鬼魂，并对之顶礼膜拜。而且因为对鬼魂的防范和对神灵的敬重，人们创造了各种神灵文化与殡葬仪式。

第四，人类自古以来就有对永生和长寿的渴望。不同文化背景和不同信仰的人，往往以种种不同的方式来追求生命的永恒。不管是占卜还是求仙，是炼丹还是拜佛，都在追求生命的永恒而努力，当永生被科学证实成为不可能时，延长寿命又成了孜孜以求的目标和生活的动力。

（2）现代人死亡恐惧的表现。

第一，死亡想象的孤独感。死亡本质上是孤独的经历，因为死亡是纯粹个体的事件，只能由个体自我承担而无法逃避，意味着自己是生命路上的孤独行者。当人在想象中意识到自己将要独自面对死后的未知世界时，必然会产生一种无助感，尤其是他人身上发生的死亡事件，会激发强烈的压力，这种抽象的孤独感在实际生活中一旦被具体化，就会产生沉重的主观体验。

第二，对死亡想象的损失感。人的死亡孤独感从何而来？其实不是死人自身产生的，因为死亡会剥夺自我所珍视的所有，如与亲友的情感，如一生辛苦所积累下来的财富，如自己成就的辉煌事业，如达成心愿的可能性，如往日一直拥有的安宁等。死亡剥夺人的一切，无论善行，还是劣迹，死后都烟消云散。而生者却不是这样的，死亡所带来的损失及损失感导致活着的人感到自己陷入孤立无所依的境地，从而丧失对生活、生存的意义感。

对死亡的恐惧心理与死亡焦虑心理在当代社会具有普遍性，应当承认这种文化心理的形成是客观和外部世界作用于人的心理所产生的必然现象。然而从另一角度说，由于人的生存境遇不同，自然也会对死亡现象的心理意识有所不同，死亡焦虑和死亡恐惧对人的生存意志的影响也会有所不同。正如爱拉斯摩斯在他的《对话集》里说过的那样："上帝使母亲生育成为一种痛苦和危险的事，这样，母亲才能更热爱自己的子女，上帝使一切人都恐惧死亡，这样才避免人们全去自杀。直到今天，我们还看到这么多人自暴自弃，假使死亡不是令人恐惧的话，那将要发生什么事情啊，每当仆人或者幼小的孩子受到鞭挞，每当妻子和丈夫吵嘴，每当某个人丢失了钱，或者发生了什么令他心神不安的事情，弄得不好，他们离绞索、刀、河流、悬崖、毒药就近在咫尺了。按照现在的情况，这死亡的痛苦使得生命对我们来说更加宝贵。"①

三、理解死亡的价值

死亡具有消极性，但也不是没有积极意义，因此，应当理解死亡存在的价值。

1. 死亡是生物进化的需要

生命科学的理论已经证实，生物从单细胞进化到多细胞，由低等生物进化到高等生物的过程中，自始至终伴随着死亡现象，死亡的直接意义就在于为生物进化过程的自然选择提供了不可缺少的条件。

---

① [美] D·J·恩莱特. 人的末日 [M]. 华进，石香，钟鸣，选译. 上海：上海文化出版社，1988.

达尔文的生物进化论表明，生物的进化是生物自然选择的结果。所谓自然选择，是指每一个物种在世代更替的过程中，都既有遗传性，又有变异性，生物体在生存斗争中，那些对生物体生存和发展有利变异的个体容易得以生存并且将优势基因传给后代。这种自然选择的过程，既体现在那些不适应生存条件物种的淘汰上，也体现在一种动物后代对先代的淘汰上。通过生物的自然选择现象可以看到死亡的作用，可以说没有死亡，就没有选择，生物界就会优劣并存，无法进化。死亡把没有希望的有机体推给了大自然，而允许更可能成功的基因组合留下来，所以死亡是大自然实现生命演进的一种方法，它用筛选的方式确立了生物界中的每一个物种。

2. 死亡促使个人反观人生存在的价值意义

人的生命是生死相依的存在，死亡会使生命个体觉察到自身生存的有限性，意识到生命的短暂、脆弱、渺小，才有了紧迫感、危机感，从而不断努力奋斗。"人生事实上就是一个不断设想、不断实现的过程。而死亡作为人生最后一个阶段，是人生过程中必然要经历的大事，我们在对自己的人生进行规划和设想时必须把死亡考虑进来。如果不把死亡考虑进来，不由死亡来反观人生，那我们对人生的设想和思考就是不完整的，就没办法看到人生的真相，就没办法发现人生中真正重要的、最值得我们去追求的是什么，不明白我们人生最后的目的何在，那样的人生理想就不可避免地会带有盲目的性质。"①

人应"向死而生"，在最平凡的日子里时常思索死亡问题，把死亡看成一个看不见的，但又是友好的人生旅程的伴侣，就能在有限的生命中珍惜身边的一切，在浓厚的死亡意识中凸显出人生创造的重要性与迫切性，由此把死的必至性转化成细心规划自己人生的资源和促进人生发展的强大动力，在有限的人生中创造更高的成就，这样的生命才更有意义。

3. 死亡激发了生命选择的价值

死亡还可能使人们进行价值选择。对人来说，世界上的许多东西是有意义、有价值的。但是一个人不可能完全得到所有东西，只能选择对个人而言最重要的、最希望拥有的东西，这就需要进行价值取舍。苹果电脑创造者史蒂夫·乔布斯（Steven Paul Jobs）在斯坦福大学演讲时曾将自己的体会告诉学生："自我能够做出人生重大抉择的最主要办法，就是记住生命随时都可能结束……没有人愿意死去，即便是那些想上天堂的人，也不想通过死到达天堂。然而，我们每个人都会面对死亡，没人能够逃避，而且生命就应该如此。因为死亡就是生命最好的发明。"

对个人来说，到生命要终结的时候，思考自己对价值的抉择是对还是错，就会出现两种情形，如果一个人的选择是对的，他就会感觉满意，如果发现自己的选择是错误的，就会觉得遗憾，甚至后悔。这就是说，正因为死亡的存在，才使我们考虑人生成功与失败的比较价值。人生的成功，可以做到自我谋生，自食其力，自己养活自己，再大一点的成功，是通过自己的努力和劳动创造的价值养活自己的家人，对他人、对社会做出贡献，从而实现自己的人生规划，获得了理想的自我实现的人生。

---

① 郑晓江，钮则诚. 解读死亡 [M]. 北京：社会科学文献出版社，2005.

四、生命历程的临终关怀

死亡是生命无法逃避的,人人都要面对死亡的人生关卡。临终即是生命即将走到尽头的生与死转换时间。在人的生命驻留的最后一段时光里,对罹患不治之症,而且已经面临死亡威胁的临终病患来说,其内心所生成的痛苦远比肉体的痛苦来得更为强烈,此时病患最需要的,莫过于医护人员的慰藉与疗护、亲属的陪伴与照顾。因为这种需要,以对临终病人照料为中心的临终关怀行动与临终关怀组织应运而生。

(一) 临终关怀释义

临终关怀又称"和缓医疗""安宁疗护""姑息疗法",含义基本相同。世界卫生组织对其所下的定义是:"对治愈性治疗已无反应及利益的末期病患之整体积极照顾。此时给予病人疼痛控制及其他症状的缓解,更重要的是,再加以心理、社会及灵性层面之照顾。"

临终关怀是由社会各层次(医护专业人员、社会工作者和志愿者、政府和慈善团体人士等)组成团队,为癌症等晚期病人及其家属所提供的生理、心理和社会的全面支持与照顾。它是通过对患者实施整体护理,用科学的心理关怀方法、高超精湛的临床护理手段以及姑息、支持疗法,最大限度地帮助患者减轻躯体和精神上的痛苦,提高生命质量,使之平静地走完生命的最后阶段的一种社会医疗卫生保健项目,也是以临终病人的生活、心理特征和临终照护的实践规律为研究对象的新兴交叉学科,其所形成的临终关怀学,与护理学、医学、心理学、伦理学、社会学、生死学等学科联系紧密。

世界第一家临终关怀的倡导者和奠基人西塞莉·桑德斯(Cicely Saunders)博士于1918年生于伦敦,在其做护理工作期间,对医院中的临终病人未能得到充分照顾而深感内疚。20世纪60年代,她年轻的恋人不幸患晚期癌症。临终前,将仅剩的500英镑全部留给了她,希望她将来能用这笔钱建设一座临终关怀医院。

桑德斯后来不懈努力,四处奔走募集资金,1967年,终于在英国伦敦城郊外成立了世界上第一个临终关怀机构——圣·克里斯多弗临终关怀院(ST. Christopher's Hospice)。这家临终关怀院以其优良的服务、完善的设施,成为整个英国乃至全世界临终关怀组织学习的典范。对世界各国开展临终关怀运动和研究死亡医学产生了重大影响。

如今,临终关怀在实践中呈现出高度的立体化和社会化,遍及全球70多个国家和地区,造福了无数患者和家庭。2004年,英国首先提出每年10月的第一个周六,为"世界临终关怀与舒缓治疗日",这一号召得到世界各国的响应。这一天属于世界上所有关心和参与临终关怀与舒缓治疗的人,包括那些临终者、卫生健康工作者、志愿者或支持者。

(资料来源:王文科. 走进生命伦理 [M]. 北京:人民出版社,2008.)

(二) 临终关怀的内容

世界卫生组织早就提出临终关怀是全世界范围内的急迫需求,建议各国政府把临终关怀作为国家卫生政策的重要组成部分,并且强调享有临终关怀是联合国特别重视的一项重要的人权。为此,世界卫生组织提出了临终关怀的工作内容和标准。

1. 世界卫生组织提出的临终关怀标准①

(1) 肯定生命，认同死亡是一种自然的过程。

(2) 并不加速和延长死亡。

(3) 尽可能减轻痛苦及其他身体不适症状。

(4) 支持病人，确保其在死亡前能有最好的生活质量。

(5) 结合心理、社会及灵性照顾。

(6) 支持病人家属，使他们在亲人的疾病期及病人去世后的悲伤期中能做适当的调整。

2. 临终关怀的"四全照顾"

临终关怀不仅是帮助临死者平静地走向死亡，维护其尊严，减轻其痛苦，还包括适当照顾临终者家属的情绪，安抚其丧亲之痛，辅导其进行自我疗伤和护理。对此，大致可以总结为"四全照顾"。

(1) 全人照顾，即关怀临终者各方面的需求。如在身体关怀上，通过医护人员及家属之照顾减轻病痛，再配合天然健康饮食提升身体能量；在心理关怀上，通过理念的建立减轻恐惧、不安、焦虑、埋怨、牵挂等心理，令其安心、宽心。

(2) 全家照顾，即为临死者的亲属提供相应的情感咨询和哀伤辅导。包括动员病患家属所有的成员对其轮流陪伴或照顾病患，使病患不致萌生被冷落感，或埋怨子孙不孝。

(3) 全队照顾，即临终关怀的服务主体是由专业人士（包括医护人员、心理咨询人员）和自愿性的社会服务人士所组成的医疗团队，由他们对临终病患者施以疗护与照顾。

(4) 全程照顾，即对死者的关怀是从其临死之前直至其去世后的整个过程。包括审慎地决定是否将病情的发展程度告知癌症病人、给临终病人诀别的时间、认真实施临终护理技术操作流程、做好必要的清洁护理、慎重选择抢救措施和宣告死亡、做好擦洗清洁遗体、给死者穿衣等遗体安置事宜。

(三) 临终关怀的意义

1. 社会文明发展到一定阶段的社会需要

临终关怀主要是对无救治希望、存活期限不超过 6 个月的临终患者提供特殊的缓和医疗服务，其中也包括对临终者家属提供身心慰藉和支持。这样，使那些无力回天的病患不必依赖医疗技术和大量财力被动地延续生命，而可以凭借基础治疗缓解身体不适，按照自我意愿度过剩余时光。而临终关怀作为一门学科，以临终病人的生理和心理特征以及相关的医学护理等问题为研究对象，蕴含了强烈的人文关怀和独特的社会文明，体现了充满人性的社会尊重死亡、敬畏生命的态度。

2. 现代社会对工具理性和现代性反思的产物

临终关怀迎合人类追求高生命质量的客观需要，打破了以医生为主导的治疗模式，它将患者的意愿放到首要地位。这就在实际上克服了传统上两大习惯认知：一是传统的西医

---

① 世界卫生组织临终关怀的 6 条标准 [N]. 新民晚报，2014-04-24.

理念，这种理念主要是治病救人，以延续生命为最高目标而忽视临终者的生命质量；二是中国传统的孝道文化，这种文化将亲人决定放弃创伤性治疗等同于放弃亲人生命，认为这是不孝的行为，结果是宁要临终者痛苦而死，也不顾其意愿进行"孝心"救治。

临终关怀表明人们开始将对死亡的认识回归到死亡属于本有的自然属性层次上。临终关怀强调人的生命是身心统一的整体，由此，患者的精神层面理应受到重视，这就扭转了现代医学的生命认知，将临终者从无望的机械性救治中解放出来，赋予其支配生命的自由，像迎接新生命、翻开人生历程的第一页一样，送走、合上人生历程的最后一页，给人的生命画上一个完美的句号，让家属在病人死亡后没有留下任何遗憾和阴影。这就是临终关怀为了让患者活得有尊严并能舒适走向死亡而开展的一项公共卫生事业。

有了临终关怀，人的生命最后一程就有了依托，临终关怀也因此成了人克服生命孤独的良药。

3. 节约医疗资源的重要途径

面对临终病人，许多病人家属明知是为临终者做无望的努力，但是碍于世俗，不惜一切代价进行抢救，也不顾及临终者中止治疗的意愿，往往最后倾尽所有，还是人财两空，而且病人在生命的终点还要饱受痛苦的煎熬，不能得到最后的满足。与此相比，临终关怀不侧重于对病人做无意义的生命抢救，而是对其提供缓解性、支持性的安宁照护，这样既能够帮助病患及家人减轻压力，还可以为社会节约医疗资源。

死亡是生命无可避免的事实，而且可能会毫无预警地降临，但有两件事是可以确定的：第一，人总有一天会死；第二，人不知何时或如何死。正因为如此，人们应当探索生命的真相和为应对死亡做必要的准备。

临终关怀重视生命、心灵的关怀与照护，使临终者在面对死亡的过程中能获得更多具有生命质量的善终服务，这是现代文明社会的体现。在现代文明环境中成长的大学生在未来的路上，参与临终关怀的行动，可以进一步帮助自己理解死亡文明对人生成长的重要意义。人作为生命存在物，必然是有生便有死，死亡和出生一样是生命新陈代谢的自然规律，是人所不可违背的生命存在和每个人都要经历的事实。正是因为死亡，才能反衬出生命价值的可贵，才赋予人生以意义。所以，活在当下的人要学会感恩生命和生活的美好，珍惜每一个生命存在。

资料库

心灵游戏：生命线

毕淑敏，国家一级作家、内科主治医师、注册心理咨询师。她创设了心灵游戏：生命线。

生命线的具体画法可以用这样的语言来描述。

拿出一点点时间，回想一下你的过去、现在，想想你设想中的未来。

好了，接下来开始我们的心灵游戏——生命线。这个游戏就是画出你的人生路线图。

请备好一张洁白的纸、一支鲜艳的笔和一支暗淡的笔（比如一支红笔和一支蓝笔），用颜色区分心情。

把纸横放好，然后从中部画一条长长的横线，加上个箭头在末端。在原点处标上 0，在箭头处标上你为自己预计的寿数。然后在白纸的顶端写上×××的生命线。这条线标示了你一生的时限，是你脚步的蓝图，如图 10-1 所示。

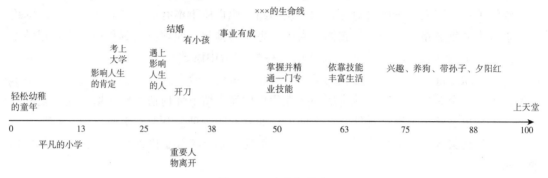

图 10-1　生命线游戏

现在请根据你规划的生命长度，找到你目前所在的那个点，标出来。比如说你现在 18 岁，就标出 18 岁的那个点。在这点的左边，代表着过去的岁月，右边则代表着未来。把过去对你有着重大影响的事件用笔标出来。比如你 7 岁上学了，就找到和 7 岁对应的位置，填写上学这件事。注意，如果你觉得是快乐的事，你就用鲜艳的笔来写，并要写在生命线的上方。如果你觉得快乐非凡，你就把这件事的位置写得更高些。例如，17 岁高考失利，你痛苦无比，就继续在生命线的相应下方很深的陷落处留下记载。依此操作，你就用不同颜色的笔和不同位置的高低，记录了自己在今天之前的生命历程。

人生最大的成就在于不断重建自己，使自己知道如何生活。然后我们来到未来，把你一生想干的事，都标出来，并尽量把时间注明。视它们带给你的快乐和期待的程度，标在不同的高度。当然，也请把一些可能遇到的困难用黑笔大致勾勒出来。这样我们的生命线才称得上完整。

看看是线上面的事件多，还是线下面的事件多？如果大部分都是在线以下的，是否可以考虑调整一下自己看世界的眼光？

当把生命线画完后，请把注意力集中在此时此刻。以前的事已经发生，哪怕是再可怕的事，也已经过去。你不可改变它，能够改变的是我们看待它的角度。一个人的成熟度，在于这个人治愈自己创伤的程度。过去是重要的，但它再重要，也没有你的此刻重要。

好好规划你的未来，让它合理而现实，然后根据期限去实现它。请好好保管你的蓝图，时常看看。生命线不是掌握在别人手里，它只有一个主人，就是你自己。无论你的生命线是长是短，每一笔都是由你来涂画的。

（资料来源：毕淑敏. 心灵·游戏［M］. 北京：十月文艺出版社，2014.）

思考与讨论

1. "生前预嘱"：生命尽头的选择与尊严

生前预嘱，是指人们事先，也就是在健康或意识清楚时签署的，说明在不可治愈的伤病末期或临终时要或不要哪种医疗护理的指示性文件。

早在1976年8月，美国加利福尼亚州就率先通过了"自然死亡法案（Natural Death Act）"，允许不使用生命保障系统来延长不可治愈患者的临终过程，也就是允许患者依照自己的意愿自然死亡。此后20年间，"生前预嘱"和"自然死亡法案"扩展到几乎全美及加拿大。成为几十万人参与的一项运动。

"生前预嘱"必须至少有两位成人签署见证，他们不能是患者的亲属和配偶，也不能是患者的遗产继承人或直接负担患者医疗费用的人。这样，医生根据病人的"生前预嘱"，不使用或停止使用生命保障系统，被认为是得到了病人"授权"，对病人的死亡不再负有法律责任。病人"授权"医生不使用或停止使用生命保障系统而死亡，也不再被视为自杀，并且不影响家属领取保险赔偿。

美国"生前预嘱"中的"五个愿望"是一份表格化文件，由于通俗易懂，填写方便，比其他"生前预嘱"文本都好用。当事人对列出的内容进行选择，既可以说明自己不要什么，如临终时的心肺复苏术、气管插管；也可以说明自己要什么，如充分止痛、舒适等。除此之外，还列出个人是否希望：第一，嘴唇和口腔一直保持湿润，定期温水沐浴，所有时间里身体都保持洁净无气味；第二，得到个人护理，如修胡须、剪指甲、理发和刷牙，直到它们会引起疼痛和其他不适；第三，尽可能有人陪伴，当死亡来临时有人和我在一起；第四，有喜欢的图片可以看见；第五，如果不能控制肠道或者膀胱功能，仍然希望我的床要保持干净，如果它被污染了要尽可能快速更换。

许多美国人认为，"五个愿望"里列出的内容，完全改变了他们对死亡的想象，改变了他们原有谈论死亡的内容和方式。事先对自己履行的最后责任，不仅让他们对死亡不再那么恐惧，让最后的日子不再那么沉重，甚至改变了他们对生命的看法。想到在最后日子里得到的爱与关怀，在生命归途中个人意愿能被充分尊重，他们的坦然和平静油然而生。这种对生命的感激之情甚至能影响到他们的亲人，从而使那些最爱他们的人更能面对他们的死亡。

在我国，由罗点点发动和建设起来的"选择与尊严"公益网站已经为中国人推出"我的五个愿望"的生前预嘱文本。自2013年6月10日起，公民可以登录"选择与尊严"网站，自愿填写"生前预嘱"，并随时修改或者撤销。

问题讨论：

1. "生前预嘱"与"遗嘱""安乐死"有区别吗？它们之间有什么的关系？
2. 你认为开展"生前预嘱"运动对中国人的生死文化产生的影响和积极作用，有哪些？
3. 请说出你到目前为止经历过哪些和死亡相关的事件，这些经历对现在的你有什么影响？

2. 《入殓师》

影片《入殓师》根据日本作家青木新门的小说《纳棺夫日记》改编而成。

由于乐队解散，大提琴手小林大悟就此失业。他和妻子美香一起离开东京回到了老家山形县。然而即使在山形县，没有实用一技之长的大悟还是很难找到工作。"年龄不限，高薪保证，实际劳动时间极短。诚聘旅程助理。"一张条件惹眼的招聘广告吸引了大悟。

当他拿着广告兴冲冲跑到 NK 事务所应征时却得知——"啊，那个是误导，我们要找人给去那个世界的人当助理。"事务所老板佐佐木向大悟说明了工作性质，"旅程助理"其实就是入殓师，负责将遗体放入棺木并为之化妆。大悟踌躇良久，还是接受了这份工作。他含糊其辞地对美香说自己当的是婚葬仪式助理，让她误以为是婚礼助理。人妖青年、舍下幼女去世的母亲、带着无数吻痕寿终正寝的老爷爷……在各式各样的死别中，大悟渐渐喜欢上入殓师这份工作。然而美香知道真相后，和他吵了起来。

该片曾获第 32 届加拿大蒙特利尔国际电影节最佳影片大奖、第 81 届奥斯卡金像奖最佳外语片奖等奖项。

问题讨论：

观看电影《入殓师》，结合观看体验，从维护死者尊严的角度讨论如何理解入殓师这一职业。

建议阅读书目

1. 郭庆藩. 庄子集释 [M]. 北京：中华书局，2013.
2. 余华. 活着 [M]. 北京：作家出版社，2012.
3. [法] 西蒙娜·波伏娃. 人总是要死的 [M]. 马振骋，译. 北京：外国文学出版社，2015.
4. [德] 马丁·海德格尔. 存在与时间 [M]. 王庆节、陈嘉映，译. 北京：生活·读书·新知三联书店，2006.
5. [美] 弗兰克尔. 活出生命的意义 [M]. 吕娜，译. 北京：华夏出版社，2010.

问题与作业

1. 假如只剩下一年的生命，你会如何安排？
2. 如何看待安乐死、代孕、器官移植等生命问题？
3. 健康、快乐、爱，请根据你心目中它们对生命的重要程度，从大到小依次排序，并试论理由。

主要参考文献

[1] 黄希庭. 当代中国大学生心理特点与教育[M]. 上海：上海教育出版社，2001.
[2] 黄希庭，郑涌. 大学生心理健康教育[M]. 上海：华东师范大学出版社，2009.
[3] 肖川，王凌云. 大学生生命教育[M]. 北京：人民出版社，2011.
[4] 路杨. 当代大学生生命教育[M]. 武汉：武汉大学出版社，2014.
[5] 李银河. 中国女性的感情与性[M]. 北京：今日中国出版社，1998.
[6] [美]马尔库塞. 爱欲与文明[M]. 上海：上海译文出版社，1987.
[7] [美]海斯. 危险的性：女性邪恶的神话[M]. 孙爱华，唐文鸿，译. 上海：上海人民出版社，1989.
[8] [英]哈夫洛克·霭理士. 性心理学[M]. 李光荣，译. 重庆：重庆出版社，2006.
[9] [美]弗兰克尔（Frankl）活出生命的意义[M]. 吕娜，译. 北京：华夏出版社，2010.
[10] [美]马丁·塞利格曼. 持续的幸福[M]. 严雪莉，译. 杭州：浙江人民出版社，2012.
[11] 蔺桂瑞，杨芷英. 大学生心理健康与人生发展[M]. 北京：高等教育出版社，2010.
[12] 马建青. 大学生心理健康教育教程[M]. 杭州：浙江大学出版社，2015.
[13] [美]L·A·珀文. 人格科学[M]. 周榕，译. 上海：华东师范大学出版社，2001.
[14] 汪丽华，何仁富. 大学生心理健康与生命教育[M]. 北京：北京师范大学出版社，2014.
[15] 何仁富，汪丽华. 生命教育的思与行[M]. 北京：现代教育出版社，2016.
[16] 何仁富，肖国飞，汪丽华. 大学生命教育的理论与实践[M]. 北京：中国广播电视出版社，2012.
[17] 王文科. 大学生生命教育概论[M]. 广州：广东高等教育出版社，2013.
[18] 王文科. 直面人的最后时刻[M]. 哈尔滨：黑龙江人民出版社，2001.
[19] 王文科. 走进生命伦理[M]. 北京：人民出版社，2008.
[20] 欧巧云. 当代大学生生命教育研究[M]. 北京：知识产权出版社，2009.
[21] 彭聃龄. 普通心理学[M]. 北京：北京师范大学出版社，2004.
[22] 胡玉明，王丽. 当代大学生健康教育教程[M]. 北京：北京师范大学出版

社，2010．

[23] 李伟兰，张玉亚．大学生心理与生理健康教育［M］．北京：中国政法大学出版社，2016．

[24] 王健．大学生生命教育导论［M］．合肥：安徽大学出版社，2016．

[25] 李芳．大学生生命观教育研究［M］．北京：光明日报出版社，2013．

[26] 栗庆山，高春梅．大学生健康教育［M］．北京：国防工业出版社，2008．

[27] 宋兴川．生命教育［M］．厦门：厦门大学出版社，2016．

[28] 樊富珉，费俊峰．青年心理健康十五讲［M］．北京：北京大学出版社，2006．

[29] 马伟娜．大学生心理健康八讲［M］．上海：华东师范大学出版社，2015．

[30] 韩延明．大学生心理健康教育［M］．上海：华东师范大学出版社，2007．

[31] 欧阳辉，闫华，林征．大学生心理健康应用教程［M］．沈阳：辽宁教育出版社，2010．

[32] ［美］马丁·塞利格曼．真实的幸福［M］．沈阳：万卷出版公司，2010．

[33] ［美］泰勒·本·沙哈尔．幸福的方法［M］．北京：中信出版社，2013．

[34] ［美］索尼娅·柳博米尔斯基．幸福有方法［M］．北京：中信出版社，2014．

[35] 周国平．幸福的哲学［M］．武汉：长江文艺出版社，2014．

[36] 郑晓江．生命教育［M］．北京：开明出版社，2016．

[37] 郑晓江，钮则诚．解读生死［M］．北京：社会科学文献出版社，2005．

[38] 刘慧．生命德育论［M］．北京：人民教育出版社，2005．

[39] 汪向东，王希林，马弘，等．心理卫生评定量表手册［M］．北京：中国心理卫生杂志社，1999．

[40] 张旭东，车文博．挫折应对与大学生心理健康［M］．北京：科学出版社，2005．

[41] 朱俊林．当代生命价值观教育研究［M］．长沙：岳麓书社，2016．

[42] 罗崇敏．生命 生存 生活［M］．昆明：云南人民出版社，2009．

[43] 戴景平，张玉荣．大学生生命教育引论［M］．上海：复旦大学出版社，2017．

[44] 胡宜安．现代生死学导论［M］．广州：广东省高等教育出版社，2009．

[45] 管桦，若木．生命开关［M］．北京：当代世界出版社，2007．

[46] 陈秋燕．大学生心理健康教育［M］．北京：北京师范大学出版集团，2015．

[47] 李中国，李树军．心理健康教育与心理调适［M］．北京：北京师范大学出版集团，2016．

[48] 高寒竹．人生学［M］．哈尔滨：黑龙江人民出版社，1988．

[49] 陆晓娅．影像中的生死课［M］．北京：北京师范大学出版社，2016．

[50] 方东美．中国人生哲学［M］．北京：中华书局，2012．

[51] 韩立新．环境价值论［M］．昆明：云南人民出版社，2005．

[52] ［法］埃米尔·迪尔凯姆．自杀论［M］．冯韵文，译．北京：商务印书馆，1996．

[53] 李向平．死亡与超越［M］．上海：上海文化出版社，1997．

[54] 吴兴勇．论死生［M］．武汉：湖北人民出版社，2006．

[55] 陈蕃，李伟长．临终关怀与安乐死曝光［M］．北京：中国工人出版社，2004．

[56] 肖永春. 幸福心理学［M］. 上海：复旦大学出版社，2016.
[57] 马骁. 健康教育学［M］. 北京：人民卫生出版社，2012.
[58] 赵淑英. 社区健康教育与健康促进学［M］. 北京：北京大学医学出版社，2011.
[59] 那力，何志鹏，王彦志. WTO 与公共健康［M］. 北京：清华大学出版社，2005.
[60] ［美］雷蒙德·埃居，［美］约翰·兰德尔·格罗夫斯. 卫生保健伦理学：临床实践指南［M］. 应向华，译. 北京：北京大学医学出版社，2005.
[61] OECD 教育研究与创新中心. 教育：促进健康，凝聚社会［M］. 范国睿，译. 上海：华东师范大学出版社，2016.
[62] ［古希腊］亚里士多德. 尼各马可伦理学［M］. 廖申白，译. 北京：商务印书馆，2003.
[63] ［英］亚当·斯密. 道德情操论［M］. 蒋自强，钦北愚，朱钟棣，译. 北京：商务印书馆，1972.
[64] ［美］彼彻姆. 哲学的伦理学［M］. 雷克勒，译. 北京：中国社会科学出版社，1990.
[65] ［德］马克斯·韦伯. 新教伦理与资本主义精神［M］. 康乐，简惠美，译. 南宁：广西师范大学出版社，2005.
[66] ［德］哈贝马斯. 交往行为理论：第 1 卷［M］. 曹卫东，译. 上海：上海人民出版社，2004.
[67] ［美］马斯洛. 人的动机理论［M］. 陈炳权，高文浩，译. 北京：华夏出版社，1987.
[68] ［美］埃·弗罗姆. 爱的艺术［M］. 李建鸣，译. 北京：商务印书馆，1987.
[69] ［苏］波果斯洛夫斯基. 普通心理学［M］. 魏庆安，译. 北京：人民教育出版社，1979.
[70] ［美］斯腾伯格. 爱情心理学［M］. 李朝旭，译. 北京：世界图书出版公司，2010.

后 记

本书作为对大学生进行生命与心理健康教育的教材，是浙江省绍兴市高校精品课程的立项成果，可供高校进行生命与心理健康教育的教材使用。

本书由王文科教授负责从框架结构设计、组稿、统稿到最后稿件审定的工作，参与初稿编写的作者包括：王文科（绪论、第一、二、五章）、叶姬（第三、四章）、王明月（第六章）、丁奇芳（第七章）、魏冰思（第八章）、焦颖莹（第九、十章）。王文科、叶姬承担了再版时需要进行的教材结构调整、增加和删改内容以及整理校对等工作。

由衷感谢学院领导、绍兴市教育局领导对本书的编写与出版及再次出版的支持，特别感谢作为在生命教育与教学研究领域卓有成效的名家学者、浙江传媒学院何仁富教授对本书结构与内容设计等方面所给予的积极支持和指导。

在本书编写过程中，我们参考和引录了国内外有关生命教育与心理健康教育方面的文献资料，可以说，没有这些宝贵资料，本书不可能如期完成。在此谨向原作者和出版社同人表示诚挚的谢意！

我们认为，生命教育与心理健康教育是可以融为一体的通识教育课程。虽然从指向的对象与研究的内容看，生命教育与心理健康教育的侧重点和功能有所不同，但当下发生在大学生身上的身、心、灵健康问题，如贫困与就业的压力、学习与交往的困惑、情感与前途的迷茫、现实与责任的逃避、思想与认知的缺陷等，已成为整体性的现实并阻碍了大学生生命的顺利成长，由此决定了对大学生的生命教育与心理健康教育应当融为一体。从心理健康教育的视角深入探索人的生命世界并进行生命教育，就会在灵魂峡谷的深处强化思想和生命的动力；从生命教育的高度来认识并解决大学生现实存在的心理健康问题，会给心理健康教育插上生命活力的翅膀而闪耀出绚烂的光芒。

应当承认，要编写一本将生命教育与心理健康教育结合并达到水乳交融的创新教材，是一种新尝试，还有许多新的问题需要探索，新的难点需要突破。再加上我们作为作者的学识与写作水平有限，本书难免出现错误和不妥之处，对此希望生命教育与心理健康教育的同行及大学生朋友提出宝贵的意见。

王文科
2020 年 4 月
浙江越秀外国语学院